虚拟社区感、承诺和知识贡献：
理论、实证与案例

姚山季 刘德文 著

南京大学出版社

图书在版编目(CIP)数据

虚拟社区感、承诺和知识贡献：理论、实证与案例／姚山季，刘德文著. — 南京：南京大学出版社，2021.11

ISBN 978-7-305-25004-0

Ⅰ.①虚… Ⅱ.①姚… ②刘… Ⅲ.①互联网络—应用—社区管理—研究 Ⅳ.①C916.2-39

中国版本图书馆 CIP 数据核字(2021)第 195113 号

出版发行	南京大学出版社		
社　　址	南京市汉口路 22 号	邮　编	210093
出 版 人	金鑫荣		

书　　名　虚拟社区感、承诺和知识贡献：理论、实证与案例
著　　者　姚山季　刘德文
责任编辑　甄海龙　　　　　　　编辑热线　025-83595840

照　　排　南京南琳图文制作有限公司
印　　刷　江苏苏中印刷有限公司
开　　本　787×960　1/16　印张 13　字数 265 千
版　　次　2021 年 11 月第 1 版　2021 年 11 月第 1 次印刷
ISBN　978-7-305-25004-0
定　　价　78.00 元

网址：http://www.njupco.com
官方微博：http://weibo.com/njupco
官方微信号：njupress
销售咨询热线：(025) 83594756

＊版权所有，侵权必究
＊凡购买南大版图书，如有印装质量问题，请与所购
　图书销售部门联系调换

推荐序

作为"互联网+"时代的代表性产物,虚拟社区可以促进企业与消费者之间的有效互动,帮助企业吸纳消费者建议,助力企业开展更为精准的营销活动。消费者亦可以在虚拟社区中直接参与产品开发过程,与企业、其他消费者等一道进行创新,体验着参与的快乐,享受着参与的乐趣。在实践中,诸如小米等企业都建立了运行效率高、体验效果佳、创新效能强的虚拟社区,从而将消费者这一重要的外部资源与企业内部资源进行深度融合,加速了产品的创新创造过程。可以说,虚拟社区的建立和发展,为企业创造出无限增值的可能性,更是实现了企业价值和消费者价值的螺旋更替式增长。

需要指出的是,虽然虚拟社区益处诸多,但在现实中,并非每位虚拟社区成员都积极参与其中。虚拟社区可持续发展的关键取决于成员的持续内容贡献,然而在当前,低贡献率是所有虚拟社区必须面对的现实问题,如果要活化虚拟社区,企业就必须要从根本上解决这一问题。基于虚拟社区成员的行为认知基础,该书从虚拟社区感出发,以提升虚拟社区成员的知识贡献水平为主线,并立足于社会临场、关系强度、社会交换及社会认知等具体理论,构建出虚拟社区感、承诺和知识贡献之间复杂影响关系的框架模型,进而,选择小米这一虚拟社区成员为数据采样对象,以验证框架模型中的相关假设,从而发掘出推动虚拟社区成员贡献知识的有效途径。同时,为进一步验证研究结论,该书也通过对耐克、哈雷和苹果等三个成功的虚拟社区进行案例分析,结论也与实证研究结果相一致。当然,案例研究还拓展了本书的主要内容框架,重点探讨了社区运营模式、社区氛围和社会资本等在虚拟社区感、承诺和知识贡献关系中所扮演的重要作用,实现了对本书研究内容的深化和拓展。

长期以来,该书主要作者姚山季教授活跃于市场营销领域的教学科研一线。他也是首批国家级一流本科课程负责人、江苏省社科优青、江苏高校"青蓝工程"中青年学术带头人,承担了多项重要课题的研究工作,发表了多篇高水平学术论文。同时，姚山季教授还积极地与企业开展各种类型的合作活动，相关研究成果中的某些观点、对策等也得到不少企业认可。该书是他多年教学、科研及社会服务等工作的结晶与智慧体现，其中的相关结论、建议及启示等必然可以为企业有效开展虚拟社区管理、政府规范虚拟社区发展提供有价值指导。

最后，衷心希望该书使得广大读者能够对企业如何在虚拟社区中激励成员，以开展知识贡献活动有着更为清晰的认识，对"互联网＋"时代的企业虚拟社区管理与政府虚拟社区的宏观指导产生更为深入的了解。同时，也期待着该书能够产生更大的市场反响！

王永贵

首都经济贸易大学副校长、博导，国家杰青、长江学者

2021.8

作者序

互联网技术的飞速发展给企业组织带来了诸多跨时代的信息红利,尤其是在其和消费者交互的途径和方式上。虚拟社区的商业实践就是在"互联网+"时代下出现的一种新的企业－消费者组织模式,即通过虚拟环境创造出企业和消费者的对话环境,并同时提供消费者彼此之间的交流和互动。平台开放、众多消费者之间多层次互动、在线协作等成了虚拟社区的重要特征。在现实中,小米社区、威锋网、花粉社区等诸多个运行效率高、体验效果佳、创新效能强的虚拟社区都是虚拟社区的成功代表,此类社区以企业和消费者互动的方式让消费者有机会和企业共同进行产品的价值创造,并进一步培养他们对产品的购买、宣传以及对企业的认同、忠诚甚至皈依。

但并不是所有的企业的虚拟社区实践都取得了成功。很多社区因为其参与成员的低知识贡献率而走向衰亡。例如,当某个消费者发出某个关于产品如何使用的咨询贴,却得不到其他消费者的有效回复。长久以往,由于缺乏社区中的有效内容互动,消费便缺乏参与虚拟社区的动机,这加速了虚拟社区有效消费者的流失。由此,如何有效建设消费者活跃参与的社区离不开成员的积极知识贡献。那么,如何促进社区内成员的这一行为是本书欲要探讨的重点。

如同实体社区中成员之间形成的社会网络联系,虚拟社区中成员之间同样存在着诸如回应、分享和互动的特征。社区成员对其的虚拟社区感决定着他们在社区中进行何种行为,这其中就包括他们在社区中的知识贡献。进一步,虚拟社区感仅是成员认知的初始阶段,要想进一步激活和强化成员的知识贡献行为,也离不开成员和品牌社区形成的"强关系",即本书提出的承诺。为了验证这一设想,本书首先对相关理论和研究现状进行介绍和梳理,并以小米社区中的成员作为实证对象。以一手和二手数据结合的方式验证理论模型中的相关假设,并从虚拟社区感和承诺的角度挖掘出推动成员知识贡献的有效途径。进一步，为了验证结论的普适性和可推广性，本书也通过对耐克、哈雷和苹果等三个成功的虚拟社区进行案例分析，以案例研究的视角佐证了研究结论，并从社区运营模式、社区氛围和社会资本等视角扩展了本书的理论框架。

虚拟社区中成员的知识贡献行为研究是企业营销管理中一项前沿的基础性研究。本书对数字化背景下企业的转型、升级和变革都具有重要的意义，尤其对指导企业有效开展虚拟社区建设和管理，并提供给政府规范虚拟社区运营具有重要意义。

最后，本书的顺利出版得益于南京大学出版社和我所在学校南京工业大学的大力支持。本书在整理案例和材料时，也要感谢相关案例企业原型给本书提供的灵感。同时，也要感谢参与调研的小米社区成员。南京工业大学经管学院王颖博士，以及杨国玉、郑新诺、舒成峰、赵仙芝和孙陆顺等硕士生也参与了本书的资料整理和部分研究工作，在此一并表示感谢！

姚山季　刘德文

2021.8

目 录

第1篇 概 述

第1章 绪 论 ·· 3
1.1 研究背景 ··· 3
1.2 研究问题提出 ·· 6
1.3 研究内容及意义 ··· 8
1.3.1 研究内容 ·· 8
1.3.2 研究意义 ·· 9
1.4 研究思路与方法 ··· 12
1.4.1 研究思路 ·· 12
1.4.2 研究方法 ·· 14
1.5 可能的创新点 ·· 15
1.5.1 研究内容的创新 ·· 15
1.5.2 研究视角的创新 ·· 16
1.5.3 案例研究创新 ··· 17

第2篇 理论分析

第2章 文献回顾及评述 ·· 21
2.1 虚拟品牌社区的相关研究 ·· 21
2.1.1 虚拟品牌社区的内涵 ·· 21
2.1.2 虚拟品牌社区的特点 ·· 24
2.1.3 虚拟品牌社区的作用与挑战 ·· 26
2.2 虚拟社区感及其对个体行为的影响 ··· 29
2.2.1 虚拟社区感的内涵 ··· 29
2.2.2 虚拟社区感的维度划分 ·· 31

2.2.3　虚拟社区感对个体行为的影响 …………………………… 34
　2.3　承诺及其在虚拟品牌社区中的应用 ……………………………… 36
　　2.3.1　承诺的概念 ………………………………………………… 36
　　2.3.2　承诺的维度划分 …………………………………………… 37
　　2.3.3　承诺在虚拟品牌社区中的应用 …………………………… 39
　2.4　虚拟品牌社区中知识贡献的相关研究 …………………………… 40
　　2.4.1　虚拟品牌社区中知识贡献的定义 ………………………… 40
　　2.4.2　虚拟品牌社区中知识贡献行为形成机理 ………………… 41
　　2.4.3　虚拟品牌社区中知识贡献的影响因素 …………………… 43
　2.5　总结和评述 ………………………………………………………… 47
　　2.5.1　研究现状总结 ……………………………………………… 47
　　2.5.2　现有研究的局限和不足 …………………………………… 48

第3章　模型、理论和假设 ……………………………………………………… 49
　3.1　变量定义与模型构建 ……………………………………………… 49
　　3.1.1　变量定义 …………………………………………………… 49
　　3.1.2　模型构建 …………………………………………………… 52
　3.2　理论基础 …………………………………………………………… 55
　　3.2.1　社会临场理论 ……………………………………………… 55
　　3.2.2　关系强度理论 ……………………………………………… 57
　　3.2.3　社会交换理论 ……………………………………………… 58
　　3.2.4　社会认知理论 ……………………………………………… 60
　3.3　研究假设 …………………………………………………………… 62
　　3.3.1　虚拟社区感和承诺 ………………………………………… 62
　　3.3.2　虚拟社区感和知识贡献 …………………………………… 64
　　3.3.3　承诺和知识贡献 …………………………………………… 66
　　3.3.4　承诺的中介作用 …………………………………………… 68

第3篇　实证剖析

第4章　研究设计 ………………………………………………………………… 73
　4.1　研究对象选择的原因 ……………………………………………… 73

4.2 测量量表的确定 ·· 77
4.2.1 量表开发与设计的原则 ·· 77
4.2.2 调查量表的确定 ·· 78
4.2.3 问卷的发放与回收 ·· 84

第5章 数据统计与分析 ·· 86
5.1 数据描述性统计 ·· 86
5.1.1 样本构成分析 ·· 86
5.1.2 描述性统计分析 ·· 87
5.2 信度和效度分析 ·· 88
5.2.1 信度分析 ·· 88
5.2.2 效度分析 ·· 90
5.2.3 相关分析 ·· 92
5.3 直接效应检验 ··· 93
5.3.1 检验方法 ·· 93
5.3.2 结构模型评价 ·· 96
5.3.3 假设检验 ·· 96
5.4 中介效应检验 ··· 98
5.4.1 检验方法 ·· 98
5.4.2 假设检验 ·· 99
5.5 结果分析 ··· 103
5.5.1 主要结论 ·· 103
5.5.2 理论贡献 ·· 107

第4篇 案例解析

第6章 耐克虚拟社区 ··· 113
6.1 选择原因 ··· 113
6.2 案例简介 ··· 113
6.2.1 耐克品牌的生命周期 ·· 114
6.2.2 耐克营销重心的转变 ·· 115
6.3 数据与编码 ·· 120
6.3.1 虚拟社区感与承诺的关系 ··· 124

  6.3.2 承诺与知识贡献的关系 ·················· 125
  6.3.3 社区运营模式的调节作用 ·················· 125
 6.4 案例总结 ······································ 126

第7章 哈雷虚拟社区 ································ 128
 7.1 选择原因 ······································ 128
 7.2 企业介绍 ······································ 129
  7.2.1 哈雷的诞生 ·································· 129
  7.2.2 品牌的崛起 ·································· 130
  7.2.3 荣耀的"HOGBOYS" ······················· 130
  7.2.4 "贴近顾客"的经营理念 ····················· 131
  7.2.5 独特的品牌文化 ······························ 132
  7.2.6 文化传播 ···································· 133
 7.3 数据编码与分析 ································ 134
  7.3.1 数据来源 ···································· 134
  7.3.2 数据收集与编码分析 ························ 135
 7.4 案例分析与模型检验 ···························· 139
  7.4.1 虚拟社区感 ·································· 140
  7.4.2 虚拟社区感与知识贡献的关系 ················ 140
  7.4.3 承诺的中介作用 ······························ 141
  7.4.4 社区氛围的调节作用 ························ 141
 7.5 总结 ·· 142

第8章 苹果虚拟社区 ································ 143
 8.1 选择原因 ······································ 143
 8.2 案例简介 ······································ 144
  8.2.1 企业创始人 ·································· 144
  8.2.2 企业的品牌生命周期 ························ 144
  8.2.3 企业营销策略 ································ 146
 8.3 核心概念在案例中的体现 ························ 148
 8.4 模型检验 ······································ 152
  8.4.1 虚拟社区感和知识贡献的关系 ················ 153
  8.4.2 社会资本的调节作用 ························ 153
 8.5 案例总结 ······································ 154

第5篇 实践启示

- 第9章 企业应对策略 ············· 157
  - 9.1 培育用户的虚拟社区感 ············· 157
  - 9.2 强化用户对社区的承诺 ············· 158
  - 9.3 把关知识贡献的质和量 ············· 159
  - 9.4 加强对虚拟社区的管理 ············· 160
  - 9.5 联接用户和社区的情感纽带 ············· 161
  - 9.6 巩固用户的社区利益 ············· 162
- 第10章 政府应对政策 ············· 163
  - 10.1 完善法律法规建设 ············· 163
  - 10.2 增强个人信息保护 ············· 163
  - 10.3 推动知识产权合作 ············· 164
  - 10.4 培养用户信息道德 ············· 165
  - 10.5 打造优势社区品牌 ············· 166
  - 10.6 发展数字网络经济 ············· 168

参考文献 ············· 170

第1篇 概述

第1章 绪 论

1.1 研究背景

随着经济和互联网的飞速发展,体验经济开始逐渐普及,顾客所扮演的角色也有了很大的变化——顾客从一开始简单地进行产品接受开始转变为可以和企业一起进行创新、共同打造产品,如今企业在进行创新时已经不可避免地需要顾客的加入,而这种企业顾客合作的现象也成为热点问题。大部分企业直接将顾客看成参与创新的一分子,或者说是创新点子的主要来源,如今的顾客也早已和从前不同,他们的身份已经不再是简单的购买或使用者,已经逐步开始转型为新产品开发过程中的参与者或者领导者。而在企业顾客的合作过程中,顾客的知识贡献就显得尤为重要。在虚拟社区中,成员的知识贡献是社区内容创造的基础,关系虚拟社区的发展状况,虚拟社区中的知识贡献是指社区成员将个人拥有的隐性知识和社区中没有的显性知识以发帖的形式存入社区中,被其他社区成员浏览、传播甚至内化而产生的知识扩散,是社区平台中个体贡献知识、参与知识创造、进行信息分享的一种行为过程。当下,如何使顾客进行有效及规范的知识贡献,从而使隐性知识得到显性的应用,成为学术界和企业界都热切关注的问题。如今互联网的发展也使信息的传递突破了地域的限制,在网络的大环境下,顾客可以直接在社区参与到知识贡献的过程中,和企业、其他顾客一起进行创新和新产品开发,更好地去解决开发过程中可能出现的一系列问题。同时,网络也帮助企业把丰富的外部资源与企业的内部资源进行融合加工,从而在企业构建组织体系的过程中起到一定的帮助作用。随着顾客在商业环境中所起的作用越来越大,邀请顾客参与到新产品的开发过程中来,携手与顾客共同创造成了企业规避新产品失败的重要手段之一(Bendapudi 和 Leone,2013)。例如,华为公司瞄准顾客需求,力推集成产品研发模式,建立联合创新中心以邀请顾客深度参与产品开发,顾客可以在更为开放的空间与企业研发人员合作,共同创造着受到市场青睐的新产品。因此,理解知识贡献的内在机理,从而不断优化虚拟社区平台以改善顾客的知识贡献环境,从而提高顾客知识贡献的程度以及创新效果,是目前需要关注的问题。

随着社会的进步和转型,互联网技术发展越来越快,各式各样的网络平台开始兴起,各类平台的用户可以方便快捷地搜索信息,交换意见,也可以更容易地找到志同道合的人,并和这些人一起发挥创造力。各种形式的社交媒体相继建立起来,进一步带动了网络创新社区的发展和广泛应用。大部分社区都是基于网络以及社交媒体进行的,社区通常会选择有共鸣的群体加入讨论中来,并发布大家感兴趣的话题来促成一个有效且持续性强的主题。企业通过经营网络社区,逐步吸引顾客进行共同创新,同时使顾客参与到创新过程中来,也可以有效进行客户关系管理,提高顾客的忠诚度和满意度,不知不觉中就改善了顾客参与创新的效果。在这基础上,顾客之间、顾客和企业之间会通过网络社区进行互动,企业可以更好地整合顾客的创意,并据此改进原有产品,从而解决产品可能出现的使用感不好的问题。2007年,Dell公司成立了名为"创意风暴"的网络社区,通过该社区,顾客可以参加由Dell公司发起的创新活动并在参加的过程中和企业互动,顾客在社区中进行交流互动,产生了许多具有帮助意义的创新方案,企业根据顾客的创意改进了产品,从而提高了创新绩效和顾客满意。有数据显示,至少80万人向Dell社区提交了自己的创意方案,总计约15 000条创意,其中近500条创意被Dell采纳。企业在进行创新活动时的关键就是要筛选顾客知识中有价值的部分,而顾客可以借助先进的信息技术进行有效的创新。因此,顾客的身份正在改变,从传统的产品使用者逐渐成为产品的开发者,也就是和企业一起创造价值的人。这就说明如今的市场机制开始发生变化,如何开展与顾客的有效互动、如何整合互动过程中的有效信息并加以利用,已经成为企业发展核心竞争力的关键问题。

同时,基于互联网的特性而形成的虚拟社区(Virtual Community)为顾客参与提供了新的可能。Schneider(2005)认为由于互联网技术的发展,市场已经变为一种开放性的论坛,Lee(2003)认为企业必须彻底摒弃以企业为中心的观点,转而从顾客角度出发,实现生产模式的根本改变。作为基于参与者沟通和互动而产生成员创作内容的一种人际关系,虚拟社区为企业履行着传播产品信息、进行服务支持和开展顾客教育的功能。Marjanovic(2000)认为借由虚拟品牌社区的方式,企业将包括顾客在内的大众资源引向企业创新领域,实现了众包式的生产。姚山季等(2016)认为众包式的生产方式往往能使得企业和顾客的互动更加密切,从而撬动新产品价值的提升。不同于一般的虚拟社区,由企业所主导的虚拟品牌社区不仅惠及每个参与社区成员,还使得企业最终会从中获得最多的收益。Bernoff(2010)认为在实践中,许多企业都建立了自己的虚拟品牌社区进行外部知识管理,挖掘集体智慧,催化了产品创新的发生。例如,小米公司在开发产品时,与小米社区内的"米粉"进行互动收集他们的意见和创新想法,对产品做了最优化的改进,共同创造出了被企业和顾客所认可的新产品,因此小米产品也受到了市场的青睐,连续多年市场份额都位列前茅。可以说通过虚拟社区的方式,邀请顾客在新产品创造过程中踊跃参与是企业发展的大势所趋。

通讯业和互联网行业的发展带来了传统行业的变革,人类之间的交流接触已经开始从面对面沟通逐渐转变为网上沟通交流。简单快捷的操作方式也使企业开始重视开放式创新,以往封闭的内部创新已经跟不上市场的发展节奏。由于网络上的信息量已经很大,顾客接触到信息的速度非常快,而信息更新的速度也很快,顾客在浏览相关信息后,已经很少存在以往企业顾客的信息不对称问题,也使顾客加深了对企业的了解。另外,数据处理技术也已非常成熟,这在一定程度上可以方便顾客与企业的进一步合作。因此,企业在创新过程中需要更加重视顾客创新的重要性。信息的交换越来越简单便捷,对市场的影响也越来越明显,市场也开始成为技能、知识和服务交换的场所,不再是过去简单的商品互换。虽然在虚拟社区中,其社区成员和品牌企业不构成雇佣关系。但是他们对自己需要做什么、想做什么以及应该做什么有完全的自主权。有学者探讨了承诺对于网络环境下个体行为的影响。虚拟社区的建立高度依赖于企业与顾客之间的关联,而非仅仅是顾客之间的关系。承诺对于虚拟环境中知识共享行为的影响已经得到许多学者的支持,并且在特定条件下才能发生作用。显然,承诺是一个阐述虚拟社区成员行为的合理视角。

目前企业都开始重视开放式创新,而顾客是重要的外部资源,只有让顾客参与到创新过程中来,才能有效提高创新绩效。为了更好地进行外部创新,企业纷纷开始设立网络社区,希望借此可以让顾客参与进来,从而获得一些顾客反馈和顾客创新。国内海尔就专门开设了一个名为 Idea 的平台,依托于互联网,顾客、设计者、企业都会参与进来,将自己的想法在平台上进行交流;戴尔公司为了在创新过程中有效利用外部资源,开设了 Idea Storm Community,希望可以通过顾客的高度参与,来发现创新过程中可能出现的问题,顺便获得顾客的想法和反馈,以便更好地优化产品。企业通过网络社区获得了丰富的顾客资源和顾客创新,也对创新过程起到了一定的帮助作用,但同时也出现了一些不足,产生这些问题的原因在于企业没有找到有效利用顾客资源的方法,也没能促使顾客在参与中达到很好的效果。在如今的市场环境下,产品更新换代越来越快,消费者需求也越来越高,如何成功开发新产品已经影响着企业能否保持良好的竞争态势。网络知识社区成为顾客之间交流、共享知识的重要平台,极大改变了人们创造和获取知识的传统途径。在虚拟社区中,社区成员通过反复、持续的知识贡献和知识获取行为,不断推动知识的形成、演化与发展,在社区中形成一个完整的知识生态。顾客不断吸收知识,同时又将吸收的知识进行自我整合,再提出新观点。社区用户像"春蚕"一样,不断汲取着信息、知识,经过自己的消化、吸收、理解,吐纳贡献生产出新的知识;然后,再通过专业知识组织人员或利用相关知识工程的技术,将这些知识"抽丝剥茧"、系统梳理、编辑组织,构建成完整知识体系。

因此,虚拟社区感、承诺对于知识贡献的影响受到学者和企业的关注。但是,学术界目前对虚拟社区感、承诺和知识贡献之间的影响机制进行具体探讨的文献还比较匮乏,尤其是没有文献具体探讨在虚拟社区背景下虚拟社区感和承诺之间的关系。而且以往大多数关于知识贡献的文献仅仅停留在了虚拟社区,而没有涉及虚拟社区的研究,这不利于对企业的虚拟社区实践。鉴于以上原因,本书针对虚拟社区的背景来探讨成员知识贡献的作用机理,不仅具有一定的理论意义,同时也兼具一定的现实意义。

1.2　研究问题提出

在互联网的大环境下,顾客已经不再是以往的单纯使用者角色,企业已经将顾客看作提升核心竞争力的重要力量。现如今顾客通过知识贡献进行企业创新的程度逐渐加深,企业更应该做好顾客的引导工作,挖掘顾客的潜能,寻求顾客的反馈,这样才能找到改进方法,而如何在开发过程中运用顾客的知识贡献和顾客创造力是企业需要重视和思考的重要问题。很多技术领先型企业已经找到了高效利用顾客创造力的方法,并据此开展了合作生产,取得了很好的效果。微软公司邀请了几十万名使用者参与到一个新版本的测试活动中,在活动中,微软有效利用了顾客在测试中的反馈,使得版本的性能得到了最快速度的完善和改进,同时也加强了顾客对企业文化的兴趣,获得了顾客的满意和认同。在手机这个更新速度异常快的行业,创新更是必不可少。国外的苹果、索尼,国内的小米、华为,无一例外都在寻求顾客合作创新。已有不少学者提出,虚拟社区是一个很有利于顾客进行知识贡献的平台,同时可以促进顾客的交流与创新。目前的网络平台多种多样,微博、知乎、豆瓣等,各个平台的不同的运营方式也带来了不同的顾客的知识贡献方式。

Jin(2010)认为虚拟社区的价值来自其用户相互交流从而产生的思想和谈话。Gavard-Perret(2015)认为随着交流频次的增多,社区成员会逐渐对社区产生认同感乃至归属感,并积极参与到社区的各项社区活动。Blanchard(2007)认为虚拟社区感作为一种描述虚拟品牌社区中成员对于其成员感、身份、归属以及社区联系的个人主观感受被运用到相关虚拟社区的研究中来。类似的,Blanchard 和 Markus(2004)认为对社区的高强度依恋可以促使成员之间分享更多的信息,甚至将线下活动转化为线上活动。同时,虚拟社区中高水平的涉入行为也会强化成员对于社区的承诺,从而诱使成员更加积极地发帖、点赞、回复、评论等,继而巩固和加强其在社区中的地位。显然,虚拟社区感和承诺是促使社区成员积极贡献的两个重要前置因素。此外,承诺也在虚拟社区感和知识贡献的关系中扮演着可能的中介作用。

虽然顾客和企业共创出令人艳羡的品牌价值,但并不是每一位社区成员都积极参与。其中,不少沦为沉默的"羔羊"。曾经红极一时的天涯社区就因为内容的流失而逐渐被人遗忘。因此,虚拟社区存续和发展的关键取决于其成员不断地为其贡献优质的内容,而低贡献率是所有社区面临的挑战。相关调研报告显示在大多数虚拟社区中,只有1%的社区成员才是活跃的内容贡献者,从而给企业的社区管理带来了挑战。Beenen G(2004)认为既往大多数的相关研究仅仅关注了社区中用户的参与行为,并没有将参与行为具体划分。事实上,就表征而言,虚拟品牌社区成员的参与行为包括了贡献行为、分享行为、协作行为、社区公民行为等。而对于企业来说,社区成员的知识贡献是管理虚拟社区中最为重要的一环。为此,本书将重点放在虚拟社区成员的知识贡献上,并利用二手数据对知识贡献进行测度,无疑是对相关研究的重要补充。

虚拟社区作为一种普遍存在却又有不同特色的网络平台,非常有利于顾客交流和创新。虚拟社区感被认为是虚拟社区区别于其他虚拟社群的重要特征,是成功虚拟社区不可或缺的因素。现有研究已经发现虚拟社区感可以提升顾客之间的交流和知识贡献行为,因此可能对价值共创的过程产生影响。但是现有研究主要关注社区认同或虚拟社区类型对顾客参与价值共创影响的研究,例如社区信任对价值共创影响的研究、顾客与社区的亲疏关系对顾客贡献的研究,忽视了虚拟社区环境下顾客的主观感受也可能是驱动顾客进行知识贡献的重要因素,这部分研究需要进行补充。虽然基于国内外学者在这些领域已经取得一定研究成果,但是面对不断发展的实践,仍存在很大不足,主要体现在:(1)缺乏对虚拟社区感、承诺和知识贡献的系统、整体研究。这方面的相关研究非常缺乏,尚未对其进行明确概念定义、维度区分及测量标准,或者现有研究仍有很多不足之处;(2)鲜有学者以承诺的视角切入,对社区成员行为进行研究;(3)对知识贡献的测量不够精准。本书认为引入承诺的中介变量可以解释虚拟社区感影响知识贡献的机制,这也是相关理论探讨可以突破的关键之处。上述现象的出现,一方面,说明这一领域的研究尚未完全成熟,正处于学术研究中的一个重要时期;另一方面,则预示着令人忧虑的结果,面对还没有成熟的理论研究结果,企业究竟怎样才能从中获得指导,并将其成功应用于实践活动呢?可见,承诺视角下虚拟社区感如何影响知识贡献的研究正是当前国内外市场营销实践活动与理论探索所面临的共同课题。

1.3 研究内容及意义

1.3.1 研究内容

虚拟社区的活跃问题已经逐渐成为学术和企业界普遍关注的热门话题。所以,随着虚拟社区中成员知识贡献的重要性的不断增强,怎样合理激发并鼓舞虚拟社区的一种和谐关系与社区气氛,并让成员对社区产生高水平的承诺,继而诱发积极贡献内容是企业维持虚拟社区健康发展所面临的新课题。本书主要是基于虚拟社区情境下虚拟社区感、承诺与知识贡献三者之间的关系,为企业建立和发展虚拟社区提供借鉴和参考。本书将综合运用虚拟社区理论、知识贡献理论、承诺理论的已有研究成果构建出新的分析框架,在获得对虚拟社区感、承诺、知识贡献之间的关系问题更为全面理解和认识的基础上,开展后续研究,总体包括三个具体阶段:首先,在回顾与评述现有文献的基础上,通过逻辑演绎方式,合理地构建起新的研究分析框架,并提出相关假设。其次,通过选取合适的样本企业进行调研来获得与研究主题相关的数据,并选择合适的统计分析方法对数据进行处理。再次,对统计结果进行分析,确定是否验证原有假设,并对未获得实证支持的假设进行深度剖析,做出合理解释。最后,结合前面的逻辑演绎与后续的实证数据分析结果提出新的理论观点,并通过对经典案例的分析探讨,结合当前

最新政府政策提供指导意见。其中,具体步骤如下:

(1) 确定主要变量的概念和维度界定。基于虚拟社区情境下,对虚拟社区感、承诺与知识贡献进行概念界定和维度划分,并确定其测量标准。

(2) 直接效应模型构建。探讨虚拟社区情境下虚拟社区感对承诺/知识贡献的影响机制,即成员感、影响力和沉浸感分别对情感承诺/算计承诺和知识贡献的影响关系;探讨承诺对知识贡献的直接效应,即研究情感承诺和算计承诺对知识贡献差异化影响作用。

(3) 中介效应模型构建。构建出承诺各维度在虚拟社区感影响知识贡献中的中介效应模型,在此基础上分别探讨了情感承诺维度、算计承诺维度在二者之间可能存在的中介作用。

(4) 案例模型分析。分析所选经典案例,探讨各案例中的虚拟社区特点,构建案例模型,深入分析不同虚拟社区中,虚拟社区感、承诺和知识贡献作用机制,丰富和加强了实证研究的相关现实基础。

本书基于理论分析的基础上,开展规范的实证研究。通过各种研究方法,构建承诺的中介效应模型以及虚拟社区感影响知识贡献的直接效应模型;通过定性研究进行理论梳理和概念界定,结合定量研究深入开展,据此提出理论意义和管理策略等。

1.3.2 研究意义

本书的理论意义在于:

(1) 扩宽了对于虚拟社区感的理解。以往的针对虚拟社区的研究缺少对于理论系统性的整合和分析,且较少有学者针对虚拟社区情境下的虚拟社区感进行专门的理论梳理和实证研究。虚拟社区感主要来源就是社区感,但又和现实社区不一样,因为虚拟社区依托于网络,没有地理限制,而且是由一群志同道合的、拥有共同想法的成员组成的,是一个非正式的网络社区。虚拟社区感和归属感也有所区别,在对虚拟社区感的定义中,归属感被视作成员感,也就是只作为一个维度存在。网络社区的价值实现需要依托顾客的参与,没有顾客的参与,虚拟社区便是有名无实。关注虚拟社区的学者们发现,成功的虚拟社区必定能使成员体验到虚拟社区感,顾客会因为依恋、认同去在虚拟社区进行知识贡献和资源共享,甚至会将想法付诸实践,由此可见,拥有虚拟社区感成员的虚拟群组才是真正的虚拟社区。成员的虚拟社区感是虚拟社区必不可少的构成要素,虚拟社区也是通过拥有虚拟社区感的成员才能和其他虚拟群体区分开来。因此,虚拟社区感是虚拟社区研究中的一个不可忽视的重要概念。事实上,虚拟社区虽然是由企业建立、管理甚至主导,但是企业仅仅是给顾客提供了一个发表自己观点和看法的虚拟空间,社区的活跃和繁荣却还依赖于社区成员本身。虚拟社区并不是完全以消费为导向,其只是虚拟社区的一种特殊形式。虚拟社区依托于网络,没有地理限制,它是由一群志同道合的、拥有共同想法的成员组成的,是一个非正式社区。与非在线社区对比下,虚拟社区不需要时间、空间的同步,随时随地可以进行成员间的交流互动。虚拟社区通过一个在线平台,顾客可以非实名参加讨论互动。由于这些特点的存在,用测量传统社区感的方法来测量虚拟社区受到了学者的质疑。关于虚拟社区感的概念界定、维度及测量、影响因素与影响结果等的研究文献已经有了一些。本书通过对相关文献的梳理,对以往的研究成果进行了总结和提升,同时指出了一些未来的研究方向,希望可以为以后学者的研究提供一些参考。虚拟社区感成为一个理解社区成员行为的良好切入点,本书考虑到虚拟社区的本质属性,将虚拟社区感引入到研究中。本书将虚拟社区感分为成员感、影响力和沉浸感三个维度,并研究其对承诺和知识贡献的差异化影响,有助于扩展相应研究。

(2)深化了对于承诺的营销应用。承诺一直是一个被学者关注的话题,在很多领域都有研究,例如心理学、经济学等。不同的领域研究的角度不一样,学者们从各自的领域出发,提出了一些关于承诺的假设和理论。根据不同的理论,又提出了相应的模型和测量方法,因此有关承诺的概念、名称、结构和模型复杂繁多,让人眼花缭乱。承诺是一个来自社会学领域的概念,虽然有学者将其引入管理学中进行应用,但是其应用范围仅限于组织行为学和人力资源管理领域,以承诺视角研究顾客行为的营销学应用才刚刚起步。事实上,随着企业营销范式从交易营销向着关系营销的转变,顾客和企业之间逐渐形成了一种稳定的合作关系,由此演化出顾客对于企业和品牌的承诺。基于虚拟社区的背景,本书以承诺为切入点。将承诺划分为情感承诺和算计承诺两个维度。不仅研究了承诺对于知识贡献的驱动作用,而且还研究了承诺在虚拟社区感和知识贡献关系中的中介机制。这在相关的营销学文献中是一个创新。

(3)拓展了虚拟社区知识贡献的研究视野。虚拟社区是由志同道合、兴趣相仿、有互动交流的用户形成的在线群体部落;在虚拟社区中,顾客可以讨论大家感兴趣的话题,参加社区举办的活动,并由此开展了人际交流和人际关系网络的建立。在互联网技术的发展下,顾客在任何时间地点都可以进行交流,不需面对面就可以进行话题讨论和经验分享,企业也开始重视虚拟社区这一存在。虚拟社区里,顾客往往毫不吝啬地进行信息分享,并不会在意自己的观点是否会得到认同或者被他人利用,而为什么在虚拟社区顾客会有这样的分享行为,是学者们近来开始关注的问题。以往研究取得了不少成果,但虚拟社区和成员在不断变化,相关研究开始显得不够完善。首先,尽管以往研究关注社区本身的环境因素,但是对社区环境作何影响的关注并不多。尤其现下网络社交的兴起,顾客之间的互动具有多样性,现实互动和网络互动作为顾客社会环境的一部分,可能对目标群体的影响更大,引起了广大学者的关注,但它们如何影响用户知识贡献的研究并不多,需要进一步研究。本书的研究对象是虚拟品牌社区中的知识贡献。在传统的虚拟社区中,虚拟社区主要依靠成员之间形成的人际关系网络而运作[17]。而在小米社区这种由企业主导的虚拟社区中,虚拟社区的运作并不是完全由成员自发而形成的。小米社区中仍有大量的企业人员对社区进行管理。所以,有很多类似于小米社区这样的虚拟社区,其特点都是企业为虚拟社区搭建了一个良好的技术平台,并且自己也参与其中获得顾客信息。所以,分析成员知识贡献的影响因素和引发机制有助于从理论视角更好地理解成员的个体行为。这在相关研究中并不多见,因此将研究聚焦于知识贡献扩展了相关研究的视野,深化了对于虚拟社区成员的管理的理论研究,为虚拟社区的治理策略提供了理论依据。

本书的现实意义在于:

(1) 为相关互联网企业提供指导。尽管虚拟社区的产生和发展对于企业是一个重要的契机,但是社区的繁荣取决于成员贡献内容的质量和数量。扩大成员,尤其是活跃成员数量是虚拟社区成功的秘诀所在。如同前文所述,既往的研究关注于社区成员的参与行为。本书关注了虚拟社区感和承诺的不同维度对于知识贡献的差异化影响,以及承诺在虚拟社区感和知识贡献之间的中介效应。因此本书对社区成员知识贡献的研究能够在实践层面帮助企业的社区管理和运营人员了解成员在虚拟品牌社区中知识贡献的前置因素,并且不同的路径系数代表了影响程度的大小。各个企业可以根据本书提供的研究结果对虚拟品牌社区管理的制度进行设计,从而为企业采取相应的激励措施提供一定的借鉴,最终达到激励社区成员创造内容和实现社区繁荣发展的目的。

(2) 关于虚拟社区的实证研究为其他企业提供借鉴。企业所主导的虚拟社区作为一种新型的顾客管理工具和众包生产方式得到了企业的青睐并在实践中广泛运用。但是,在实践中很多虚拟社区由于内容的丧失而衰败,鲜有企业创立出较为成功的虚拟社区。如今各个企业纷纷建立了优秀的虚拟社区,虚拟社区不仅给各个企业的产品开发提供了很多新颖的想法和建议；而且还培养出一大批粉丝，成为企业的忠实拥趸。因而，各个成功社区的经验值得其他企业借鉴和参考。本书将调研对象放在了"小米社区"这一较为成功的企业虚拟品牌社区中，为互联网背景下企业将顾客参与、知识管理纳入整体框架，进而使科学管理成为可能，也为企业创立虚拟品牌社区提供有价值的参照，为其有效利用互联网平台提升产品创新能力提供科学合理的建议和新的思路。

（3）以案例的形式为企业的营销实操提供借鉴。在上述实证分析的基础上，本书进一步选取了三家龙头公司：苹果、耐克和哈雷作为案例研究对象。针对它们创建、发展和管理虚拟社区的做法进行研究归纳，总结它们的商业实践。即在这些社区中，它们通过什么手段促进社区用户的知识贡献。这些案例研究也在侧面补充了实证研究的不足，即从一个更加全面和综合的角度考察了虚拟社区感、承诺和知识贡献的关系。小米、苹果、耐克和哈雷四个企业的实际例子为企业有效构建虚拟社区的营销实践，以促进企业的品牌建设和商业繁荣。

1.4　研究思路与方法

1.4.1　研究思路

本书按照研究的逻辑和内容安排结构的(图 1.1)，共有十个章节。每个章节的安排和基本内容如下：

第一章：绪论。阐述研究的来源和背景，研究的目的、意义，交代本书的结构、思路和技术路线图。框定本书的总体框架并对其进行概括性的说明，本章中也说明本书的章节内容与结构安排。

第二章：文献综述及评述。对虚拟社区的概念、虚拟社区感、承诺和知识贡献的相关文献进行回顾。不仅回顾了相关概念的内涵、定义和维度构成，也对这些概念的具体应用进行了论述和说明。此外，还对主要后续研究所涉及的核心概念和具体组成维度的具体内涵进行了定义。该部分为全文的研究奠定一个理论和文献基础。

第三章：模型、理论和假设。主要阐述本书的理论基础、理论框架、研究模型的构建以及研究假设的提出和论证。具体是在本书的基本思路和理论框架基础上，通过对已有文献的阐述，构建本书的模型框架。分析了社会临场理论、关系强度理论和社会交换理论的含义和在本书的应用。在此基础上,就自变量、因变量和中介变量提出相关研究命题与假设。

第四章:研究设计。一是在已有的研究基础上,初步制定研究中关键变量的测量量表;并通过小规模的访谈,最终确定量表;二是研究数据的收集和处理。主要包括选择样本对象、确定样本容量,以及发放和回收问卷,对收集的样本数据进行初步描述性统计分析。

第五章:数据统计与分析。对问卷的数据质量进行评估,对样本的人口统计特征进行了基本的描述性统计分析。并采用结构方程软件(Smart PLS 2.0)对测量方程进行验证性因子分析,继而采用结构方程模型来验证研究所提出的直接假设。并运用 SPSS 统计软件,对所提出的各项中介假设进行检验。

第六章:耐克虚拟社区案例。通过对耐克虚拟社区创始人特质、品牌特点、营销策略等进行分析,研究在社区运营模式的调节作用下,耐克虚拟社区中承诺对知识贡献的影响。

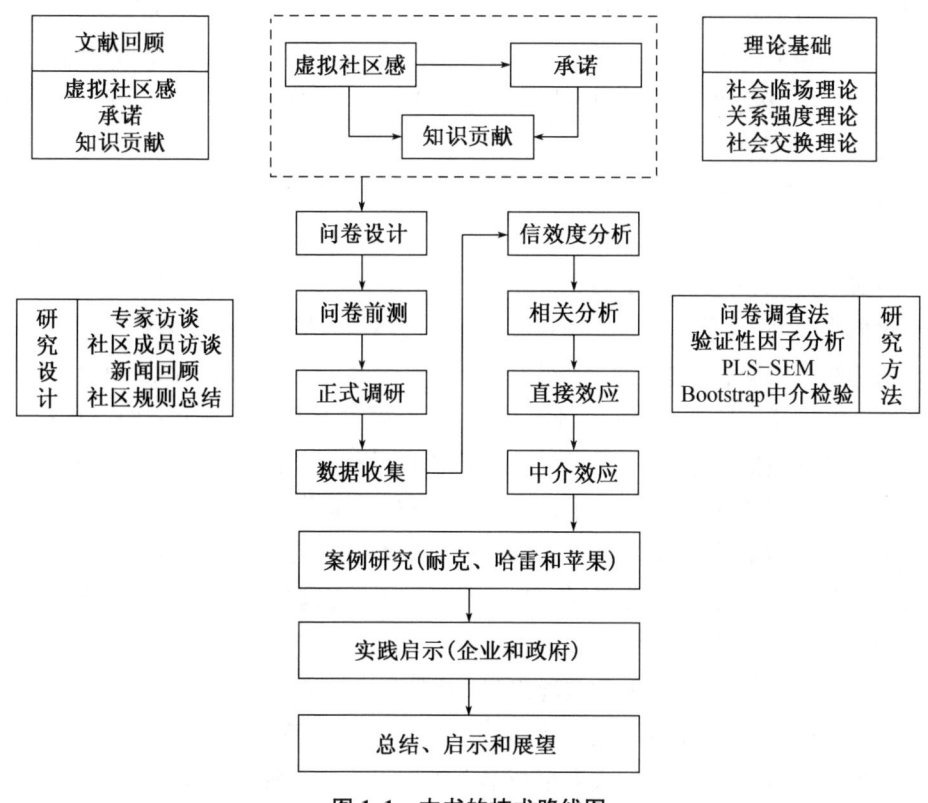

图 1.1 本书的技术路线图

第七章：哈雷虚拟社区案例。对哈雷品牌特质、品牌文化特点等进行梳理，根据其独特虚拟社区特点构建案例模型，研究在社区氛围的调节作用下，哈雷虚拟社区中承诺对知识贡献的影响。

第八章：苹果虚拟社区案例。苹果企业有其独特的虚拟社区——"威锋网"，通过对社区成员发帖类型梳理，构建案例模型，研究社会资本的调节作用下，虚拟社区感对知识贡献的影响。

第九章：企业对策。从企业方面给予对策建议。

第十章：政府政策。从政府视角出发，得出启示。

1.4.2 研究方法

本书遵循了"文献阅读→文献回顾和理论基础→模型构建与提出假设→调研收集收集数据→实证分析→形成研究结论"的基本思路。根据研究目标和研究内容，本书采用规范研究与实证研究相结合、定性研究与定量研究相补充、案例研究与对策研究相呼应的研究方法进行研究。具体的研究方法如下。

（1）定性研究。定性研究是根据社会现象或事物所具有的属性和在运动中的矛盾变化，从事物的内在规定性来研究事物的一种方法或角度。进行定性研究，要依据一定的理论与经验，直接抓住事物特征的主要方面，将同质性在数量上的差异暂时略去。它以普遍承认的公理、一套演绎逻辑和大量的历史事实为分析基础，从事物的矛盾性出发，描述、阐释所研究的事物。首先，访谈。访谈法，是指为了了解受访对象的心理和行为，采访人员通过与受访人员进行直接的面对面交谈的一种心理学层面的研究方法，同时访谈法的形式是多种多样的，具体采用哪种访谈法会根据问题、对象的不同来选择，主要可以分为结构型访谈和非结构性访谈。访谈法的运用非常广泛，可以简单方便地从多个方面进行资料收集。主要包括两方面：一是通过专家访谈形成核心概念的关键维度和测量指标，包括本书在开展之前与小米社区资深用户、营销学博士进行了深度的访谈，并根据访谈结果设计和形成问卷。此外，对于本书的结果，也具体寻访了小米社区的相关用户，与他们一起探讨本书的结论，向其咨询相关意见，来阐述研究结论的具体原因。其次，演绎研究法。演绎法通过对已有的理论、学说、假说和思想进行逻辑上的分析，由一种情况出发，根据严格的逻辑过程，依靠可靠的理论依据，推导出可能产生的结论。本书关注了虚拟社区感、承诺、知识贡献等方面的理论与文献。此外，还检索大量与本书密切相关的经典及前沿文献，为本书提供丰富而深厚的理论基础。研究模型的提出和研究假设的提出。本书的模型、命题与假设均是在深入阅读文献和资料的基础上通过逻辑演绎提出的。本书对研究变量的测量都是尽量在采用已有的、特别是经典量表的基础上,再经过访谈之后形成的。此外,除了学术方面的文献,本书针对小米社区的相关新闻报道、社区规则、成员手册等进行了研读,并根据这些实践方面的内容来不断修正本书的理论模型,使得使得研究更加贴合现实。再次,定性调查研究。在演绎的基础上,进行必要定性调查研究。具体做法是对虚拟品牌社区的几位资深成员进行深度访谈,提炼相关领域的基本理论,以逐渐创建和完善相应的理论体系。

（2）定量研究。定量研究是指确定事物某方面量的规定性的科学研究,就是将问题与现象用数量来表示,进而去分析、考验、解释,从而获得意义的研究方法和过程。定量,就是以数字化符号为基础去测量。定量研究通过对研究对象的特征按某种标准变量的比较来测定对象特征数值,或求出某些因素间的量的变化规律。首先,问卷调研。对需要测量的变量进行条目选择,同时选定发放对象。本书的问卷来自针对小米社区中有意向的社区成员进行定向发放。问卷在小米社区成员聚集的QQ群、社区、论坛等进行了发放。问卷从形成到回收的整个过程具体包括问卷的整体和各个细节内容的修改、问卷的发放方式和数据的回收、初步整理以及对整个调研结果的最终呈现与统计分析。其次,回收数据的分析与处理。在进行问卷调研的基础上,对回收的数据进行相应分析。对样本的人口统计特征进行了基本的描述性分析,继而本书采用了结构方程模型来检验所有的直接假设,实现软件为 Smart PLS 2.0;并用 Bootstrap 插件来运行本书的中介假设,实现软件为 SPSS Statistics 21.0(须安装 PROCESS 插件)。

1.5 可能的创新点

目前,学术界关于虚拟社区感、承诺、知识贡献之间关系的研究,还缺乏系统的理论建构和与实证检验。为弥补该缺陷,本书拟以知名企业为研究对象,旨在通过实证方式深度而系统地探索虚拟社区感、承诺、知识贡献之间的复杂关系,以为相应的理论研究与实践活动提供借鉴和指导。

1.5.1 研究内容的创新

首先,创新了虚拟社区的相关研究。学术界关于虚拟社区的研究主要是从虚拟社区的类型、社区认同出发,探讨虚拟社区类型、社区认同等对顾客参与的影响。这些研究关注的重点是社区本身的特点,而较少地去考虑虚拟社区感对顾客参与活动的影响问题。本书在以往研究的基础上,将研究主题确定为虚拟社区感、承诺对知识贡献的深度影响,从而拓展了虚拟社区知识贡献的相关研究。其次,创新了承诺对知识贡献的研究。自20世纪70、80年代开始,就有学者开始关注知识共享的相关研究,相关文献主要探讨了知识共享的类型,顾客参与对知识共享的积极影响。相对于知识共享而言,知识贡献的范围更小,在某种程度上细化了,因而在知识共享研究基础上开展知识贡献的相关研究是一个发展趋势。本书所开展的深入研究则是将承诺及其对知识贡献影响的理论探讨向前推进一步。

1.5.2 研究视角的创新

(1) 从承诺视角拓展了虚拟社区感和承诺在知识贡献领域的应用。从与承诺有关的理论探讨来看,关于其在知识贡献中具有中介作用的观点得到普遍认可。然而,上述研究的背景主要为一般的知识贡献活动,较少地去关注虚拟社区中知识贡献行为。本书综合以上研究,将虚拟社区感和承诺一起引入知识贡献领域,并以承诺及其组成维度为中介变量就虚拟社区感各维度对知识贡献各维度的影响机制进行了比较详尽的阐述与论证,这不仅在以往研究中非常少见,而且还从承诺视角拓展了它在知识贡献研究领域中的具体应用。

(2) 拓展了虚拟社区感对知识贡献影响的研究视角。以往虽然有文献从虚拟社区类型、顾客参与类型等视角关注过相应的影响机制问题,但并未有学者从承诺视角深入而系统地研究过虚拟社区感对知识贡献的影响问题。本书所开展的深入研究,不仅从承诺的新视角解释了虚拟社区感影响知识贡献的机制,而且还进一步拓展了虚拟社区感及其对承诺影响的研究视角,为从承诺视角深入开展与知识贡献有关的理论探讨奠定了坚实基础。

(3) 本书考虑到虚拟品牌社区的本质属性,采用了虚拟社区感这个自变量展开对社区中成员知识贡献的研究,并把承诺作为中介变量加入研究模型。从虚拟社区感和承诺的双重逻辑视角分析了影响成员知识贡献的前置因素,构建出一个整合的理论分析框架。营销学领域,关于承诺的研究较少,本书基于承诺的视角研究虚拟品牌社区成员对社区形成的承诺机制,提出了承诺对于知识贡献的驱动作用以及承诺在虚拟社区感和知识贡献中的中介机制。以承诺的角度来研究虚拟品牌社区在相关研究中属于一个创新。既往研究中对于虚拟品牌社区参与行为并没有做细分,事实上参与行为包括多个层次。本书将研究重点放在了知识贡献上,并拟在小米社区中进行问卷发放。在针对知识贡献行的测量上,本书拟采取"知识贡献值"这一客观指标,使得对知识贡献的测量更加精准。

1.5.3 案例研究创新

（1）筛选出具有代表性的案例。耐克百度贴吧关注用户 426 万人,累计发帖 2289 万次;哈雷因其独特的品牌文化,虚拟社区浏览量每条均上万次;苹果高粘性用户"果粉"注册人数已达 1839 万人。每个案例的虚拟品牌社区都有着庞大的用户群里和成熟的虚拟社区,且在各自的行业均具有代表性。

（2）深入的探讨研究。追根溯源,对各案例企业的创始人特点、企业发展生命周期、企业发展营销策略创新点进行深入挖掘,通过纵横两个角度的对比,整理该企业的营销特点,对虚拟品牌社区的强大文化背景支撑进行研究。

（3）独特的案例模型。对各核心概念在各案例中的体现进行信息条的抽取,不仅停留在概念的定性探讨,虚拟社区中的虚拟社区感、承诺和知识贡献作用机制通过案例的体现进行模型构建,并横向拓展各虚拟社区中出现的其他变量,深入考量其调节作用,构建直观创新的案例模型。

第2篇 理论分析

第 2 章 文献回顾及评述

2.1 虚拟品牌社区的相关研究

2.1.1 虚拟品牌社区的内涵

关于虚拟品牌社区的研究最早可以追溯到 21 世纪伊始,互联网的发展以及通信技术的进步推动着虚拟社区成为非常流行的沟通方式,这种现象影响着人们的日常生活,最早形式也比较简单,例如一些简单的聊天室、留言板等。随着互联网技术的成熟以及越来越多的品牌开始关注与消费者的互动,虚拟品牌社区逐渐发展起来。随着品牌社区在虚拟网络中的发展,更多的消费者选择通过虚拟社区寻求品牌口碑信息。Abdel 和 Lionel(2004)提出虚拟品牌社区基于对某种产品品牌关联的顾客群体进行自选择、分层化、非地理边界交流。在消费者和企业之间的交流沟通不断完善的过程中,各种虚拟品牌社区逐渐崭露头角,由最初消费者自发形成的品牌社区转变为企业建立的虚拟品牌社区,后来演变成第三方建立的品牌社区。在这些虚拟品牌社区中,消费者能够不受地域时间限制分享和获得企业品牌体验以及品牌态度,另外也能通过网络分享共同价值观,彼此形成强烈的成员认同感。企业通过虚拟品牌社区稳定顾客对品牌的忠诚和长期发展的关系,为品牌顾客管理关系的新方向提供思路。虽然说国内外很多研究都针对虚拟品牌社区进行了细致的阐述,但是截至目前,学术界仍然对虚拟品牌社区的定义、形式等众说纷纭,并未形成统一的定论。虚拟品牌社区从本质上而言是企业所建立和主导的虚拟社区,以实现企业和消费者共同目标为目的,伴随着互联网兴起而生成的一个供企业消费者交流的平台,是一种特殊的、非地域性的连接关系,存续于品牌拥护者之间社会关系的结构化网络中。在该平台上,一群具有相同兴趣或特定需求的人通过共同的交流平台组成一个群体,进行沟通、交流和分享信息,虚拟品牌社区具有围绕特定产品或服务、不受地域限制、以品牌使用者间一系列社会关系为基础,满足消费者共享品牌资源、建立交流关系和娱乐生活等多种需求。Kozinets(2002)指出虚拟品牌社区就是简单的相关论坛、博客等网络平台,在此平台上网络成员以品牌为中心,对品牌的相关内容进行交流。随后 Amine(2004)提出虚拟品牌社区是指成员之间利用网络,不受地域限制,出于对某一品牌的兴趣而自愿组成的一个网络群体。在虚拟品牌社区中,成员可以在这个社区自由地分享自己对品牌的相关看法,与品牌产生紧密的联系。随后国内学者们也开始了对虚拟品牌社区的研究,我国学者萧宗悯(2006)借鉴国外学者的定义,将其定义为社区成员以品牌为中心,对品牌的体验感受进行互相交流的虚拟平台。金立印(2007)指出虚拟品牌社区是一种社会群体——由于关注并欣赏同一品牌从而在互联网上建立联系的用户群体。此后,Siciliai & Palazon(2008)则把虚拟品牌社区定义为由企业所设立的,提供给对品牌有着共同兴趣的成员相互交流的网络平台。我国学者畅榕(2007)也从其创建者出发,认为可以是由企业、品牌追随者或者第三方发起,利用数字传播技术而形成的网络共同体。刘新(2011)赞同畅榕学者关于对虚拟品牌社区创建者的分类,并在此基础上提出该社区的成员可以通过网络媒介等融入企业所举办的品牌主题活动中。廖俊云等(2017)认为虚拟品牌社区是用户用来获取品牌信息以及与品牌保持联系的虚拟平台。可以看出以上学者关于对虚拟品牌社区的定义并没有出现分歧,基本内涵一致,但都未提出虚拟品牌社区的创建者这一关键因素。

Valck 等(2009)也认为,虚拟品牌社区的基础是品牌消费者在社会沟通和关系交换之上的一种专业化、没有地理疆域的线上社区。Kozinets(2002)指出虚拟品牌社区的形式并不单一。它既包括虚拟社区这一字面形式,也包含着诸如博客、在线论坛等多种形式。社区成员在这种以网络为载体的虚拟网络环境中就品牌相关的话题进行讨论和交流。对于虚拟品牌社区而言,其社区成员是对某个品牌或者更加具体的产品具有一定的兴趣,希望加入企业的交流平台中来,去和其他类似的人分享关于产品的见解和意见。周科和胡颖(2020)从华为虚拟品牌社区出发,认为虚拟品牌社区参与者大多为高收入的青年群体,对品牌消费需求高,且虚拟品牌社区参与度越高其沉浸体验感越强。张才明(2020)则提出,虚拟社区的虚拟性、无障碍性和互动性能够形成知识贡献,这也成为虚拟社区存在和稳定发展的基础,是成员汲取知识进行知识储备和产品创新的先决条件,同时,虚拟社区汇聚了某种形式上的人力资本、物质资本和社会资本,它以成员为活动中心,弱化了现实生活中年龄和等级观念,使每个人都能自由提出见解。

作为虚拟社区的一种特殊存在,虚拟品牌社区是由品牌社区和虚拟社区结合形成的一种结合。Muniz等在参观了计算机和汽车等工业化社区之后,便提出品牌社区这一概念。廖俊云等(2019)通过对以往虚拟品牌社区定义梳理,发现它主要分为技术取向和关系取向两种,既可以从技术方面满足消费者某些特定需求,也可以从社会关系方面一定程度上满足消费者社交需求,并通过社会性动机、价值、社会资本、声望和互惠等驱动消费出现社区参与行为。品牌社区时间里在市场概念的基础上,市场社区是一种由消费者的消费模式和消费产品建立起来的无形新型社区,品牌社区以品牌产品的人际社会关系为基础,是特殊的、非地缘关系群体的集合。对于消费者来说,品牌社区是一种信息沟通渠道,在此平台上,消费者可以学习使用产品功能、寻求社会帮助、扩大社交圈、表现和推销自己。对于企业而言,品牌社区意味着低成本投入,高效率营销,它能及时为企业了解社会需求,加强消费者与企业之间的联系,提高顾客的购买频率和忠诚度。虚拟社区是指一些具有共同兴趣或需求的人通过网络交流和互动形成的特定的网络社区,虚拟社区具有虚拟性和开放性的特征。当前,虚拟社区被广泛运用到电子商务领域,企业提出一些新的知识信息的沟通共享方式,提高了社区成员参与的积极性,加快共享速度,虚拟社区还被运用到一些特色的文化交流,比如图书馆情报学或科研探索建立用户学习社区,提供学术信息交流与共享平台,为用户管理与教育培训提供条件。Black 和 Veloutsou(2017)强调虚拟品牌社区的品牌认同、消费者认同和社区认同对于品牌价值共创意义重大。虚拟品牌社区有别于传统的虚拟社区或品牌社区。由于在移动网络环境下发展而来的虚拟品牌社区吸引了更为广泛的成员,所以就造成了不可避免的更为强烈的异质性和组织松散性。因此,虚拟品牌社区成员对于品牌的共同意识在一定程度上有所削弱。

综合以上论述,从以上分析能够得出,国内外专家学者对于虚拟品牌社区概念的理解主要体现在以下四个方面:第一,强调消费者的共同偏好与互动关系;第二,强调互联网技术的应用所带来的便捷;第三,强调虚拟品牌社区在客观上能够为品牌带来积极的作用;第四,强调虚拟品牌社区具有网络特征。尽管还有一些研究强调虚拟品牌社区的发起者可以是企业、消费者自发或第三方,但是由于本书研究的目的是为品牌经营者和企业提供创建、经营和管理虚拟品牌社区良好的管理建议,包括如下三个方面的内涵:第一,虚拟品牌社区不受地域限制;第二,任何虚拟品牌社区中都有中心成员,这些中心成员可能是虚拟品牌社区内部活动的发起者或组织者,在虚拟品牌社区中就是那些"管理员"、"版主"等,也可能是社区中的其他活跃分子,这些活跃分子经常参加甚至组织活动,也对产品非常熟悉,虽然他们不是虚拟品牌社区的关键,但却是虚拟品牌社区得以维持和发展的网络节点;第三,虚拟品牌社区的成员还包括了大量对品牌感兴趣但没有消费产品的人。可以看出虽然学者们对虚拟品牌社区的理解不尽相同,但是都有以互联网为媒介、方便成员对品牌产品或服务进行交流的特点。因此本书认为,虚拟品牌社区意指对某一品牌感兴趣的群体参与到品牌企业提供的网络社区或者平台,在平台中与社区成员交流互动,提供产品或服务的反馈和评价,进而发生更深层次的交流和互动。

2.1.2 虚拟品牌社区的特点

网络 2.0(及以后)环境的特点是消费者和品牌之间的双向互动,从而与更单向的传统媒体形成鲜明对比(Hollebeek et al.,2014;Brodie et al.,2013)。虚拟品牌社区是一个专门的、不受地理限制的在线社区,基于品牌消费者之间的社交和关系(De Valck et al.,2009),其成员从与品牌的关系中感知附加值(Wirtz et al.,2013)。在这种互动环境中,消费者不仅能够对与品牌相关的通信做出响应,还能够自己创建这些通信,例如,用户生成的内容(Hollebeek 和 Macky,2019),揭示了其高度的交互性。虚拟品牌社区能够通过企业营销措施和支持、虚拟品牌社区环境氛围和社会资本带来传统营销无法触及的用户深层次体验(余文伟等,2020)。虚拟品牌社区被定义为"基于社会交流和品牌消费者之间关系的专业化、非地理约束的在线社区"(De Valck et al.,2009)。作为志同道合的用户见面、分享品牌相关体验的平台(Baldus et al.,2015;Trusov et al.,2009),虚拟品牌社区的战略作用日益得到认可(Kumar et al.,2013;Naidoo 和 Hollebeek,2016)。

虚拟品牌社区的主要特征是:首先,具有共享意识,即与品牌的紧密联系、成员之间的相互信任、与其他品牌用户的界限,揭示了其高度的交互性(Füller et al.,2008)。在虚拟社区中,用户通过发表观点、提交创意、参与互动等方式成为企业创新价值链的一员,共同参与价值创造(虞洁攀和李海刚,2021)。在这种不断变化的环境中,提高消费者品牌参与度,这揭示了消费者对其品牌相关互动的投资(Islam et al.,2019;Hollebeek et al.,2019),重要性迅速增加(Wirtz et al.,2013;Islam 和 Rahman,2017)。具体而言,参与的客户被视为有助于销售额增加,正面口碑增强,组织绩效提高(Bijmolt et al.,2010),从而证明了其战略意义。鉴于其高度的内在互动性,虚拟品牌社区已被确定为促进或研究消费者品牌参与的重要环境(Hollebeek et al.,2019;Hollebeek et al.,2017)。虚拟品牌社区包括与公司产品有关系的用户和消费者,他们通常交易、共享和传播关于产品或服务使用的信息和知识(Marchi et al.,2011;Fuller et al.,2008;Kozinets,2002;Moonis 和 Okin,2001)。在虚拟品牌社区中,用户参与公司的创新过程,因为最活跃的社区成员附属于品牌,并拥有关于其产品使用的知识(Marchi et al.,2011;Parmentier,2015)。通过这种方式,客户在获得公司生产的产品或服务后,会产生改进产品或创造新产品的想法和内容(Wu 和 Fang,2010)。他们还分享他们的知识和经验,在设计和生产过程中进行合作(Hanna,2011;Tapscott 和 Williams,2007)。在虚拟品牌社区中,成员的契合行为是实现价值共创的基础,他们既是企业在价值共创过程中的重要合作伙伴,也是企业前沿知识的关键来源和新产品创意的主要来源,更是虚拟品牌社区关键顾客,但识别这些关键顾客的研究很少(冯进展和蔡淑琴,2020)。通过使用社交媒体增强的虚拟品牌社区可以受益于其成员的创造力、专业知识和集体智慧,用于勘探和开发目的(Mount 和 Martinez,2014;Cachia et al.,2007)。在虚拟品牌社区中,成员可以通过五种不同的方式支持创新和共同创造过程,如产品概念化、产品设计、产品测试、产品支持和产品营销(Nambisan,2008)。

其次,与其他消费者群体性互动不同,具有共同的仪式和传统——围绕共享产品体验的相关仪式进程。在这样的社区中,参与者是同行消费者,他们可以分享任何内容,甚至包括负面评论。品牌意识对消费者购买决策具有重要影响,品牌意识的核心在于消费者会认为其使用的品牌是其自身个性的反映,在品牌意识的驱动下,消费者会更加关注该品牌的相关信息(李雪欣等,2019)。在这样的社区中,除了同行消费者之间的交流,企业的管理通常是可见和广泛的。例如,公司的员工或代表回复成员的帖子(Homburg et al.,2015),设定成员进入社区的要求(Gruner et al.,2014),以及发布推广内容(Goh et al.,2013)。最后,对群体的道德责任感(即对整个社区及其成员的参与责任感)。毫无疑问,虚拟品牌社区支持和促进新的扩展形式的交互式消费者体验,并得到基于技术的服务的支持,这有助于增强特定品牌的消费者参与度和客户体验(Barnes et al.,2015;Brodie et al.,2013),旨在引入创新和应对组织和市场挑战。

虚拟品牌社区是人们寻求和分享品牌和产品知识的重要途径(Adjei et al.,2010)。事实上,消费者参与最重要的目的之一是收集和分享产品信息(Sicilia 和 Palazon,2008)。通过接受同龄人贡献的知识,消费者从社区中获得功能和社会利益,从而增加他们未来参与社区的意愿(胡克等,2018)。企业在许多方面也从成员的知识贡献行为中获益匪浅。一方面,会员分享的品牌和产品知识有助于其他同行熟悉品牌,学习使用产品,解决产品使用问题等(De Almeida et al.,2018)。因此,对等问题解决使企业能够减少客户教育和服务中的营销资源分配,从而促使顾客对品牌更加忠诚,而顾客对品牌的忠诚使其更愿意实施更多的契合行为(冯进展和蔡淑琴,2020)。另一方面,消费者在跨国公司贡献的知识可以用来产生新的产品创意和促进产品创新(Füller et al.,2008)。最后,消费者的知识贡献行为增加了贡献者的品牌参与度,进而导致品牌忠诚度的提高(Laroche et al.,2012;Shang et al.,2006;Thompson 和 Singha,2008)。

2.1.3 虚拟品牌社区的作用与挑战

随着社交媒体的发展,传统的品牌社区加速向基于网络的虚拟品牌社区转移,而且越来越多企业主动创建虚拟品牌社区为顾客提供了一个信息交流和互动的平台。虚拟社区(群体)同现实的社区(群体)一样,有着其独特的仪式和传统。与一般虚拟社区所不同的是,虚拟品牌社区成员都共享有一种区别于社区外其他个体的同类意识,他们认可并重视自己的社区身份,偏好本品牌同时又反对其竞争品牌。同时,活跃的社区成员会关心并帮助其他成员,组织参与社区活动,提升自己或他人的社区价值。对于企业来说,虚拟品牌社区也方便了企业吸收外部知识,不断改进自己的产品,使得产品更加契合顾客的需要,继而创造出优于竞争品牌的产品。而企业需要更多的顾客契合行为,提升顾客的契合意愿,最终提高顾客契合能力,通过识别出契合顾客,给予契合顾客金钱、利益、权限、虚拟荣誉等奖励,留住契合顾客,提高虚拟品牌社区质量(冯进展和蔡淑琴,2020)。

虚拟品牌社区可以激发有利于企业的知识创新,是企业面对动态的市场环境而实施创新变革的关键所在。张克一等(2016)对 B2C 和 C2C 两种虚拟品牌社区的类型进行了实证研究,其结果显示在 B2C 虚拟品牌社区中,应用性学习对于用户知识创新能力的影响更大。此外,用户创意组合管理在用户知识创新能力和企业知识创新的关系中有着显著的正向调节作用。虚拟品牌社区对于构建顾客忠诚,强化消费活动具有重要意义。而对于 OTO 模式的虚拟社区对消费者的影响中,岳宇君和郦晓月(2020)指出虚拟社区的营销价值主要在于吸引和识别客户、提供个性化服务和体验、帮助实现产品创新和优化、留住优质客户及建立和发展良好口碑等。杨晓荣和杜荣(2021)对 IT 驱动的虚拟社区的研究中指出,在跨境电商虚拟社区寻求产品或购买知识时得到及时满足,顾客满意度会提高,虚拟社区的知识共享会影响跨境电商服务质量。廖俊云等(2016)指出,随着虚拟品牌社区成员社会化的发展,虚拟品牌社区的社会化治理策略对于社区认同有显著影响,进而通过社区认同的中介效应对品牌忠诚和持续参与意愿产生作用。Brodie等(2013)构建了虚拟品牌社区成员参与的过程,指出在虚拟品牌社区中,成员之间的相互分享、学习、拥护、社交、共同发展促进了成员对于品牌的忠诚和满意、社区赋权、情感联结、信任和承诺。除此之外,虚拟品牌社区建设的完善程度也会影响顾客的行为。管理者可以从虚拟社区对成员精神满足层面出发,一定程度上营造相互尊重、积极阳光的和谐社区氛围,建立相关激励机制,对虚拟社区贡献更多的成员给予精神奖励,鞭策成员为社区创造更多价值(张才明等,2020)。Otero等(2014)认为虚拟品牌社区及网站的改善对提高企业网站的点击量和影响力都大有裨益,社区中对顾客人文化的关怀也会加强顾客对社区的认同,进而吸引顾客持续的参与社区活动,为企业创造品牌价值建言纳策。谷斌和陈晓双(2021)从虚拟品牌社区用户创新激励品牌创新的角度出发,研究证明社区成员意见领袖对激励成员创新有正向影响,意见领袖的社区活跃度能够吸引更多成员积极参与,并且不易流失,开发人员可以抓住意见领袖发表帖子的互动程度提高品牌社区活跃度以及专业知识密度,其过程可视为隐性知识的转化过程,也是创新过程,成员希望获得关注进行贡献创新行为,实现自我价值需求。张洁和廖貅武(2020)指出,虚拟社区顾客能够在线发表自己的独特见解,通过相互交流彼此想法逐渐升华,产品性能、用途等方面知识技能逐步清晰,最终实现产品创新。

　　虚拟品牌社区可以提高成员学习的速度,扩大品牌传播辐射范围。由于产品和服务更新速度快,消费者需要不断学习了解新事物的发展趋势。从传统角度讲,品牌商有义务引导和帮助消费者了解产品及其服务的内容,为他们提供相应的解决措施,那么品牌商需要为其员工培训以便传播产品信息。随着信息技术的快速发展,越来越多的公司改变原始培训员工的方式,转变为建立虚拟品牌社区扩大其受众面,虚拟品牌社区中的成员能够相互交流、共同帮助消费者解决产品或服务的问题。同时,社区信息质量和数量直接影响社区成员互动程度,社区管理者需要提升自身专业知识储备量,通过成员学习所需专业知识提高互动指数和参与度(张才明,2020)。在这种情况下,消费者自觉地承担部分品牌商员工的服务。对于企业而言,消费者拥有了解产品、选择产品及使用产品的自主能力是十分重要的。许多虚拟品牌社区的建立目的就是为了传播品牌信息,形成有效传播机制。在虚拟品牌社区内,消费者通过不断互动交流获得新的知识,这些新的知识可能不是由品牌商提供的,也有可能是源于其他消费者的分享,在很多情况下,品牌商官方不一定能够及时解决消费者疑惑,这样的品牌社区就能大大提高学习效率及知识传播速度。

建立虚拟品牌社区可以提升顾客与品牌的质量关系。Fournier(1998)基于顾客和品牌之间的联系,提出品牌关系质量的概念,强调品牌可以满足顾客心理层面的需求,甚至是顾客对品牌的信任程度。他提出,品牌关系质量主要衡量指标是热情、自我联结、个人承诺、亲密、伙伴品质及互赖性这六个方面。杨晓荣和杜荣(2019)从IT驱动角度出发,实证证明虚拟品牌社区易用性、响应性、可靠性、移情性对品牌知识共享有显著正向影响,且知识共享程度不同的顾客对其感知存在显著差异,需要企业注重保证顾客知识共享程度,以满足不同需求。王松等(2020)提出,虚拟社区需要经历成员对社区的认可到社区品牌化,最终虚拟品牌社区成为自身内化固有意识这三个过程。其中,通过企业在社区中的管理形成信息双向反馈帮助社区成员理解社区规则,提升社区互动性;通过社区活动与成员互动建立企业-成员人际连带和社区嵌入,强化成员对社区的依赖。消费者在融入虚拟品牌社区的过程中,与品牌、其他成员、产品建立了心理依附的关系,同时,自愿加入社区的人员都有共同的兴趣和需求,在社区的聊天室留言板等模块进行交流无形中形成沟通团体,彼此不断探讨、分享、创新新知识,相比较社区外成员沟通能够减少沟通成本,更容易产生共鸣和吸引力,培养良好的信任关系(张才明,2020)。为了拉近与他有共同兴趣和追求的消费者,消费者也会加深对品牌的情感依附,从而建立品牌质量关系。但是虚拟品牌社区仍因为其特定的网络弱控制性等特征缺乏相对规范统一的实时控制与监督,有一定程度上为企业带来负面口碑的风险,可以通过企业作为共同的社区创造者参与进来,创造条件促进社区发展,其合适的治理机制本质上能作为激励保障措施,缓解社区内的成员冲突和矛盾,最终提升社区关系质量(迟铭等,2020)。虚拟品牌社区背景下的关系质量一定程度上是顾客和企业或顾客和品牌间关系强度的体现,是成员和品牌关系良好程度的指标(古安伟等,2017)。而顾客对品牌和产品的认知和情感是模糊的,品牌的负面消息会波及顾客对产品原本的认知、情感和行为,虚拟品牌社区是企业维护顾客心目中品牌形象的基础,做好品牌管理工作能够进一步提升顾客使用体验,进而促进顾客参与新产品开发等进行价值共创,最终提升顾客-品牌质量关系(李朝辉等,2019)。

虚拟品牌社区可以通过顾客体验口碑提高忠诚度。一般来说,产品和服务属于大批量集中产出,但是顾客体验是分散的,虚拟品牌社区的用户借助互联网平台参与品牌社区,用户可以分享交流产品或服务的消费体验,从而将分散的消费体验聚合起来,将原先独立的消费活动转变为用户的自我展示,也为产品或品牌提供了及时的消费反馈。俞林和许敏(2020)从社区成员社会强化动机视角出发,要想社区成员通过积极参与社区讨论提高顾客忠诚度和企业口碑,一方面精选帖子、公开表扬,采用积分制等形式,重点关注网络中心度较高成员,鼓励用户参与;另一方面企业加强治理机制建设社区,提高社区成员归属感,最终实现高归属感和依赖感,提高产品营销效益。朱丽叶等(2018)认为,虚拟品牌社区给顾客提供了参与产品讨论的平台,通过分享使用体验和感受提供关于产品的建议和意见,参与品牌的设计和开发,最终引导社区顾客参与品牌体验活动。并且,顾客参与社区行为的频率与其对产品或服务的满意度呈正比,从而会影响顾客对产品或服务的忠诚,通过主动参与和被动参与引发价值共创行为,自发参与品牌意义建设和品牌体验传播(何建民等,2011;朱丽叶等,2018)。另外,顾客参与虚拟品牌社区的时间长度及参与频率是影响品牌承诺的重要因素之一。但是虚拟品牌社区的发展也面临众多挑战,诸如网上社区成员通常是匿名的,并且成员分布在范围极广的区域,成员之间的关系和连带非常松散,在虚拟品牌社区中侵犯名誉、泄露个人信息等问题时常发生,一些不法分子盗用虚拟社区成员的账户发表不正当的内容,破坏社区成员的名誉,社区成员在社区发表观点是无法保证信息的完整性和真实性。而且他们对于虚拟社区的关系是主动的,不受到雇佣合同的影响;在虚拟品牌社区中,成员与组织和其他成员的联系缺乏现实组织中的面对面沟通。因此,网上社区的承诺的形成通常低于现实组织和群体的承诺,导致很多虚拟品牌社区最后走向失败。因此,很多营销的研究者都认为如何将品牌社区的"闲逛者(tourist)"转化为社区的活跃的知识贡献者,使他们更加投入到社区中是一个重要问题。

2.2 虚拟社区感及其对个体行为的影响

2.2.1 虚拟社区感的内涵

社区感又被称为社区意识或社群意识,最初其源于社区感(Sense of Community)。在 Mcmillan 和 Chavis(1986)提出的社区感概念中,社区感意指社区成员对于自己所在社区的一种成员感(Membership)、同一性(Identity)、归属感(Belonging)和依恋(Attachment)的感知。Mcmillan(1996)指出自己原来提出的概念过于宽泛,因而修正了自己提出的概念,将社区感的概念重新进行定义。把社区感划分为情绪感受、人际信任、公平交换和传承艺术。

Poplin将社区感分为三个部分:共同价值和信念、共同行为准则、成员身份感和认同,McMillan和Chavis(1986)在此基础上提出"四个要素"概念,提出社区感是成员对组织的归属感,成员之间的相互沟通交流的情感,成员与组织之间的共同目标。这"四要素"主要包括成员资格、影响力、需要整合和满足及情感联结。成员资格是指成员对加入组织的愿景和对组织的情感寄托;影响力是指成员对组织及组织其他成员的影响力或受到的影响力;需要的整合和满足是指社区成员的共同目标、整合的资源及共同愿景需要共同规划实现;共同情感联结是指成员之间的存在共同目标或经验为基础的情感联结。后来,McMillan(1996)修订了这四个要素,将"成员资格"修订为"情绪感受",主要是指成员在参加社区时的归属感和安全感;将"影响力"修订为"人际信任",主要指组织规范、组织管理权威;"需要的整合与满足"修订为"公平交换",主要是指组织成员之间的平等与认同;"共同的情感联结"修订为"传承艺术",是指传承组织累积的经验与知识成为组织文化的发展与成长。

社区感的界定主要有地域型社区感和关系型社区感,原先,学者们将社区感描述为地理界线,它反映了生活环境和生态环境的影响。这样的定义忽视了不同地域的人们具有相似兴趣爱好、价值观的心理联系,因此Omoto和Snder(2002)强调心理、社会、文化等因素对社区感的影响,也就是关系型社区感。根据两种类型社区感的特点来看,可以将虚拟社区感归为关系社区感。在传统的社会学研究中,社区感被用来在日常生活中预测、控制和解释个体行为。后续的学者发现,社区感的构成要素同样适用于虚拟社区的情景,因此虚拟社区中的社区感开始进入主流研究范畴中来。

人们基于网络平台交流与讨论形成稳定的虚拟社区,在虚拟社区中,社区成员可以跨越时间和空间的限制,自觉建立人际关系,成员之间分享和交流知识和经验,或者向社区其他成员寻求帮助。社区成员之间经常互动交流从而使得彼此形成相互联系、相互影响的关系,社区成员之间或社区成员对社区会产生一种信任和依赖,将自己看作社区的一份子。基于此,一些学者将虚拟社区感框架划分为四个元素:(1)成员感,即成员对社区的归属感;(2)影响力,指成员对成员或社区产生的影响;(3)满足需求,即成员相信社区能够满足他们的需求;(4)情感连接,即社区成员之间的情感交流与依赖。McMillan(1996)重新定义了这四个要素,即精神、信任、交易与艺术。

Roberts等(2002)对一个利用文字进行交流的在线聊天室的参与成员进行了定性研究。其研究结果显示,虽然他们所处的环境有别于现实中面对面交流的环境,但是他们仍然能够体验到一种社区感。然而虚拟社区不同于有着固定地理位置和稳定成员结构的真实社区,它存在于虚拟的网络空间中而且人员结构比较松散。相比于真实社区,虚拟社区克服了时间同步性、地点接近性和空间凝聚性等限制,给社区成员创造了一种多媒体渠道的交互和沟通环境。但是虚拟社区也存在着诸多弊端,由于虚拟社区的很多管理问题,导致了核心用户的流失。因此,社区感的概念是否能够完全照搬到虚拟社区中进行应用引发了质疑。Koh和Kim(2003)首先对虚拟社区环境下的虚拟社区感进行了测度和定义,他们认为虚拟社区感是指个体对于特定的虚拟社区的成员感、影响力和沉浸感的主观感受。在其定义中可以看出,他们仅仅使用了McMillan和Chavis(1986)社区感概念中的两个维度,并且将沉浸感引进到虚拟社区感的定义中。该定义与其他针对互联网环境下个体行为的研究相一致,得到了学术界的广泛认同。此外,也有其他学者针对虚拟社区感做出过定义。例如,Tsai等(2013)将虚拟社区感定义为在以计算机为中介的沟通中成员对相互之间的归属、身份和依恋的感受。Tonteri等(2011)从虚拟社会的影响和影响虚拟社区的两个角度分析,将虚拟社区感定义为网络环境中人们感受到的社区体验,成功的虚拟品牌社区能使成员虚拟社区感等同于真实社区(面对面)所体验的社区感,同时,虚拟社区感还能反映出社区成员个体身份和社会身份。随后,周涛等(2019)提出,社会资本显著影响虚拟社区感进而影响用户持续参与行为,成员渴望在社区中收获友谊和知识,并不断在互动中建立紧密连接,提升自我归属感。虚拟社区可以通过顾客参与社区建设和社区内容推广同时激发顾客情感依附,形成高质量口碑营销。可见,虚拟社区感在社区建设和后续维护中有其特有作用。

2.2.2 虚拟社区感的维度划分

虚拟社区感的构成维度同样因学者的不同研究而异。Abfalter等(2012)的研究延续了McMillan和Chavis(1986)所提出的社区感的概念,他们将虚拟社区感划分为成员感、影响力、需要的整合和满足、共享的情感联结四个维度,并提出了虚拟社区感指数SCI2。Blanchard和Markus(2002和2004)基于社会交换理论、社会支持理论将虚拟社区感划分为认识(他人)、鉴别(他人)身份、交换支持、关系、情感依恋和责任感六个维度。Ellonen等(2007)对一个在线母婴社区进行了定性数据分析,指出虚拟社区感应划分为成员感、社区感受、身份显示、相互交换和个人关系五个维度。赵玲等(2009)在社会资本理论的基础上,从社区成员参与虚拟社区的程度、对其他成员熟悉度、感知到其他成员、对其他成员的相似性等角度定性研究将虚拟社区感划分为三个维度,即成员感、影响力、沉浸感。虚拟社区感的提出、定义和维度的确定基础是社区感。关于社区感维度的研究中,Mc Millan 和 Chavis(1986)开发的量表被广泛接受应用,学者认为社区感从成员身份感、影响力、需求满足和情感联系四个方面定义测量是全面和可接受的。Obst 等(2002)以在线科幻社区为研究对象比较了其与居民社区中社区感的差异,发现相对于居民社区中社区感的成员感和影响力两个维度的强度而言,在线科幻社区的虚拟社区感强度较弱。Koh 和 Kim(2003)的研究对虚拟社区感的维度提出了新的观点,首先他们借鉴了 Mc Milllan 和 Chavis (1986)所提出的社区感概念中的成员感和影响力两个维度,并且考虑到虚拟环境与传统社区的不同对测量项进行了修改,没有考虑"需求满足"和"情感联系"变量的理由是,前者更偏向于是影响用户产生虚拟社区感的原因,后者与"成员感"的含义过于类似。Koh 和 Kim(2003)认为增加沉浸感(immersion)维度描述虚拟社区感概念更确切,其研究结论也被其他学者认可并借鉴。虚拟社区感目前仍然缺乏统一的定义,从成员感、影响力和沉浸感方面解释和研究虚拟社区感是被普遍接受的。

同样地,Tsai(2011)基于技术接受模型和社会影响理论研究也将虚拟社区感划分为三个维度。Keng 等(2011)在研究虚拟产品体验时就将虚拟社区感划分为了成员感和沉浸感两个维度。Tonteri 等(2011)基于使用与满足理论对芬兰的一个在线论坛成员的参与行为进行了研究,他们认为虚拟社区感应该包含社会认同、成员感、情感体验、同一性和影响力五个构面。也有一些研究将虚拟社区感当成一个一维概念进行处理,但是其条目也涉及虚拟社区感的不同构念。不过以上的维度划分存在着一些缺陷,例如 Abfalter 等(2012)提出的四维度划分中,将社区感的维度划分照搬到虚拟社区中实际上缺乏了对虚拟社区独有特性的考量,无法区别出虚拟社区与真实社区所存在的差异;Tonteri 等(2011)提出的五维度划分中同一性和成员感在含以上存在着一定的类似,因此有可能造成共线性问题。

虚拟社区感在虚拟社区发展过程中有着重要的意义,它是建立虚拟社区的前提,若虚拟社区成员心理没有形成社区感,他们就不能感受到组织的凝聚力,那么这样的社区相当于一个讨论群或者聊天室,而非实际意义上的虚拟社区。

成员社区感越强烈,对社区的责任感和使命感越强,越积极参与到社区建设和发展中。但是虚拟社区感不仅仅存在于注册在线的成员,在虚拟社区中还有一批潜水用户,他们大多数是非注册用户,他们虽然不发布信息或评论,但是他们的浏览量可能较大,也会通过其他方式宣传虚拟社区。对于虚拟社区来说,这些潜在的用户同样存在虚拟社区感。

朱振中(2014)从个体和社区角度将虚拟社区感划分为7个维度,主要包括个体水平上的成员感和身份认同以及社区水平上的需求整合和满足、情感连接和分享、影响力、交换支持和社会认同。个体水平上的成员感以及身份认同,体现了个体成员对自己社区地位的感知(Ellonen,2007)。社区水平上的虚拟社区感将虚拟社区看作成员之间、成员与社区之间依赖的外部环境,在不同社区中形成的综合感受。需求的整合和满足,是指社区成员相信利用社区资源能够满足他们的现实和情感需求;情感连接和分享是社区成员与其他成员之间情感互动和亲近的行为。随着虚拟社区成员持续参与社区活动并发生身份转化,社区成员之间的联系日益密切,成员在社区中发挥的作用逐渐增强,其主动性和积极性也逐渐增强。影响力主要是指社区成员对于自己在虚拟社区中影响和被影响的感知(赵玲,2009),主要是通过社区成员维护社区规范的行为表现出来的。(Blanchard和Markus,2004)。交换支持是指社区成员在信息分享和情感沟通过程中对"接受"和"给予"的支持,它是社区成员互动参与的核心部分(Ellonen等,2007)。身份支持是指社区包括个体认同和社会认同,即它存在于个体水平,也存在于社区水平。

在营销学研究中比较经典的维度划分是Koh和Kim(2003)基于社会心理学理论所提出的成员感、影响力和沉浸感三维度的划分。成员感所反映的是社区成员对于虚拟社区的归属感;影响力指社区成员对影响他人以及受到他人影响的感知;沉浸感意指社区成员耗费在社区中的超出常规水平时间以及精力,描述的是一种社区卷入度。该种维度划分考虑到了虚拟环境的特点,即虚拟社区环境有可能让个体产生沉溺感。因而在后续研究中得到了多数学者的支持,并被采纳到研究中。如Tasi等(2011)研究了信任对于虚拟社区感的影响;Chen等(2013)研究了社区成员对社区态度对虚拟社区感三个维度的影响。本书也将采纳Koh和Kim(2003)提出的维度划分,并引用其量表作为本书的实证支持。

2.2.3 虚拟社区感对个体行为的影响

虚拟社区感对于不同类型的虚拟社区建设都有重要作用。既往的研究发现虚拟社区感可以促进成员积极参加社区活动,强化社区成员之间的关系,并提高成员知识分享的频次和密度。在虚拟社区感提出伊始,大多数的研究仅仅关注了虚拟社区感的驱动变量上。但是随着研究的深入,已经有学者开始注意到虚拟社区感对于社区成员的影响,并做了一定的探索。庄曦等(2019)对滴滴司机移动社区的关系结构研究指出,社群中凝聚子群中的群内核心人物在信息流动过程中起主导作用,虚拟社区感强度高,随后依次递减,且其有"关系型社区感"和"地域型社区感"特色,最终获得一定社会支持。根据现有文献,虚拟社区感的影响对于个体的研究,虚拟社区感对社区成员的影响主要集中在心理状态和行为两个方面。管玉娟和黄光球(2014)研究发现,消费者积极参与社区活动是由于可以获得利益,成员间的信任感越强越会扩大消费者对利益的感知,也更乐意分享信息和体验。另外,消费者自身的社交需求也推动消费者参与虚拟社区的讨论,贡献自己的知识。Koh 和 Kim(2003)构建了知识分享对社区网站忠诚的研究模型,发现虚拟社区知识分享可以带来社区成员对社区网站的忠诚。张金鑫和胡海(2016)通过研究证明了虚拟品牌知识分享对消费者购买意愿的正向影响。程志超等(2017)认为对虚拟社区用户粘性的影响因素中社会互动联结、信任和共同愿景起着关键作用,且证实了知识分享对用户粘性影响中,社会互动联结和信任在其中的中介作用。Kim 等(2004)研究了韩国的旅游社区,指出虚拟社区感与品牌忠诚以及进一步的旅游产品购买行为高度相关。Roberts 等(2002)认为,成员对于社区的归属感感知越强,那么他就越有可能为社区投入更多的精力与时间,并产生对于社区的心理依赖。换言之,社区成员的成员感与其行为息息相关,高成员感在一定程度上也会诱发对于社区的承诺。Chen 等(2013)对台湾地区 ITHelp 社区进行了研究,ITHelp 是由 iThome(一本科技新闻杂志)所建立的虚拟社区,建立的主要目的是为了通过实时的在线分享和讨论来解决各个商业领域的 IT 专业人士所遇到的问题。这与本书的小米社区有一定的相似。其研究结果显示,虚拟社区感中的两个维度(影响力、沉浸感)对成员的知识贡献意愿具有显著的正向影响。类似的结论在 Chai 和 Kim(2012)的研究中也得到一定体现,但是其研究更进一步,具体到了 SNS 使用者的知识贡献。其结果显示,虚拟社区感越强,就越能激励参与者贡献自己的知识。Welbourne 等(2013)进行了一项针对 144 名女性的研究,提出了虚拟社区感的存在有助于减少压力的假设;并且由于感知支持和情感动机的存在,虚拟社区感可以在一定程度上解释成员的持续参与行为。Zhao 等(2012)则认为虚拟社区感对于社区成员的行为影响呈现出一定差异化,其对不同行为的影响机制不尽相同。

虚拟社区感对于社区个体成员社会责任感和信用有较大影响,例如,参加特定虚拟社区的残疾人所获得的社会支持和信任相对于其他残疾人更多,参加虚拟社区的残疾人在社区活动中能够获得更多自信,培养其社会责任意识(Obst、Stafurik,2010)。同时,虚拟社区感也受到较多因素影响。组织和个体层次的影响因素、个体与其他成员间的人际关系因素都会影响成员的虚拟社区感,虚拟社区情境中的结构维度、关系维度和认知维度通过社区虚拟感中介作用实现最终通过社会资本影响组织公民行为(徐光等,2016)。规范的虚拟社区的建设不仅能促进社区成员的社会责任意识,而且能建立起社区成员间的信任感,社会成员的情感联系有助于成员间的彼此了解,同时,基于虚拟社区规范引导,虚拟社区成员间形成强烈的信任感。

由于虚拟社区成员间的责任感和信任,虚拟社区感会促进个体成员持续参与社区活动(Welbourn,2013)。同时,用户参与社区活动时产生的信任感会正向促进用户参与。熊国钺和沈菁(2019)认为虚拟社区感知对用户持续信任不仅存在积极的影响,并且负向调节社区网络口碑特性对用户持续信任的影响,即虚拟社区感知越强,社区网络口碑特性对促进用户建立持续信任的作用越小。虚拟社区越强,社区成员参与社区活动的积极性越高,成员对社区及社区产品愈加了解,更具有自我归属感和满足感,形成对产品的独立判断,对二手信息来源口碑的依赖性减小,对知识共享的活跃度越高。

此外,也有文献研究了虚拟社区感对于其他变量的影响。例如,Lyu(2012)揭示了在线品牌社交网络中虚拟社区感与品牌承诺之间的关系,随后针对脸书的实证研究证实了虚拟社区感对于品牌承诺的正向影响。Tasi 等(2011)的研究发现虚拟社区感可以促进社区沟通的增加,从而裨益于成员与社区关系的加强。Tsai 等(2012)发现虚拟社区感对于社会支持的促进作用,并且介绍了虚拟社区感中社会资本和合群需要对于社会支持的影响机制。彭晓东和申光龙(2016)指出虚拟社区感是顾客在虚拟品牌社区进行价值共创的重要驱动因素,由于影响力维度对自发的价值共创影响的直接效果及对发起的价值共创的间接效果均偏小,因此,企业在通过虚拟社区感提升顾客参与价值共创时,应尽量选择提升顾客的成员感和沉浸感,以确保对顾客参与发起的价值共创取得良好的影响效果。范公广和吴梦(2019)通过对顾客契合行为的研究指出,虚拟社区感中的社区支持感维度显著影响顾客在虚拟品牌社区中的知识共享、参与和口碑推荐。具体而言,社区主导企业提供高质量信息、良好的服务和专业的重视关心并主动提供帮助,最终顾客能够快速获得想要的信息,产生情感上的愉悦和满足,进而具有"回报"社区的愿望等,即"顾客契合行为"。

2.3 承诺及其在虚拟品牌社区中的应用

2.3.1 承诺的概念

承诺是一个源于社会学的概念,其主要研究是异性(或者同性)之间所产生的一方对另一方的亲密关系。后来承诺才被引入管理学的研究范畴中。但在最初的管理学研究中,承诺仅仅被用在了组织行为学和人力资源领域中,承诺被用来解释企业雇员的行为和态度,例如承诺对于工作流动率、任务绩效和组织公民行为的影响。事实上,承诺是一种表征成员与组织关系的心理状态,探讨的是成员是否愿意持续地成为组织的一部分。另外,也有少数研究将承诺定义为行为表现。

从心理角度看,如果个体对于企业或组织具有高水平的承诺,那么个体也就更加愿意为企业和组织的利益付出更多的努力,同时该个体也倾向于与组织保持长期稳定的合作关系,并接受和认同组织的价值观和目标。所以,承诺的概念是一个解释顾客和企业关系的良好切入点。Meyer等(1989)认为承诺的概念包含了两个层次,一方面,承诺是一种稳定的约束性力量,它不随着时间的推移而发生较大改变;另一方面,承诺可以指导个体的行为,促使着个体积极地去进行某种特定行为。承诺对于行为的影响和意愿对于行为的影响甚至是相互独立的,即使个体没有产生对于某种行为的正向意愿或者产生了规避该行为的负向意愿,承诺仍然可以促使该行为的发生。Fullerton(2005)的研究亦指出,承诺是一种强大的心理力量,将消费者与销售组织相互关联在一起。也有研究将承诺定义为一种顾客对企业的行为意向或者具体的动机。例如,Gundlach等(1995)认为,承诺就是建立和维持长久关系的意向。而Sharma等(2015)则将承诺总结为企业内部关系的价值创造和冲突管理的重要工具。Reichers(1985)提出不同群体共同形成组织,并且每个群体都有各自的目标,多重组织目标共同融合形成组织承诺,因为组织中各个群体的目标不同,各种承诺之间可能存在差异甚至冲突。总体者,承诺是组织成员与组织之间的心理契约,这是一种内在联系的目标与期望。

从行为表现角度看,承诺最早被认为是基于利益驱动下的"习惯性"行为(Becker,1960)。Salancik(1977)认为承诺是由于组织成员的行为受到约束,从而产生持续参加组织活动的想法。Barhaim(2007)提出承诺是一种抛弃个人目标、道德观念,特别是当组织面临较严峻的处境无力支付回报时,组织成员对履行组织义务的自发性责任感。

综上所述,对于承诺主要有两类定义,一种是将承诺归纳为心理状态,主要是"心理倾向"、"情感依赖",另一种表现为行为状态,主要是通过行为结果体现。由于本书主要研究对象虚拟品牌社区,若将承诺看作行为状态,那么很难将其与社区成员忠诚中的行为忠诚区别,因此,本书主要将承诺定义为组织成员愿意与品牌社区建立或维持某种联系而参与活动的心理表现。

2.3.2 承诺的维度划分

在早期的研究中,承诺通常被当成一个单维概念进行处理。其中,最具有代表性的是 Mowday 等(1979)的研究,组织承诺是"个体对组织的投入及认同程度",主要表现为组织成员情商上对组织的依赖。一些学者赞成这一定义的部分内涵,例如,Barhaim(2007)认为它是"对组织忠诚的程度";一些学者对该定义进行补充,最具代表性的观点是 Meyer 等(1989)提出的承诺是"稳定的心理约束力,并且对个体行为起指导作用"。起初,组织承诺用于指导经济的工具(Becker,1960),然后,Buchanan(1974)、Porter(1974)等指出,组织承诺是员工对组织情感依赖的表现,除了成员担心失去福利待遇或者担心时间、精力的浪费外,成员对组织产生了情感的依赖。Wiener(1982)从另一个角度提出,组织成员的教育背景、社会责任感和道德规范对组织成员承诺行为产生较大的作用。但随着研究的深入,承诺的多维属性逐渐得到了学术界的认同。对于承诺的多维度划分,早期,Allen(1990)将承诺划分为情感性承诺、持续性承诺及规范性承诺等,情感性承诺被理解为对组织的情感依恋、态度倾向以及参与意愿;持续性承诺是指由于成本支出的约束,组织成员产生承诺;规范性承诺被认为是成员继续参与组织活动的责任感。较为经典的是 Allen 和 Meyer(1993)基于前人研究经验所提出的三维度划分,分别是情感承诺(Affective Commitment)、算计承诺(Calculative Commitment)也被称为持续承诺(Continuance Commitment)和规范承诺(Normative Commitment)。在该定义里,情感承诺意指组织雇员对组织所产生的心理认同和依恋;算计承诺反映了组织雇员离开组织导致的成本的发生;规范承诺成员指代组织雇员对于组织所感知的义务和责任。Meyer 等(1984)还提出情感承诺、持续承诺与规范承诺相互并不冲突,组织成员能够拥有不同程度的这三种承诺,尽管承诺一般被解释为管理学中的雇佣关系,但是它本质上是反映非营利组织的成员贡献程度的原因。Raïes 等(2015)基于以上的承诺维度划分将其引入虚拟消费社区的研究中来,发现组织承诺的三维度划分在顾客承诺领域同样具有一定的可行性。在营销领域,也有一些学者提出了承诺的不同维度划分。在营销学中马双和王永贵将承诺界定为顾客、企业双方之间的稳定性关系,并将其划分为情感承诺和算计承诺。首先,成员感是维系成员和社区之间关系的重要因素,有利于激发成员产生对社区的高水平承诺。社区成员之间的情感关系和情感态度使成员与社区之间的关系由独立的个体关系发展为群体关系,并产生对社区的依恋和认同。在研究顾客的口碑效应时,Harrison-Walker(2001)将承诺分为了情感承诺和高牺牲承诺。Gilliland 和 Bello(2002)在研究 B2B 的情景时,将承诺划分为了盘算型承诺和忠诚型承诺。也有学者并不对承诺进行维度划分,而仅仅作为一个变量处理,这些研究大多数关注的是顾客对企业的一种"难以分舍"。虽然在名称上,学者们对于承诺的定义不尽相同,但是都包含了情感承诺的层面。此外,如 Harrison-Walker(2001)提出的高牺牲承诺以及 Gilliland 和 Bello(2002)提出的盘算型承诺都与 Allen 和 Meyer(1993)提出的算计承诺和规范承诺的含义具有一定的重合。

考虑到本书的研究对象是虚拟品牌社区中的成员,成员虽然对于社区产生了义务和责任,但是这种义务和责任是基于成员感性和理性的思考所产生的对于虚拟品牌社区的关系纽带。规范承诺是基于情感承诺和算计承诺后所产生的一种"习惯"的承诺;从某种意义上而言,规范承诺内生于情感承诺和算计承诺。此外,本书认为在企业主导的虚拟品牌社区中,虽然成员会感知到与企业所形成的关系依赖以及中断这种关系所付出成本,但是成员维持在社区中持续贡献知识的义务感较弱,市场上的同类产品较多且差异化较小,消费者有很强的自主选择权,在企业的产品和服务不能满足消费者的需求时,消费者就会转向购买其他企业产品,从而在该虚拟品牌社区中的行为就会中断,消费者也不会因为转换了消费对象就产生了对企业的愧疚感。在本书的研究情境中,虽然小米是一个大众品牌,但是小米的用户留存率并不高。根据腾讯 CDC 发布的《2016 手机市场深度报告》,在手机市场上仅有 45%的小米手机消费者将预期继续使用小米手机,远低于苹果(77%)和华为(59%),略高于魅族(41%)和OPPO(41%)。所以基于以上考虑,本书将承诺划分为情感承诺和算计承诺两个维度。

2.3.3 承诺在虚拟品牌社区中的应用

在虚拟品牌社区中,其社区成员和品牌企业不构成雇佣关系,而且他们对自己需要做什么、想做什么以及应该做什么有完全的自主权。显然,承诺是一个阐述虚拟品牌社区成员行为的合理视角。因此也有学者探讨了承诺对于网络环境下个体行为的影响。作为维系品牌社区和成员之间长久关系的声望机制,成员通过付出而获得高声望是一种精神奖励,可以保持对社区的高水平承诺。丹尼斯(Dennis)等认为,在虚拟品牌社区中成员的影响力越大,就越容易产生依恋,即影响力决定着成员的情感承诺水平。此外,在虚拟品牌社区中,影响力也是一种嵌入性资源,难以被复制到其他社区,会在成员离开社区时完全损失。因此,成员影响力越大,就越倾向于产生对社区的高水平算计承诺。

例如,Batemanet 等(2011)基于承诺的角度研究了社区成员的游览、回复和参与讨论等参与行为,其研究认为承诺是驱动持续在线社区使用的关键因素。Chen 等(2013)也证实了在 SNS 环境中,成员承诺对于个体内容创造行为有显著的正向影响。Raïes 等(2015)研究了承诺和品牌行为忠诚之间的关系,结果显示三种类型的承诺(情感承诺、算计承诺、规范承诺)对于品牌行为忠诚有着不同程度的影响。其中会员年限在两者的关系之间起到了显著的调节作用。并且随着会员年限时间的增长,三种类型承诺呈现出差异化组合的特征。Hashim 和 Tan(2015)的研究聚焦于情感承诺,基于在线商业社区的实证结果表明情感承诺对于持续的知识共享意愿有显著影响。Ma 和 Chan(2014)则进一步证实了承诺对于在线知识共享行为有显著的影响。

在组织行为学领域,承诺源于非制度化的信任。而在营销学领域,尤其是B2C 的研究中,消费者对于企业的承诺更多的是来自消费者和企业的互动过程以及这种互动过程中所产生的情感。在虚拟品牌社区中,由于没有一套用于管理成员活动的规章制度,因此承诺机制被认为是管理社区关系的重要替代制度。Wang 和 Chen(2012)研究指出社区规范、基于成员的信任和社会互动关系对于承诺有显著的正向影响。类似的,Hashim 和 Tan(2015)的研究也发现认同型信任和满意对于情感承诺有驱动作用。Ma 和 Chan(2014)认为感知在线社区依恋对于承诺具有显著影响。随着参与时间的增加,有学者指出对于不同类型的社区成员(菜鸟和资深成员)而言,承诺对其行为的影响是存在一定差异的。

Raïes 等(2015)的研究也提出了类似的观点。除了基于情感的因素,也有学者认为成员在社区的期望收益会影响社区成员的承诺。例如,Kuo 和 Feng(2013)针对台湾在线手机品牌社区 283 名社区成员进行了实证研究,其研究结果显示学习收益(Learning Benefits)、社交收益(Social Benefits)和享乐收益(Hedonic Benefits)对于社区成员承诺的形成和发展具有重要作用,且三种收益对于承诺存在着差异化的影响。从社区管理的角度出发,Yang 等(2016)指出感知社区支持对于承诺具有重要影响,而成员关系和成员行为方式(潜水者或发帖者)在其之间起调节作用。马双和王永贵(2015)则针对承诺对于虚拟品牌社区的参与行为做了具体的研究,研究指出承诺对于社区成员的参与行为有一定影响,且会员年限在其中起显著的调节作用。孙乃娟和郭国庆(2016)以在线零售业作为研究样本,探讨了承诺的差异性对促进顾客公民行为的影响机制,经过实证检验发现计算性承诺更多是作为保健因素来驱动顾客做出相关公民行为,而情感性承诺则是驱动顾客做出公民行为的主要因素。

2.4 虚拟品牌社区中知识贡献的相关研究

2.4.1 虚拟品牌社区中知识贡献的定义

在虚拟品牌社区中,成员的知识贡献是社区内容创造的基础,攸关虚拟品牌社区的繁荣发展,所以,这个概念在虚拟品牌社区的相关研究中得到了大多数学者的关注。知识是人们通过对客观事物及运动规律的认识,即通过人脑组织、理解并吸收的系统化的信息,它包括经验、技能等。知识贡献起源于组织管理理论,它被理解为组织内部成员按照组织既定方针战略,将其个人积累的与组织发展环境匹配的、具有实际价值的知识积极地分享给组织,以便组织获得良性发展。Davenport(2015)认为虚拟社区成员自发地进行知识贡献,由社区中知识拥有的成员交流和分享给其他成员,并被其他成员消化和吸收,但是在实际过程中,虚拟社区仅仅为成员提供一个便捷的网络环境,真正促使个体产生知识贡献意愿的原因主要是虚拟社区的人、品牌等。在国外研究中显示,虚拟品牌社区中知识贡献被定义为知识在两个不同个体之间通过网络平台在线传播信息的方式进行交流转移,例如,Mahv 和 Lierens(2012)提出社区成员通过帮助他人解决专业方面的问题,分享创新理念等方式实现知识贡献。M. Wasko 和 Faraj

(2005)等认为知识贡献者希望在知识贡献行为中获得"肯定"和可能存在的某种互惠互利的回报,在帮助他人解决专业方面问题或进行知识分享过程中获得的愉悦感觉,这种心理喜悦是由于自我价值得到体现,另外这种自我价值也是成员进行知识贡献的内在回报。国内对于虚拟品牌社区的知识贡献研究较少,研究视角和研究方法也多基于国外现有的文献。虚拟品牌社区中,知识贡献是指社区成员将个人拥有的隐性知识和社区中没有的显性知识以发帖的形式存入社区中,被其他社区成员浏览、传播甚至内化而产生的知识扩散,是社区平台中个体贡献知识、参与知识创造、进行信息分享的一种行为过程。

在概念上虚拟品牌社区的知识贡献的定义尚无较大纷争,但学者们在既往研究中提出了很多与知识贡献具有相似含义的概念,具体包括"知识分享"、"知识共享"、"知识转移"等相关概念。例如,常亚平等(2011)将知识共享定义为社区的各个成员之间以社区为媒介互相传递和交流知识的行为。Cho 和 Jahng(2014)将知识分享定义为一个社会交互过程,强调的是知识能够被有效地复制、传播、扩散和利用;也有学者指出,在虚拟品牌社区中,知识贡献仅仅是知识分享的一个维度。Szulanski(2000)把知识转移描述为一个包含启动、实施、增强和集成四个阶段的过程而非一种动作行为,知识贡献仅仅是这个过程的开始。

这些概念与知识贡献有一定类似,都强调了在社区中知识从单个成员个体向外溢出的过程。对于知识贡献的定义主要有以下四种定义:第一,知识贡献是信息转移,一方不仅将知识传播给另一方,并且需要帮助另一方学习改进。第二,知识贡献是一种知识沟通和互动的过程,在此过程中体现为拥有知识的一方的外化和内化。第三,知识贡献是知识转化和创新,隐性知识和显性知识在社会环境中逐渐外化、交融从而迸发出创新思路。第四,知识贡献是一种交易过程,知识贡献的过程类比于产品和服务交易的过程,买卖双方希望通过知识贡献获得利益回报。本书认为,知识贡献强调的是主动地将自己知识传播给社区,并不强调自己付出所获得的回报。这与其他概念强调的侧重点有所不同,知识贡献更加突出社区成员的主动贡献行为。知识贡献是指社区成员在社区中以特定的形式发表自己掌握的产品的知识,从而为企业新产品价值的创造做出贡献。

2.4.2　虚拟品牌社区中知识贡献行为形成机理

知识是人们通过实践对客观事物发展和规律的认识,知识是被人们认识和理解并通过人脑组织后的有用信息,是经验和技能的总结。知识共享是指知识交流分享的过程,这个过程主要包括四个要素:知识、知识的拥有者、媒介和知识的接受者。在知识贡献过程中,知识拥有者通过传播媒介将知识传递给知识接受者。

基于行为学个体行为研究理论人的行为主要是由需求、目的、外界刺激等引导的,想要了解虚拟品牌社区成员知识贡献行为发生的机理,可以结合虚拟品牌社区的用户特点,从个体内在需求、外在刺激以及心理倾向三个方面探讨虚拟品牌社区中成员知识贡献形成机理。

在网络信息时代,人们想要获得适合于学习、工作或生活方面的知识可以通过便捷的网络搜索来实现,用户在访问一些虚拟社区时会浏览信息或学习知识,在不自觉的情况下接触虚拟品牌社区,在查询自身所需信息的同时,也可能帮助其他社区成员解决问题,分享自己的经验或知识,进而无形产生知识贡献行为动机,最终成为知识的贡献者;虚拟品牌社区中的信息、知识传播给社区成员带来愉悦和乐趣,有部分用户参与社区活动的目的是为了更多地与他人交流沟通,获得别人的认可与信任,虚拟品牌社区成员对自己的能力和知识具有较高评价,希望能分享自己的知识或技能,帮助他人解决学习、工作、生活方面的问题,同时自己也能收获他人的认可与肯定,那么这部分用户就会积极参与知识贡献中。在虚拟品牌社区进行交流互动的过程中,社区成员会逐渐接触自己感兴趣的知识,拓展知识面,为学习、工作和生活提供更多选择。另外,虚拟品牌社区的平台技术、组织环境和组织制度发展越成熟,社区成员的依恋程度则越高,社区成员对虚拟品牌社区的信息环境越认可,那么对社区其他成员的信任度越高,成员获得知识的可能性越高,反馈的积极性就越高。

虚拟品牌社区成员通过知识贡献而获得一些奖励、积分或等级提升等回报机制使得成员感受到优越感,社区成员为了寻求更多的回报、更高的社区地位,他们会持续参与知识贡献。虚拟品牌社区成员间的相互交流促使他们之间的互动联系形成网链状模式,若他们想维系这样互动交流的模式,那么需要持续或加强信息或知识分享。相对于其他成员,活跃度较高的知识贡献者在分享经验、技能或感受时,影响力和关注度更高,为了维持高度关注度、深厚影响力,知识贡献者会更加倾向于加强知识贡献。

虚拟品牌社区成员在信息知识、社交、兴趣的需求,以及社区奖励、社区地位的追求驱动下,产生了知识贡献的意向。而虚拟社区成员的知识共享过程也可以看作是多方博弈的过程,社区为了鼓励用户知识共享所给予的经验、积分等奖励。而不分享知识所产生的机会成本则是指由于没有足够的经验或积分去兑换平台给予的实物奖励所造成的损失,而这两个因素会对参与用户知识共享的意愿产生重要的影响(姚慧丽等,2020)。Davis等(1989)发现,行为意向是影响组织成员实践的最主要因素。大量研究也显示实际行为可能受到各种因素的影响,但行为意向是实施行动的重要因素。在知识贡献行为中,成员意向决定了知识、信息分享这些行为发生的趋势。在虚拟品牌社区中,成员通过发表言论、分享经验、帮助他人解决疑惑的方式进行知识的交流沟通,他人接收到分享的知识后转化吸收,最终形成整个社区的信息财富。宋展昭等(2020)则认为知识贡献是知识交流与分享的动态信息交流过程,知识参与贡献行为特指用户参与知识共享活动的行为,知识评价贡献行为特指用户评价知识共享活动的行为,知识创作贡献行为特指用户创作知识的行为。

2.4.3 虚拟品牌社区中知识贡献的影响因素

现实组织因素对虚拟社区成员知识共享行为的影响有局限性,是指现实组织对社区的认同程度和社区的归属。若社区成员在虚拟社区的贡献能被现实组织认同,或者成员的贡献程度被纳入社区考核的指标参数,成员就会倾向于知识贡献。若社区成员所在的社区属于自己的现实组织,那么现实组织的激励措施和成员对现实组织的承诺对用户在虚拟社区中知识共享行为影响显著。

虚拟社区知识共享有三个重点:首先,知识贡献的数量和质量。主要基于社会资本理论和社会认知理论,许多研究基于不同理论不同研究对象,各变量对于知识共享数量和质量的影响不同;其次,虚拟社区知识搜寻和知识贡献。现有研究从动机、影响因素的角度研究影响虚拟社区知识搜寻、知识贡献的前因,以及同一动机对知识搜寻和知识贡献影响的差异。再次,虚拟社区知识共享的态度(Attitude)、意愿(Intention)、行为(Behavior)。一般情况下,态度正向影响意愿,意愿正向影响行为。

知识共享可以划分为知识共享数量和知识共享质量两个维度,有关研究多从社会资本理论出发。社会资本理论分为三个维度。国内外不同学者对于这三个维度对知识共享的数量和质量的影响给出了不同的研究结果。Chiu(2005)认为社会联结正向影响知识共享的数量,但对质量没有影响;Chang(2011)认为社会联结正向影响知识共享的质量,但对数量没有影响。陈明红(2014)检验得出社会联结正向影响知识共享的数量,但对质量没有影响。虚拟社区知识共享也能划分为知识搜寻和知识贡献。徐冬莉(2012)从社会资本理论的关系维度出发,验证了知识共享的获取和贡献对社区忠诚的关系。Tseng(2013)基于社会资本理论和社会认知理论,验证了虚拟社区中关系强度对自我效能、利他承诺、表现期望的影响，以及对知识获取和贡献行为的影响。Singh（2018）基于技术接受模型研究了知识搜寻态度和知识共享态度对 Web2.0 使用意愿的影响。大部分的研究从知识共享的态度、意愿、行为部分研究与环境因素和个人因素对知识共享意愿的影响结合。Ham（2019）认为多平台社交媒体用户对共享内容的态度与跨社交媒体平台共享内容的意图紧密相关。赵大丽（2016）、Lin（2012）证实知识共享态度对知识共享意愿有正向作用。万莉和程慧平（2016）表明在虚拟社区中知识贡献意愿持续知识共享行为有正向作用。耿瑞利（2019）认为社交网络中用户的知识共享意愿正向影响知识共享行为。Singh（2018）发现知识搜寻与知识共享的态度正向影响使用意图。

在虚拟品牌社区中，成员知识贡献不同于一般意义上的参与行为，虚拟品牌社区成员积极的知识贡献是影响虚拟品牌社区是否能够存续的关键因素。已经有学者注意到社区中成员知识贡献的问题，并做了一些有益探索。例如，Casaló 等（2008）把虚拟品牌社区的参与行为划分为寻求式参与和互动式参与两种，寻求式参与是指单纯在社区中寻求满足自身需要的品牌信息；互动式参与则是指在社区中发布信息或回复帖子分享讨论品牌经验。显然，对于企业来说，互动式参与的意义更大。Wang 和 Fesenmaier（2004）则将不同的社区参与动机归纳为一般性参与动机和积极贡献性参与动机两类，前者包括娱乐性动机、功能性动机、心理性动机、社会性动机；后者包括工具性动机、质量保证性动机、效验性动机、地位提升性动机和期望性动机。黄维（2016）认为动机是驱动个体产生行为的动力，一般分为内部动机和外部动机。外部动机频繁运用于用户信息行为研究，对用户信息行为有非常强的解释能力。内部动机是成员执行某种行为时获得的内部满足感，成员实践是为了获得某种外部奖励或回报。在现有研究中，自我价值感知、乐于助人、利他动机、自我尊重、社区认同和感知优势等变量都被认为是影响虚拟社区用户的知识共享行为的内部动机因素。其中，自我价值感知不论是在组织环境还是虚拟社区，都已经被证实对用户知识共享行为有显著影响。乐于助人和利他动机是指个体在实践中为了帮助社区中的其他用户并从中获得快乐，个体乐于助人或利他动机越强，他们共享知识的意愿就越强。外部动机是一种目标导向的动机，个体实践过程中获得外部有形或无形的奖励或回报。在虚拟社区环境下，声誉、外部奖励、社会关系、互惠规范和社会支持等变量都是影响用户知识共享的外部动机，其中个人声誉、互惠和外部奖励是最常见的研究变量。徐长江和于丽莹（2015）指出，影响力高的成员有更高的知识共享意愿，同时，影响力高的成员同样也具有感知他人影响的倾向。其知识分享意愿也会受到其他成员的行为的影响。当他所处的虚拟社区中其他成员都不愿意进行知识共享,那么受这些成员的影响,他自己的知识共享意愿也许就会很低,此时影响力与知识共享意愿则会呈负相关关系。

Wiertz 等(2007)发现关系社会资本对知识贡献具有促进作用,而在线交互倾向正向调节了这一关系。Cabrera 等(2006)的研究发现物质奖励对于个体的知识共享行为有显著的影响。在此基础上,Huang(2008)针对中国的情境做了进一步的实证研究,结果显示物质奖赏对于个体知识贡献态度有显著影响,而个体知识贡献态度显著影响个体知识贡献。基于集体行为理论,Wasko 和 Faraj(2005)得出了类似的结论。然而,Jeppesen 和 Frederiksen(2006)的研究却得出了与一般社区研究相悖的结论,物质奖赏和用户间的同辈认可对个体知识贡献的影响并不显著,但社区主办企业(host firm)的认可会显著正向影响个体贡献知识的积极性。张晓娟和周学春(2016)从社区治理测量的角度出发,指出社区构建、社区监管和社区教育对于知识贡献有显著影响,并且这种影响是通过用户作为中介的。从组织社会化的视角,Liao 等(2017)将顾客参与虚拟品牌社区划分成预期社会化阶段的信息反馈、经历和体验阶段的互动支持与改变和获得阶段的用户教育三个阶段。进一步的实证研究结果显示信息反馈、互动支持和用户教育都对社区认同有显著的促进作用,社区认同使得成员能够持续地贡献和参与。而 Chang 和 Chuang(2011)的研究则认为,社区认同不仅对增加成员知识的贡献数量有一定影响,同时还能够提高成员知识贡献的质量。随后,赵景林和赵红(2019)认为,虚拟品牌社区的结构资本、认知资本和关系资本对品牌关系质量存在积极影响,其指出虚拟品牌社区三种资本具备越充实,越能够提升消费者和品牌间的关系质量;虚拟品牌社区所具有的社会资本越多,越有利于提高消费者自身的创新能力,品牌关系质量在其中起到中介作用。因此,对社区的规范性管理,收集成员的信息并对成员进行教育对于其知识贡献有重要作用。

Lee 和 Jang(2010)利用使用与满足模型,对网上知识社区的知识贡献影响因素进行研究,发现社区成员回应网上知识社区中他人的提问的前因包括为了满足个人社会交互(亲和性),维持个人积极形象(自我尊重),以及自我唯一性(公众个别化)。同时社会存在和认可奖励也对成员在网上知识社区中的知识贡献起到积极促进作用。Casaló 等(2007)通过对软件行业的案例进行了研究,结果显示害怕损失是维持成员参与各种社区活动的重要驱动。Wasko 和 Faraj(2005)进一步指出声望机制是引导和维持社会成员知识贡献的核心因素;若成员能够通过持续地贡献知识而达到较高的社区地位,那么个体将更加主动地将知识贡献进行下去。这也就是说,社区成员除了能够在虚拟品牌社区中得到收益之外,规避其在社区中地位的下降,维持其在社区中的地位也是驱动其知识贡献的重要前置因素。顾美玲等(2019)通过开放式创新社区的治理机制研究基础,发现在虚拟社区感的中介作用下,开放式和约束式治理机制均能够提升用户的知识贡献水平,约束式治理机制有较强的监督机制,能够及时处理知识产权侵权等,有利于增强用户创新意愿,而开放式治理机制通过营造透明、信任、开放的创新文化氛围激励用户创新。

虚拟品牌社区中成员团体信任对知识贡献影响较大,信任是社区建设的重要保证,也是进行知识分享、知识交换、价值创造的重要前提。虚拟品牌社区成员间的联系主要依靠网络环境,彼此的联系属于弱连接,成员之间信任度较低,知识贡献者无法保证自己的知识不被恶意篡改、匿名转载引用,因此会降低在虚拟品牌社区中的贡献率。Usoro等(2007)基于前人对信任维度的划分,验证了基于能力、仁慈和整治三个维度的信任对用户知识贡献行为具有显著影响。在虚拟社区中,用户通过网络交互,互相认知程度非常低,人与人之间的信任尤其重要,而这种人与人之间的信任直接影响到用户的知识共享行为。一些研究表明,基于认知与情感的信任、对社区服务商的信任以及社区信息的信任会直接影响用户的知识共享行为,且这些信任还能够促进成员之间、成员与社区之间的关系的发展。

承诺对虚拟社区用户知识共享行为的影响需要在特定的环境下才能起作用。Wiertz和de Ruyter(2007)调查了员工在公司构建的在线社区上的知识共享行为,研究显示,员工对公司的承诺和对社区的承诺能提高他们知识贡献的效率。在一些专业性强的社区,社区成员对社区具有较强的情感依赖,这种情感依赖能够有效地转化为成员对社区的承诺,并能够激发社区成员的知识共享行为来维系这种承诺。虚拟品牌社区的技术水平极大程度影响了知识贡献者的贡献率。由于虚拟社区网络环境复杂,社区成员的个人信息在知识贡献过程中可能会发生被盗或泄露等问题,许多知识贡献者曾面临账户伪造、信息泄露的问题,不法分子在虚拟社区发布不实言论,对知识贡献的名誉和生活造成恶劣影响。

2.5 总结和评述

2.5.1 研究现状总结

综上所述,众多学者都对虚拟社区感、承诺与知识贡献进行过广泛而大量的研究,并取得了很多对虚拟品牌社区有积极影响的理论成果。从整体上来考量这些文献,都具有以下一些特征:

(1) 研究导向多元统一。尽管不同学者的研究各有其特殊性,都是从不同角度来进行研究,但是都是探讨社区成员知识贡献的前置影响因素,并提出利用各种手段去培育社区成员的归属感、情感联系等,并以此来撬动成员的知识贡献。

(2) 大多是综合运用多种研究方法。针对虚拟品牌社区的研究以实验和实证研究为主,并辅之以其他质性研究法。学者们通常是在大量文献阅读的基础上,从全新的角度构建出变量的模型框架,并对主要变量进行假设和提出命题,根据从虚拟品牌社区收集来的数据进行实证分析之后得到研究结论。还有一些学者在大量文献分析和研究的基础上,构造出特定的虚拟品牌社区情境,借助于实验进行研究。也有学者通过如案例研究、扎根理论分析对成员的行为进行研究,从整体上借鉴理论研究的多种分析方法,能够使得结论的形成和具体管理启示的提出具有更大的影响和作用。

(3) 研究对象的多样性和深度化。主要是以虚拟品牌社区为研究对象,但是还存在很大差异。例如,学者们不仅注意到虚拟品牌社区情境下的成员的行为,也有学者提出了诸如企业主导社区、众包社区、虚拟商业社区、企业社区等概念,并从不同层面展开研究,而且学者们的研究不仅仅停留表面,研究层次更加深入。

(4) 研究内容更加广泛和更有深度。开始进行的探讨和研究主要是简单的定义论述和定性的理论研究,大多数是分析和研究虚拟品牌社区的定义概念、参与动机以及对企业的意义。随着互联网飞速发展,基于消费者而产生的虚拟品牌社区应该如何帮助企业解决生产问题等日益成为研究重点和热点。学者们也根据存在的问题不断深化研究内容,提出更加符合实际的建议。

总之,在这些方面有关的理论分析和研究已经在多个层次和角度进行,并取得一定成果。学者们的研究导向反映了把握互联网机遇与应对其挑战是当代企业进行社区管理的趋势,为企业利用网络来收集和利用消费者的知识以及进一步树立正确营销战略提供理论指导,并指明了具体的努力的方向。

2.5.2 现有研究的局限和不足

虽然国内外学者在此领域已经取得一定研究成果,但是面对不断发展的实践,仍存在很大不足。针对虚拟品牌社区情境下虚拟社区感、承诺和知识贡献的实证研究还处于起步阶段。目前虽然有一些研究成果,但是这些成果的研究中仍缺乏相对完善、从整体角度分析的模型框架,还没有提出相应的能够操作的可以进行实施的研究方案,且大部分研究在深度还有待进一步提升。主要体现在:

(1) 缺乏对虚拟社区感、承诺和知识贡献的系统、整体研究。这方面的相关研究非常缺乏,尚未对其明确概念定义、维度区分及测量标准,或者现有研究仍有很多不足之处;缺乏对虚拟品牌社区情境下虚拟社区感、承诺和知识贡献展开系统理论框架研究以及实证研究。虽然已经有研究归纳了虚拟社区感/承诺对于成员知识贡献的影响,但是通过文献检索发现,尚无专门探讨虚拟品牌社区情境下虚拟社区感对成员知识贡献的影响机制以及承诺在二者之间的中介效应。企业建立其自己的虚拟品牌社区已经是企业营销活动发展的重要趋势之一。但是在实践中,众多虚拟品牌社区(尤其是企业自建的)常常面对着内容创作不足的问题,如何激励社区成员踊跃创作内容是企业实践中需要认真对待的。

(2) 鲜有学者以承诺的视角切入,对社区成员行为进行研究。作为维系企业和顾客的一个重要概念,承诺代表着顾客关系缔造的最高境界。社区内容的构建也依赖于成员对于虚拟品牌社区的义务和承诺,关系着社区的构建与发展。但是承诺驱动社区成员知识贡献的机制还未有学者进行专门的研究,特别是承诺在虚拟社区感和知识贡献之间的中介机制也未有针对性研究。因此,以承诺的视角来研究虚拟品牌社区中成员的知识贡献就显得迫在眉睫。

(3) 对知识贡献的测量不够精准。既往的研究中,针对知识贡献的测量要不就是采用李克特量表进行打分,要不就是计算受访者在某一段时间内的发帖数/回复数。事实上,前者过于依赖于受访者的主观臆断,容易夸大自己的实际知识贡献;后者则仅仅衡量了知识贡献的数量,而非质量。因此,如何更加精准地去测度成员的知识贡献是本书的需要解决的一个重点问题。

第3章 模型、理论和假设

3.1 变量定义与模型构建

3.1.1 变量定义

(1) 虚拟社区感的定义和维度划分。随着互联网技术的飞速发展,虚拟社区应运而生,虚拟社区的出现为人们提供了一个信息共享和知识交流的平台,打破了以往人们的交流与互动受地域的限制,虚拟社区满足了人们在任何地方、任何时间的交流与互动。虚拟社区感随着虚拟社区的发展而出现。许多学者都对虚拟社区感进行了界定,其中 McMillan 和 Chavis 在 1986 年提出的观点因为其代表性受到了广泛的认同,他们提出社区感就是社区内的所有成员对社区所拥有的成员归属感,是成员之间以及成员与社区之间的感情,或者是成员自身的需求得到极大的满足所产生的共同信仰。虚拟社区感也受到了学者的关注,虚拟社区感作为一个新颖的研究方向,拥有着复杂的概念。

目前学术界对虚拟社区感的界定尚未统一,甚至在名称上还存在一些分歧,虚拟社区感存在其他的名称,例如:品牌社区的心理感觉、社区感、归属感以及团体感等等。当前的大多数定义都考虑了成员身份和共享的情感联系两种维度,但在社区感是怎么样转化为虚拟社区感的问题上存在不同的见解。用户的虚拟社区感对虚拟社区的长久发展和进步产生重要影响。首先,虚拟社区感是整个社区形成及发展的基础,如果在一个社区中,成员没有对该社区产生认知、评价及归属,没有通过自己的行为对该社区产生影响或受其影响,自身需求得不到满足,就会缺乏为社区做出自身贡献的动力,社区成员之间也不会形成情感上的相互认同,因此这个虚拟社区就会没有团体该有的活力,没有共同的信仰;此外,虚拟社区感还会对社区成员的行为产生深远影响,虚拟社区感较强,虚拟社区成员会更乐于参与虚拟社区开展的各项活动,并贡献自己的一份力量,为虚拟社区的活动出谋划策,与其他成员积极交流,共同参与,为虚拟社区成员带来更多的成就感和相互依赖感,从而更积极、主动地为虚拟社区的发展做出自己的贡献;反之,虚拟社区感较弱,虚拟社区成员在社区中的情感难以维系,成员之间缺乏应有的沟通和交流,就会导致社区成员参与社区活动的态度不积极,没有活跃氛围的虚拟社区将难以生存下去。

本书参考 Koh 和 Kim(2003),Tsai 等(2011)对虚拟社区感的定义和维度划分,本书将"虚拟社区感"定义为:虚拟品牌社区成员通过参与社区活动中所感知到的关于成员感、影响力和沉浸感的一种主观感受。随之,本书进一步将虚拟社区感这个潜变量分为成员感、影响力和沉浸感三个维度。成员感所反映的是社区成员对于虚拟社区的归属感,归属感可以促进虚拟社区成员积极参与社区的活动,促进社区成员之间积极沟通与交流,使得社区成员意识到自己是社区的重要成员,而不是可有可无的存在;影响力指代社区成员对影响他人以及受到他人影响的感知,社区成员通过沟通和交流会对其他成员的行为产生一定的影响,而别人的一举一动也会对自身产生影响,这些影响对虚拟社会的发展都会有重大的影响力,好的影响力将会促进虚拟社区良性发展,社区成员共同进步,而坏的影响力会造成虚拟社区恶性发展,社区环境将会一片混乱;沉浸感意指社区成员耗费在社区中的超出常规水平的时间以及精力,描述的是一种社区卷入度,当用户的沉浸感越高时,他们会在虚拟社区中停留更多的时间,有更多的精力和其他成员进行交流和沟通,高的沉浸感也会使得虚拟社区成员的技能水平不断提升,从而更好地与其他社区成员交流知识和共享,促进成员的共同进步,带动虚拟社区的发展。

(2)承诺的定义和维度划分。借鉴 Allen 和 Meyer(1990),Bateman 等(2011)对承诺的定义,本书将"承诺"界定为:虚拟品牌社区成员对品牌社区所产生的一组非制度化的关系契约,这种关系契约没有实体化的形式,而是包含在成员的关系网络中,驱动着成员产生对于社区的有益行为。继而根据本书的现实特点将承诺划分为情感承诺和算计承诺两个维度。

情感承诺作为组织承诺的一个维度,其概念是伴随着组织承诺的提出而不断发展的。作为组织承诺理论的一个分支,情感承诺强调的是一种稳定的情感,和其他性质的承诺相比,情感承诺的地位要重要得多,尤其是在中国文化背景下。情感承诺是指用于对社区的依恋或喜爱而产生的承诺(Bateman 等,2011;Jang 等,2008)。当虚拟社区通过组织各种活动增强与成员的互动时,成员对拟社区的情感就会得到很大程度的强化,如虚拟社区成员与其他成员之间的交流,以及与虚拟社区领导者之间的互动,会促进虚拟社区成员对社区的高水平承诺(Carlson,2008;Nambisan & Baron,2007)。情感承诺是由于社区成员对其表现的是一种积极的情绪体验,通常是通过感性思维来思考,社区成员关注的更多的是近期的行为和活动(Bateman,2011;Epstein等,1992)。这种内心的感觉、冲动和欲望使得社区成员想要执行某一行为,员工留在组织中,与组织的特征和决策制定的民主化和控制特征相联系,包括对组织目标和价值观的认同、员工自豪感以及员工为了组织利益自愿做出牺牲和贡献等,是社区成员愿意与企业保持良好关系的倾向程度。

算计承诺则是指计算利益得失后而产生的承诺(Bateman,2011),当虚拟社区成员离开社区之后,其利益并不会随之转移,是由于成员避免自己利益受到损失而产生的承诺,更多的是因为该虚拟社区解决了社区成员的某些问题,或者是因为社区成员在虚拟社区中拥有较高的地位或者影响力,虚拟社区成员参与社区活动,往往会因为参与活动所能获得的利益而选择是否参与,算计承诺强调的是一种利益的得失,只有当虚拟社区成员在参与社区活动过程中,获得精神的满足或者物质上的利益时,社区成员才会对虚拟社区产生高水平的算计承诺,从而更愿意为组织做出高水平的知识贡献,但当其他虚拟社区可以提供更为丰富的信息或者地位时,他们可能会选择离开这个社区,因此,算计承诺更多的是理性的思考,他们更关注长期的行为(Bateman,2011;Epstein等,1992)。

(3)知识贡献的定义。知识作为虚拟社区得以生存和发展的战略保障,是虚拟社区获得竞争优势的重要源泉,虚拟社区的成员则是这种知识的重要载体,虚拟社区成员对于知识的掌握程度直接影响这虚拟社区的发展进程和核心竞争力。知识贡献虽然是知识管理文献中常见到的一个词语,但和知识管理中的许多其他概念一样,学术界尚未形成统一的定义,大多学者根据研究需要给出自己的定义。贡献在英文中是为造成某一结果而做出的努力,既往研究中提出了多种对于与知识贡献类似的概念,如知识分享、知识共享、知识转移等。当前关于知识贡献的研究中,知识贡献和知识共享是两个较为常见的概念,有学者将二者视为通用,但两者的使用范围有所区别,知识共享包含知识贡献,两者关系密切,知识贡献只是知识经过消息接受者的消化吸收而产生的知识转移,是一个单向的过程;而知识共享是一个双向过程,彼此互相分享自身所拥有的知识。所以二者的使用范围不一致,最大区别是,知识贡献强调的是虚拟社区成员之间分享的知识是依据社区所制定的战略目标,是对社区发展有用的知识,提供对社区发展有用的知识,而知识共享的核心是虚拟社区成员之间各种知识的分享与交换,并没有任何限制条件,分享的范围相比于知识贡献更广泛,虚拟社区知识共享包含知识外化和知识内化两个过程。知识外化是指知识拥有者通过各种方式将自身的知识转移给知识接受者,体现了知识的贡献;知识内化是指知识接受者通过学习,不断消化和吸收知识,变成自己的知识,这是知识吸取的过程。可见,在虚拟社区中,根据知识流向不同将知识共享划分为知识的获取与贡献两部分。

虽然这些概念的具体内容不尽相同,但是它们的核心含义都是个体把知识对外进行扩散和传播。对于知识贡献(Knowledge Contribution)的定义,汉语中"贡献"的解释是拿出物资、力量、经验等献给国家或公众,该定义具有奉献的意思。本书借鉴国外学者Chen(2007)的定义,本书认为知识贡献是指社区成员在社区中以特定的形式发表自己对产品的意见、观点、使用诀窍等,甚至主动参与企业设计的产品开发、测试、营销等社区活动;从而为企业新产品价值的创造做出贡献。知识贡献不仅反应在所贡献知识的数量上,还反应在所贡献知识的质量上。所以本书对于知识贡献的定义综合考虑了这两个因素。

3.1.2 模型构建

(1) 模型框架

本书认为,企业利用虚拟品牌社区进行新产品开发和营销是一个不可避免的发展趋势,但是虚拟品牌社区中成员的内容创造和知识贡献则是一个企业和社区成员之间双向互动的过程。首先,作为顾客的社区成员,由于生活水平的提高,上市商品数量的日益增加,他们面临着更多的产品选择机会。根据马斯洛经典的需求层次理论,顾客的消费需要会向着更高层次进行不断攀升。因此,在目前的这种买卖关系情景下,顾客对所购产品必然会有着自己的思考和想法,进而成为专家型购买者,他们更多地关注于自己的消费体验,想与他人分享这种思考和想法。随着以顾为中心的超强竞争时代的到来,顾客的角色发生了转变,他们已从被动的产品接受者变成产品的共同生产者、顾客价值的共同创造者及企业能力的共同开发者,这使得顾客参与企业新产品开发的意愿越来越强烈,虚拟品牌社区应运而生。其次,企业作为虚拟品牌社区的建设者和领导者必然也能从社区中获得收益,日益增加的产品复杂性、快速开发新产品的要求、降低产品开发成本的压力,又使得单一企业的研发能力往往难以适应顾客需求的快速变化,即使那些技术能力很强的企业,仅仅依靠自身获得新产品开发的成功也是一件越来越困难的事情,这就需要企业与外部的各种实体之间进行复杂的交互作用,虚拟品牌社区在企业与顾客之间的交互过程中产生了深远影响,顾客通过虚拟品牌社区积极参与和贡献自己的知识,为企业的产品开发出谋划策,促进了企业的新产品开发进程。为了维持社区的活跃,企业就要为社区成员创造出比拟真实情境的社区感,使他们能够在虚拟社区的环境下也能够积极参与和贡献知识。最后,既让社区成员选择在虚拟品牌社区中,而企业也积极营造出良好的社区氛围,此时,社区成员必然会对虚拟品牌社区产生一种承诺,将其视为自己生活中的日常,继而在该社区踊跃创造内容也就显得顺理成章。

在本书,就自变量(虚拟社区感)和因变量(知识贡献)之间的关系而言,我们主要是考察二者之间的间接效应,即本书重点关注的是自变量通过承诺这个中介变量对因变量所产生的影响。这是因为,一方面,通过理论阐释和梳理众多的相关研究文献,可以发现二者之间的直接效应明显,另一方面,在我们所掌握的现有关于这一主题的相关研究中,还鲜有发现有学者去关注虚拟社区感与知识贡献的间接效应,即虚拟社区感对知识贡献影响的"黑箱"没有被打开,人们对二者之间关系的作用机制还知之甚少。因此,在相关文献支持、回顾与评析的基础上,本书重点是从承诺视角来考察虚拟社区感对知识贡献的影响机制问题。与此同时,考虑到以往的直接效应研究没有深入挖掘和细化虚拟社区感对知识贡献的差异化影响,而本书也试图在这方面有所突破。总之,本书的间接效应影响研究不但将该主题的相关研究向前推进了一步,而且还牢牢把握住了这一研究主题发展的主要方向,因而本书的贡献不仅是在承诺视角下对相关文献研究的高度升华,更是创新性地将承诺这个重要的中介变量引入上述作用机制之中。

由于本书所考察的自变量、中介变量及因变量等都是比较复合的概念,存在着众多的维度构成,因此,根据相关文献回顾,我们将这些变量进行了更为细致的划分,并刻画出不同的组成维度。在考虑总体研究模型的基础上,以承诺作为重要联结点,本书拟深入探讨各变量组成维度之间的影响关系,并提出了如图3.1所示的整合研究模型框架。在虚拟品牌社区中,社区成员通过参与首先产生了虚拟社区感。一方面这种虚拟社区感会促使成员不断产生裨益于产品的有益知识,本书将虚拟社区感划分为成员感、影响力以及沉浸感三大维度;另一方面,随着参与程度和深度的加深,虚拟社区感催生出对虚拟品牌社区的承诺。情感承诺和算计承诺可以进一步促进成员积极贡献知识。因此,承诺及其维度可能在虚拟社区感和知识贡献之间发挥着中介作用。三者之间的关系表现为:社区成员虚拟社区感对知识贡献产生了积极的影响,随后进一步的成员互动为承诺的发生创造了条件,承诺的累积也对知识贡献产生了积极的影响。

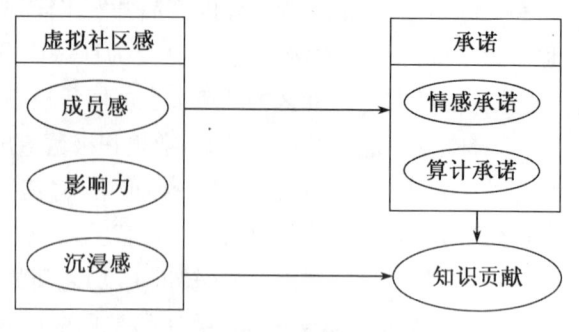

图 3.1 本书理论模型

(2) 佐证案例

近几年,小米手机在国内掀起了一股时尚潮流,坚持"为发烧而生"的设计理念,定位在中档消费层次,凭借时尚的设计元素,获得了众多喜欢追逐潮流的年轻人的喜爱,小米成长在苹果、三星主导的国际手机市场,而国内又涌现了华为、OPPO 等具有超强竞争力的对手,但是小米依然保持了快速增长的强劲势头。小米 6 一经问世,就引来了人们的抢购热潮,霸占了京东和天猫新品手机销量第一的排行榜,2017 年第二季度小米手机出货量达到了 2316 万台,该季度出货量是小米手机问世七年以来的历史最高。

在移动互联网时代,人人都是自媒体,随着那些核心发烧级米粉的口碑宣传,小米的粉丝和用户数量不断增加,为小米社区形成和发展打下了基础。而小米社区也越来越走近粉丝用户的生活,通过划分用户的兴趣、爱好、经历、资源等将小米社区划分为更多小的社区,例如米粉杂谈社区、刷机频道社区、爆米花社区、校园俱乐部社区、同城会社区、酷玩帮社区、玩机技巧社区、随手拍社区、才艺秀社区等等。其中米粉杂谈社区目前在小米众多社区中活跃排名第一,也就是成员参与度最高,在这里小米粉丝可以聊各种话题,分享各种心情,学习各种知识,是一个可以交到更多朋友的小天地。才艺秀社区提供小米用户成员一个展示才艺的地方,它对社区进行了再次细分:唱歌、舞蹈、魔术、小品、体育、朗诵、绘画等板块,成员们可以上传自己的才艺作品,是一个展示自我的机会。通过易法敏、卢翠琴(2013)的实证研究,可知在线质量和信息安全对服务质量呈反向影响,而才艺秀社区恰恰有较少的隐私限制,激励体系使得社区成员越来越活跃,产生各种各样的内容,大家互相交流学习,增强社区内成员的互相联系帮助,提升社区服务质量,增强用户满意度。除了社区积累的内容吸引成员,社区的网页设计也非常美观、简单易用、通俗易懂。高水准的网页设计及内容不断增强成员感知服务质量,提升用户的感知价值。

小米取得如此大成就的背后,离不开自身的营销模式,无论是产品开发、新品发布、付费抢购,都依赖于小米社区(小米论坛),小米社区作为典型的虚拟品牌社区,独树一帜,不断创新,推动小米不断前进,小米社区集信息发布、经验分享、活动组织等功能于一体,开创了虚拟社区的新篇章。小米社区给社区成员带来了虚拟社区感,促使成员对自身以及虚拟社区产生认同,小米社区的成员认为自己是时尚炫酷、与众不同的电子科技产品的爱好者,拥有小米手机,就能走在潮流的前端,这种社区成员对自己的认同就是对小米品牌的认同,给自己带来了成员感,对虚拟社区产生了承诺,小米社区组织线上和线下全方位的交流活动,使得社区成员全方位的接触,加强成员之间的互动,得到社区的认同,社区成员产生对小米品牌的承诺,促进社区成员为小米的发展不断贡献自己的知识和力量。

在互动方面,小米社区充分发挥自己的优势,在促进社区成员积极参与社区活动的同时,也为社区成员提供了相互学习和资源共享的平台,小米社区设有专门的产品专区,按照小米产品类别划分为十六个子版块。在每个子版块中,都设有讨论求助、晒机、玩机教程及刷机等分区,方便社区成员就相关问题展开讨论,共同解决问题;小米公司为了不断提高产品性能,在小米社区中专门开设了产品测试专区和反馈区。成员可以将产品使用中出现的问题反馈到问题反馈区域,会有社区成员帮忙解决。对于成员解决不了的问题,小米公司会迅速处理,提出解决方案。成员获得小米社区真诚沟通、努力解决问题的行为体验,增强了社区成员的虚拟社区感,小米社区为社区成员贡献自己的知识提供了良好的平台,也为小米手机后续的改进升级提供了帮助。

3.2 理论基础

3.2.1 社会临场理论

社会临场理论是传播学技术与社会所研究的一个重要概念,从社会学与传播学的双重视角,从技术和情感角度分析,社会临场感用于描述虚拟社区的交互性恰到好处。首先,社会临场感在情境转换的角度下阐释了临场感描述的是虚拟社区成员在虚拟社区中的真实心理状况,是社区成员在虚拟社区中真实心理重现,社会临场感会因为社区成员的学习能力而获得,或者通过自我约束能力的经验而不断积累。从时空角度分析,社会临场感研究的是虚拟情境中的时空重组,临场感指出虚拟环境体验并非一定是个体所处的实际物理环境,因为虚拟情境技术的社会元素再造功能,使得时空差异变得模糊。虚拟技术的不断发展和进步推动虚拟情境不断改变,不同的虚拟情境会随着社会因素的改变而改变且不断丰富,因此,造成了学者之间对社会临场感概念的差异化理解。

它首先出现在 Short、Williams 和 Christie 等三位学者(1976) 所撰写的《The Social Psychology of Telecommunications》一书中,他们通过对比借助于媒体的通讯方式与面对面沟通两者之间存在的差异来探讨和说明媒介的特性是如何影响人类做出沟通方式的选择的,在此基础之上,从心理学和社会学的视角指出社会临场感是指在通过某种媒体方式进行沟通时某个特定的个体被视为"真实的人"的程度以及与他人联系的感知程度。他们认为通讯媒体之间由于社会临场感的差异而会有所不同,正是由于这些差异,才使得人们在日常的交往和沟通过程中存在着不同的沟通方式。从这三位学者的研究成果看,人们对媒体的认知各有不同,社会临场感有高有低,这种高低影响了人们对媒介方式的选择,更重要的是社会临场感较高的媒体通常被认为是社交性的、热情的、人性化的,而人们也因此更喜欢选择此类媒介方式,而社会临场感比较低的媒体则被认为非人性化,往往会淡出人们的视野,受到人们的冷落。

社会临场早期在远程教育、通讯等领域得到广泛运用,例如 Deng(2006)基于远程教育的特点,指出社会临场是受教育者所认知的与社会实体产生联系的感知。并研究了电脑界面的主动型和被动型互动对被试儿童社会临场感和学习态度的影响,其结果显示主动的交互情境中,儿童的社会临场感更强,学习态度也更加良好。Deng(2006)的定义强调了社会临场感不仅关乎人际虚拟接触给对方产生的感知,同样也关乎物赋予个体的现实感受。Bente 等(2008)还指出社会临场感不仅体现互动对象在地理距离和心理距离的联系,还应该体现在对彼此行为的影响上。伴随着网络营销的发展,社会临场感也在近几年得到了营销学者的关注,因而越来越多的研究将虚拟社区感理论引入用来解释虚拟品牌社区成员的行为。Wang 和 Tai(2011)认为从关系视角来看,社会临场可以视为关系系统的质量。在企业-顾客的互动中,社会临场对于双方关系的缔造、巩固有着明显的作用。Lee(2014)则指出社会临场是基于媒介特征和个人特征所产生的成员的社区感知,并对其社区忠诚产生正向影响。

创造出比拟于现实环境的社区感知是激励成员积极贡献知识的关键。虚拟社区感强调的是网络环境中虚拟社区为成员创造出的一种类似于真实社区的氛围与环境,而社会临场则指网络环境中个体对于其他成员和基础物理架构的真实性感知。所以,虚拟社区感作为一个成员对其社区的主观感知的概念是社会临场的一个重要解释视角。Shen等(2010)基于社会临场理论和社会认同理论的双视角构建了虚拟社区知识贡献行为影响因素的模型,研究指出社会临场感知与社会认同对成员知识贡献有积极影响,并且两者呈共生关系。因此,本书认为,在虚拟品牌社区中,企业积极构建社区虚拟环境,为成员创造出一种类似于真实环境的体验,从而撬动成员的知识贡献。企业对于社区的积极建设给成员创造出高度的社会临场,这种社会临场的程度可以用虚拟社区感来衡量。因此,社会临场理论是形成虚拟社区感概念的理论支撑,为构建虚拟社区感各维度影响知识贡献提供有益借鉴。

3.2.2 关系强度理论

关系强度作为社会网络的一个重要概念,用来描述顾客关系性质的一个建构,并将其界定为相关各方固化在关系中的强度,反映的是关系应对内在及外在挑战的能力,在虚拟品牌社区中,成员间的关系对于知识的生产、扩散、分享甚至进一步的购物决策都起到重要作用。Chen(2007)指出,成员间高频次的互动能够维持甚至提高对彼此的期盼,成员在高频次的互动中互相分享自身的知识和经验,对虚拟社区的发展提出有益的发展意见,彼此相互认同,使得虚拟社区成员怀着更高的积极性参与到虚拟社区的活动中去,也增强了虚拟社区成员之间的沟通和交流,从而对成员的持续参与意向有促进作用。Zhao等(2012)基于社会资本的视角对知识获取意向和知识贡献意向进行了实证研究,通过淘宝社区的调研结果显示群体归属感在不同程度上驱动着知识获取意向和知识贡献意向,群体归属感对知识获取意向和知识贡献意向有着正向推动作用,群归属感强的社区成员有着较强的知识获取意向和知识贡献意向;反之,群体归属感低的社区成员对社区活动缺乏积极性,不会积极主动参与,久而久之,群体归属感会越来越低。Cannière等(2010)则进一步指出,在虚拟品牌社区中,关系强度对于购买意向有显著的正向影响,关系强度越高,社区成员会有更高的购买意向,成员之间关系越好,沟通交流就会越多,虚拟社区的产品特性在关系强度高的成员之间会迅速传开,好的产品会获得更多成员的青睐,随之,成员的购买意向就会上升;反之,关系强度弱的成员之间往往信息传播不顺畅,缺乏一定的沟通和交流,对于社区产品的功能和特色不能及时了解,就会错过最佳购买时机,之后再了解到时,已然没有更多的购买意向。

Granovetter(1973)依据认识时间、互动频率、亲密程度以及互惠内容四个指标将关系强度分为强关系和弱关系,并在此基础上提出了强关系理论和弱关系理论。前者是经常发生的强关系,是那些经常发生的、持续时间较长的关系;后者则指联系频率较低、缺乏情感基础的一种松散关系。强关系的双方由于具有高度的情感相似性,并且通过持久而频繁的联系建立了一种具有稳固结构的关系。关系强度越高,个体越容易为对方的利益投入更多的努力,从而更容易促进个体贡献具有高质量的、复杂的或隐性的知识。强关系还可以建立起关系双方高水平的信任,使双方不再顾虑知识分享的不恰当和误用,从而进一步促进知识转移。Donaldson等(2000)将关系强度的概念引入了营销研究的范畴中。但大多数对于关系强度的研究仅仅把关系强度看成二元关系连接,是一种"非此即彼"的关系(强关系或者弱关系)。事实上,关系属性是一个复杂的概念。对同一个社区中的不同成员之间,既存在着强关系也存在着弱关系。因而,成员和社区的关系连接并不能用简单的二元的强/弱关系来表述,强弱关系在网络环境中可能是共生互存的。例如,在同一个社区中,即存在着好友(强关系)也存在着熟人(弱关系)。随着成员间的交流和互动越来越频繁,成员之间也就愈发熟悉,从而成员之间的弱关系就有可能转换为强关系;此外,在虚拟社区中,成员之间因为某些矛盾,彼此产生了隔阂,即使之前彼此的关系强度很高,也会因为某种原因造成成员之间的沟通和交流减少,甚至不再沟通,从而也会从强关系转换为弱关系。Xiang等(2010)通过对两个网站的原始数据检验发现,两种关系属性之间具有高度的相关性。换言之,成员间的弱关系连接的增长会对强关系连接有一定的促进作用;反之亦然。虚拟社区感描述的是一种成员对社区的归属感,对应了成员间的弱关系属性;在此基础上,承诺则强调个体是否愿意持续地成为组织的一部分。Dywer等(1987)更毫不夸张地指出"承诺代表着关系缔造的最高阶段"。综上,已有学者针对关系强度及其前因、结果的差异化影响等问题开展系统研究,为本书构建出虚拟社区感对承诺的影响及虚拟社区感通过承诺的中介效应影响知识贡献奠定坚实基础。

3.2.3 社会交换理论

在社会生活中,除了会发生正常的严格的纯计算型的经济交换之外,人们还存在一种社会交换行为。二者的区别在于——交换行为发生之前是否有明确规定的义务。经济交换行为发生之前,无论交换双方是否签署正式合法的合同或者其他交换契约,都不会影响对于所要交换商品做出的规定(数量、价值、款项等);而社会交换行为的产生依赖于社会吸引这一环节,如果社会吸引这一环节缺乏,社会交换这一过程就不会产生。同时,社会交换行为并没有明确规定交换双方的义务所在,不会签订明确的契约,而回报的方式也没有商讨的余地,只能回报方视情况自己决定,存在很强的主观性。那么,在交换过程中涉及一条原则:一方给另一方施恩,施恩方尽管对于未来可能获得的某种回报有一种一般的期望,但它确切的性质在施恩行为前并没有明确规定。回报的不确定性则会对社会交换所形成的关系产生不同的影响,也就是说回报的性质与社会交换关系的维持有一定的联系。

社会交换理论(Social Exchange Theory)产生于20世纪50年代末期的美国,是一门综合性理论学科。主要涉及行为主义心理学、功能主义的文化人类学以及功利主义的经济学等内容,整体性较强。该理论十分重视对人类的心理状况的研究,认为人类彼此交往的过程就是一种相互交换。作为社会交换理论的创始人,Homans(1961)对社会交换理论的阐释侧重于从个人层次着手研究,再进一步深入社会组织,并提出了六个命题,分别为成功命题、刺激命题、价值命题、剥夺与满足命题、攻击与赞同命题以及理性命题。继霍曼斯之后,Blauc(2017)在借鉴霍曼斯理论的基础之上又进一步填补了霍曼斯理论宏观理论层面的空缺,以社会结构为切入点丰富了社会交换理论,他认为社会交换是社会个体之间为了获得既定利益而进行的交换行为,并最终获得应得利益。除此之外,还引入了权利、权威以及公平等概念,使社会交换理论的适用范围更广。Cook等(1983)为了使社会交换理论的方法论更全面,用严密的数理模型和网络分析,对社会结构及其变化、社会交换的基本动因和制度化过程进行了阐述,进一步促进了社会交换理论的发展。

社会交换理论(Social Exchange Theory)认为,个体与社会的交往建立在相互交换的基础上。个体是否进行某种行为取决于对损失和期望收益的预判,只有个体预期收益超过损失时才会进行该项行动。并且个体总是希望以较小的付出获得尽可能大的收益。个体采取某种行为的决策过程是基于个体效用的判断,当效用为正该时,行为会被个体实施,反之当个体能预期的利益小于所能获得的收益,个体就不会有进行该项活动的积极性,当效用为负时,个体就不会执行某一行为。区别于传统的经济交换,社会交换在交换的资源、义务的强度和种类、回馈与明确关系的性质都有着迥异的特点。具体而言,经济交换的资源是商品或金钱等实物资本,交换双方会根据需要签订合同以确保交换顺利进行,这种交换是短暂性的,一旦双方达成交换协议,此次交换就已经终止,可以进行下一次交换,而且交换的双方有着明确的可以被履行的责任和义务,交换资源是看得见摸得着的,交换双方之间都会有一个衡量标准来评估交换的可行性。而社会交换的对象主要是以获取非物质利益为目标,个体交换得来的资源往往是关系、声誉和快乐等非物质资源,是看不见摸不着的,也没有一项具体的标准来衡量交换的价值大小,完全依据交换双方自身的评判。并且,社会交换是一个长期的过程,双方的利益交换并不是通过合同等形式来进行确定的,因此社会交换的收益是不确定的,其性质和时间并未指明,更像是一场充满风险的"投资"。换言之,当个体进行某种行为时,这种行为给他带来的即刻的期望收益不如其预判的大,该期望收益会随着时间而积累。例如,一位作者出版了一本图书,这本图书给其带来的巨大声誉并不是在出版发行的那一刻出现的;他声誉的增长是随着发行量的增多而累加的,同样该作者也面临着图书销量惨淡的风险。在后一种情况下,该作者的社会交换行为就未使其得到预判的收益。

因此,作为一种基于理性人假设的社会心理学理论,社会交换理论可以用来解释虚拟品牌社区成员为什么要贡献自己的知识。在虚拟品牌社区中,社区成员并不是天生就产生了知识贡献的意愿和行为。成员的知识贡献与其能够在社区中获得的非物质收益和规避损失息息相关。只有成员预判贡献知识能够给其带来一定的收益,他才会做出知识贡献的反应,反之,如果成员对预期收益的预判小于可能带来的损失,成员就会缺乏知识贡献的意愿。在虚拟品牌社区中,知识贡献的基础是资源和信息的交换,而交换是一个互惠互利的过程。当某个成员从其他的社区成员里获得有价值的信息和帮助时,他才愿意向其他用户提供资源作为回报。尤其是当成员从社区里获取较多收益时,他会愿意在其他社区成员需要帮助时提供必要的信息回馈。从另一个角度而言,提供有价值信息的社区成员也期望从其他成员那里获得更优质的资源和帮助。从上文的归纳中,可以得知社区成员的知识贡献一方面是因为出于对社区的依恋和热爱,能够在社区中获得情感满足;另一方面是为了规避损失,巩固在社区内获得的利益。因此依据社会交换理论的观点,知识贡献是成员出于交换收益和规避损失的选择。换言之,即成员的知识贡献受到了情感承诺和算计承诺的双重驱动作用。

3.2.4 社会认知理论

社会认知理论兴起于 20 世纪 70 至 80 年代,并于 80 年代中期,由美国心理学家班杜拉对社会认知理论进行初步的论述和发展,以描述人们的心理机能,并在1986年出版了《思想和行动的社会基础:社会认知论》一书,运用系统的方法总结了社会认知理论的具体内涵和内容。美国著名的社会心理学家Fiske和Tylor,在他们所著的第一本社会认知教科书中将社会认知定义为是一种对社会中自己以及他人的思考,是一种思考过程。社会认知理论强调对他人和自我的认知之外,还要求对社会物体、社会事件的认知。

社会认知理论(Social Congnitive Theory,SCT)认为行为(B)、人(P)和环境(E)三者之间存在三元互惠交互(Triadic, Dynamic, and Reciprocal Interaction)关系,社会认知理论在内容方面主要分为三部分:第一,人对自身的认知,包括对自己以及他人的心理状态的认知,例如思维、记忆、感知等等以及个人的思想品质、道德素质的认知;第二,人与人彼此社会关系的认知,如对合作、竞争、矛盾等关系的认知;第三,关于团体与团体之间范围较大的关系的认知。社会认知理论更多的关注人的心理状况,因为只有了解了人的心理状况,才能正确把握人的行为状况。

人的社会行为会受到人所处的社会内外部环境以及人对自身和他人的认知的影响,同时,该理论还强调人的主观能动性,将个体因素视为很重要的概念,而个体因素主要指人的认知因素,主要强调了个体因素对人的社会行为的影响作用,人的社会认知(Social Cognition)是指人类选取、阐释、识别和利用社会信息来做出判别和抉择的过程。由此而言,人的社会行为也受到了对社会外部环境认知的影响,在虚拟社区中,成员通过自身的社会认知,来选取和识别社区中对自己有用的信息,同时,在这一过程中,他也会将自身从别处所认知到的有用的信息反馈给其他需要社会信息的成员,彼此进行社会交换,不断丰富双方的社会认知。对于认知因素,班杜拉强调"自我效能"(Self-efficacy)和"结果期望"(Outcome Expectation),自我效能是指个体自信能完成某项任务的信念感知,结果预期是指完成这项任务后,预期所带来的结果判断,通过个体的信念感知和预期判断促使人们对所处环境和自己的行为进行调节与控制,因此该理论的核心观点认为,行为受环境和个体两方面因素的影响,而且可以通过个体因素对环境的感知、预期和判断来预言个体的行为,在虚拟社区中,成员的知识贡献行为不仅受到收益预期的影响,当成员对虚拟社会环境以及社区成员的素质的感知和判断未能达到预期,也不会有知识贡献的意愿和行为,社会感知也为虚拟社区成员在进行社会交换的过程中提供了一个很好的评判标准,社区成员依据自身的社会感知,对社会交换结果进行合理的感知,并加以预判,促进虚拟社区成员之间合理的沟通和交流,对知识贡献的研究提供了理论指导。

社会认知理论已较为成熟,在个体或群体行为特征的理解和预测的领域被广泛应用,用以识别改变个体行为的方法,但目前运用社会认知理论研究知识共享、知识贡献行为的研究还非常少,本书运用社会认知理论研究知识贡献是一种理论创新。

3.3 研究假设

3.3.1 虚拟社区感和承诺

本书将虚拟社区感划分为成员感、影响力和沉浸感三个维度,将承诺划分为情感承诺和算计承诺两个维度。在既往研究中,承诺被视为关系质量的一个重要维度,并反应关系质量的价值大小。Urban(2005)指出,高沉浸的社会子群体成员比低沉浸的子群体成员具有更高的心理承诺,这也就是说在不同的社区成员之间存在着差异化的心理承诺,甚至在同一个社区中不同群体之间也有不同的心理承诺水平,对虚拟社区的沉浸感越高,心理承诺水平就越高,反之就越小。因而,承诺是建立长期关系的一个重要预测指标。例如,Fisher 和 Sonn(1999)认为拥有社区感的培育活动能够鼓励社区成员积极参与到社区开展的各项活动中来,最终促使社区成员对虚拟社区产生更强的归属感、成员感以及沉浸感。Newbrough(1995)也确定了社区感与社区水平之间的正向关系,社区的水平越高,就会吸引更多的成员参与社区的各项活动,成员的虚拟社区感越强,就会有更高的知识贡献的意向,对社区的心理承诺水平就会越高,成员的积极贡献就会促进社区水平的不断提升。Carlson 等(2008)采用了社区感来研究虚拟品牌社区的形成,在缺少社会互动的情况下,社区感驱动着成员对品牌的承诺。Bateman 等(2006)主要关注如何使得虚拟社区的用户反复光顾某一虚拟社区,并且愿意投入更多的时间和精力到虚拟社区的运营和维护中,文章运用承诺理论,采用实证分析的方法研究虚拟社区行为模式,得出如下结论:虚拟社区成员的行为受到承诺的影响,具体分析如下:

(1)成员感和承诺。虚拟品牌社区的建立高度依赖于品牌与顾客之间的关联,而非仅仅是顾客之间的关系,一个虚拟品牌社区如果仅仅只有顾客与顾客之间的交流,社区成员就很难形成成员感,对社区的承诺就不会产生。Cova 和 Pace(2006)对"My Nutella"社区的案例研究发现,社区中的狂热行为是由社区成员对于品牌的热烈情感导致的。Blanchard(2008)指出虚拟品牌社区感强调的是社区的成员,用来描述虚拟品牌社区成员之间情感关系和情感态度,并导致成员对于社区由独立的个体关系发展为群体关系,产生对社区的依恋和认同。这样的凝聚力和集体意识是基于成员围绕品牌共同从事的活动而发展起来的,这包括了成员的相互支持和成员的虚拟社区感。Bergamin 和 Bagozzi(2000)认为成员与群体之间的情感意识对情感承诺具有积极影响。Carlson 等(2008)证实了虚拟社区感在加强个体对特定品牌的承诺上发挥了重要作用,虚拟社区感拉近了成员与组织之间的关系,虚拟社区感越强的社区成员越容易对组织形成承诺。Jang 等(2008)认为成员在社区中的归属感有助于提高对社区的信任并加强对社区承诺。通过以上论述,本书提出以下假设:

H1a/H1b:成员感正向影响情感承诺/算计承诺。

(2)影响力和承诺。在组织关系领域,影响力被视作承诺的一个重要前置因素。在虚拟品牌社区中,影响力是一种维系品牌和成员长久关系的声望机制;成员通过付出获得提升自身在组织中的影响力,通过努力成为社区成员中的重要人物,从而得到高的声望,这是一种精神上的奖励,这种精神上的奖励有助于社区成员形成虚拟社区感,从而保持对于社区的高水平承诺。王秀丽(2014)以知乎网为例研究了网络社区的意见领袖的形成机制;研究指出意见领袖对于知乎社区有更加强烈的情感依赖,意见领袖通过分享自己的观点,获得其他成员的认可,有助于促进其不断提升参与的热情,更多为社区做出贡献,形成一定的影响力,使得其他组织成员对其意见充满信任,形成对组织的高水平承诺,而意见领袖则是指其影响力大于其他人的社区成员。Dennis 等(2017)认为在虚拟品牌社区中,成员的影响力越大就越易对品牌产生依恋,当成员的影响力越大,在社区中的地位越来越高,精神上就会获得很大的成就感,使其更加愿意参与到组织的各项活动,做出自己的贡献,形成对组织的高水平承诺。换言之,社区成员的影响力与其对社区的情感承诺呈正相关。此外,在虚拟品牌社区中,成员的影响力是一种嵌入性资源,它存在于社区成员在这个社区的关系中,并难以被复制到其他社区中,当成员脱离这个社区,或者进入一个新的社区,这种影响力就不复存在,这种影响力仅仅存在某一个社区,而不会涉及其他的社区,这种影响力会在成员离开该社区时完全损失,因此,虚拟社区是社区成员提升影响力的基础条件。因此,当成员的影响力越大时,则其更倾向于产生对社区的高水平算计承诺。通过以上论述,本书提出以下假设:

H2a/H2b:影响力正向影响情感承诺/算计承诺。

(3) 沉浸感和承诺。沉浸意味着成员在社区中耗费了超越常规的时间和精力,虚拟社区已经成为其日常生活的一部分,对虚拟社区的依赖程度达到了一定的高度。一方面来说,由于社区成员时间和精力的投入,那么其越有可能产生对品牌社区的积极态度,花费的时间和精力越多,说明社区成员对虚拟社区的兴趣越浓厚,从而更愿意做出知识贡献,进而诱发对于虚拟品牌社区的高水平承诺。Dai 和 Salam(2010)认为,网络环境中成员之间的互动以及成员和服务商的互动异常频繁,沉浸的时间越多,说明社区成员更愿意和其他社区成员进行交流和沟通,对虚拟社区的认可也很高,而成员在这个互动过程中所感受到的沉浸体验决定着成员的服务商选择和情感承诺。张嵩等(2013)的实证研究表明,社交网站中的沉浸体验对情感承诺具有显著作用,沉浸体验越好,虚拟社区成员对虚拟社区的依赖性会越高,从而对社交网站的情感承诺水平越高。

另一方面而言,成员在社区中耗费的时间和精力是一种沉没成本,成员通过付出这种成本才可能与社区中的其他用户建立关系,而这种成本并不是无条件付出的,成员通过自身的付出希望能得到其他成员的认可和信任,能从虚拟社区中获得虚拟社区感。根据禀赋效应,为了避免成本的损失,虚拟社区成员则会产生对于社区高水平的算计承诺。陈爱辉和鲁耀斌(2014)的研究表明,SNS 用户的沉没成本对于持续承诺具有显著的正向影响,也就是说用户出于对自己付出的考量,出于利益算计而倾向于保持与网站的关系。通过以上论述,本书提出以下假设:

H3a/H3b:沉浸感正向影响情感承诺/算计承诺。

3.3.2 虚拟社区感和知识贡献

虚拟社区感和行为之间的关系的研究往往建立在现实社区的基础上。已有的关于现实社区的研究证实,较强的社区感能够增加成员的满意并促进其公民行为的发生,类似结论在虚拟社区中同样成立,徐光等(2016)的研究就指出在虚拟社区中,虚拟社区感同样对组织公民行为有显著影响,虚拟社区感越强的成员,就会有为社区贡献知识的积极性。社区感是促进成员对社区产生信任和认同的关键,并可促进其持续参与社区活动,当社区成员在社区活动中不断获得其他成员的认可,自身的积极性就能获得充分的调动,就会参加更多的社区活动,形成良性循环的过程。Chou 等(2016)的研究发现虚拟社区感促进了感知公平和价值共创行为。Chai 和 Kim(2012)的研究指出,虚拟社区感越强越能激励用户参与知识贡献。具体分析:

（1）成员感和知识贡献。成员感常常被用来解释社区成员对于保持与社区长期关系的意愿和承诺，Har和Ou(2002)也指出成员感对于参与开源活动具有显著影响。在既往研究中，成员感是网络用户参与行为的重要前置因素，成员感越强，成员对参与组织活动的积极性越高，从而会有更高的意愿做出知识贡献。例如，Hsu和Lin(2008)的研究发现，成员感促使着用户更加活跃地参与博客，成员感越强的用户，更加愿意分享自己的观点和知识，分享的越多，就会得到其他成员更多的信任和依赖，从而获得更高的积极性，这是一个良性循环的过程。在知识管理领域，成员感关系着成员知识贡献的程度，成员感越强的成员，愿意贡献更多的知识。Chiu等(2006)的实证研究表明，对于社区的自我认同显著地影响社区成员的知识贡献数量，自我认同越高的成员会更加积极地贡献自己的知识，甚至是全部贡献，促进社区的不断发展。杜智涛(2017)也指出成员的身份认同与知识贡献正相关。Sharratt和Usoro(2003)认为，对于社区的高水平成员感知会鼓励成员更多地参与知识共享行为。在虚拟品牌社区中，当成员的归属感越强，他们与其他成员之间的互动也会越多，就会越有可能在社区内发表自己的看法，并去参与各种社区任务和活动，这是一个循环往复的过程，从而为社区做出知识贡献，促进社区的良性发展。通过以上论述，本书提出以下假设：

H4：成员感正向影响知识贡献。

（2）影响力和知识贡献。在虚拟品牌社区中，影响力代表着是一种声誉，这种声誉能够给社区成员带来很大的成就感。社区成员通过获取这种声誉来得到一种精神上的奖励。如果成员对该声誉有较大追求意愿，并预期某种行为能够获取甚至强化这种声誉，那么他就会主动增加这种行为发生的频率，在虚拟社区中积极贡献稀缺知识往往是建立起社区声誉的一个有效行为，通过贡献稀缺知识获得的精神奖励越多，社区成员会更有积极性贡献更多的知识。获取声誉是用户用来提升和维持在社区里身份的核心资本，可以有效激励社区成员为他人提供有用知识的共享。当社区成员越能够感觉到其在社区内的重要性，其自身的优越感感知越强，继而就越想要发表更多的内容与其他成员进行分享，以便进一步扩大自己在社区内的影响力和掌控力。Chang和Chuang(2011)的研究就表明，成员在社区中包括关系资本在内的非物质收益是驱动其知识贡献的重要前置因素，成员通过知识贡献能够提升自身在组织中的影响力是其不断进行知识贡献的重要影响因素。张敏等(2016)的研究中也认为感知个体地位正向促进利他知识贡献意愿。通过以上论述，本书提出以下假设：

H5：影响力正向影响知识贡献。

(3)沉浸感和知识贡献。沉浸感对于虚拟环境中成员的行为具有较大影响已经得到较多研究的支持,沉浸感有助于虚拟社区成员全身心地投入虚拟社区开展的各项活动,社区成员为了不断获得这种情绪体验,会持续做出知识贡献,这样的沉浸感是有益的。Zhou等(2010)认为沉浸是一种最优化的情绪体验,并会对后续的行为产生积极影响。若个体对一项活动具有较高的沉浸感,那么其就会投入自己完全的状态来参与这项活动,并且为了获取这种情绪体验,个体会对该项活动表现出强烈的再参与意愿。Renard(2013)则以游戏行业为背景,指出沉浸在网络游戏的玩家更愿意传播关于游戏的新闻并分享与自己有关的私人信息。尽管这种沉浸感带来的知识贡献能促进网络游戏的发展和进步,但长期沉浸于网络游戏对社区成员的身心健康会造成很大的伤害,因此,社区成员应当具有适当的自制能力,避免长期沉迷于某虚拟社区,做出有益的知识贡献。Yan等(2013)认为虚拟社区沉浸感的培育对于员工的创造力有积极作用,Xu(2010)针对在线学习环境中的研究也有类似的结论。当社区成员在社区内花费的时间和精力越多,基于兴趣驱使,其愿意在社区中浏览信息和参与活动的时间越长,并愿意做出有益的知识贡献,那么也就催生出在社区中评论和发帖的可能性,促进了虚拟社区的发展和进步。通过以上论述,本书提出以下假设:

H6:沉浸感正向影响知识贡献。

3.3.3 承诺和知识贡献

承诺对于虚拟环境中知识共享行为的影响已经得到许多学者的支持,并且具有在特定的条件下才能发生作用的特点。Adler和Christopher(1998)对虚拟社区成员按照参与形式进行了划分,虚拟社区中的成员有的希望不花力气就可以得到娱乐或信息内容(参与);有的热心参与由其他人所发起的活动及议题讨论(贡献);有的发起讨论议题或规划活动吸引其他社区成员参与(宣传)。当虚拟社区成员对虚拟社区产生义务感或忠心,他们将会更愿意贡献自己的知识或者信息(Hall和Graham,2004),认为成为虚拟社区一部分是正确的事情的社区成员会更愿意在社区中贡献内容(Bateman et al.,2006)。Ma和Chan(2014)就针对299名学生进行的问卷调研证实了承诺与知识贡献之间的正向作用机制。Wiertz和Ruyter(2007)发现在公司的虚拟社区平台上,员工对于公司的承诺和对社区的承诺能够驱动他们知识贡献的数量和质量。而在特定的专业性较强的社区中,由于其内容依靠专业化的知识背景,承诺更是维持社区内容创造的重要机制之一。因而,激发社区成员的高水平承诺来维持其参与行为是企

业管理虚拟品牌社区的关键,具体分析如下:

(1)情感承诺和知识贡献。大量研究表明,成员参与社区活动是因为与社区有着较强的情感联系,通过参与社区活动,与社区成员进行密切交流,有助于社区成员形成虚拟社区感,对虚拟社区产生情感上的依赖,并做出高水平的情感承诺。在社区中,当某条信息被公开,所有人可以查阅时,参与行为就自动发生了(Kollock 和 Smith,1996;Sproull 和 Faraj,1995)。有一种观点是将知识看成是公共物品,社区的全部成员对知识的提供做贡献,并且所有的成员都有可能获取被提供的知识(Brown 和 Duguid,1991;Lave 和 Wenger,1991)。从这个观点出发,社区中知识互换的动机不是利己,而是出于对社区的关心(Krogh,1998)。此外,当人们将知识作为公共物品时,人们会出于道德责任感主动与他人分享知识,而不是为了得到回报(Wasko 和 Faraj,2000)。因此当社区成员的感情承诺或者规范承诺越高,他们越愿意参与社区活动。在虚拟品牌社区中,情感承诺是一种实体的情感,是通过成员被卷入社区组织、参与社区活动而形成的一种积极的心理倾向。情感承诺反应的是成员感性的思维方式,强调的是为了社区的目标达成而心甘情愿地贡献自己的力量,做出高水平的知识贡献。当社区成员与其他成员或者管理员发生互动时,便会对社区产生正面的情绪,这种情绪催生了成员与社区的情感而诱发再一次的互动,而知识贡献则是互动的一个重要表现形式。所以当成员对社区产生较高水平的情感承诺时,就会诱发其积极地贡献知识。Schulten 和 Schaefer(2015)的实证研究发现,提升情感承诺是驱动众包社区中成员参与行为的重要因素。Hashim 和 Tan(2015)针对在线商业社区的研究也得到了类似的结论。申光龙等(2016)对若干个手机品牌虚拟社区的调研亦显示情感体验价值对顾客参与价值共创具有显著的正向影响。通过以上论述,本书提出以下假设:

H7:情感承诺正向影响知识贡献。

(2)算计承诺和知识贡献。除了与社区的情感联系之外,在社区中所产生的非情感因素也是维持成员参与的驱动因素。如在社区中能够解决自己的问题,在社区中获得的声誉等。算计承诺反映的是成员在社区中通过计算得失之后考虑到自己能够获得的利益所产生的对于社区的一种持续意愿,它是成员基于现实情况所收集的信息进行的判断,强调的是成员对于其在社区中的理性思考。相比较于情感承诺,算计承诺驱动着成员更加稳定的行为。机会主义的观点使得具有继续承诺的雇员通过计算成本和收益,以决定自己是否该继续留在组织中还是离开(Bateman et al.,2006)。一方面来说,成员参与虚拟品牌社区是为了解决自己在使用产品中遇到的问题,因而如果离开这个社区或停止在该社区上发表自己有关产品的意见或见解就难以消除自己对产品的疑惑,所以这就促使了成员在社区内积极贡献知识。另一方面,成员在虚拟品牌社区内享有一定的声誉或特权,而这些资源会随着成员的离开而消失,所以基于此考虑,成员也会继续在社区内贡献知识,以巩固自己在虚拟品牌社区中的地位。Casaló等(2007)的案例研究就指出害怕损失是维持成员参与的动因。通过以上论述,本书提出以下假设:

H8:算计承诺正向影响知识贡献。

3.3.4 承诺的中介作用

在虚拟品牌社区中,虚拟社区感之所以会对知识贡献产生影响,不一定是直接对知识贡献产生影响,可能是因为虚拟社区感培育了成员对于社区的连接,通过这种连接间接对知识贡献产生影响,即在虚拟社区感和知识贡献之间的关系中可能存在着中介变量。在虚拟品牌社区中,承诺是成员与社区建立和维持长久关系的行为意向。当虚拟社区成员对社区具有高水平的承诺时,意味着其更有可能为虚拟社区做出知识贡献。已有研究显示,当成员出现较强的归属感时,就会展示出维护与支持社区的行为,这也就是说成员感与承诺密切相关。徐长江和于丽莹(2015)的研究也发现,虚拟社区感和知识贡献之间的关系存在着一定变异,因而在两者的关系中存在着其他机制的影响。

一方面,当成员在社区中产生成员感后,便会诱发对社区的义务感,将自己视为虚拟品牌社区的一份子,并且愿意为虚拟社区贡献自身的一份力量,为虚拟社区做出贡献便成了社区成员的一种义务所在,知识贡献便成了社区成员的一种主动行为;在虚拟社区中拥有较高影响力的成员往往处于虚拟社区的重要位置,自身的成就感以及责任感也会越重,对社区的情感联结就更加强烈,也就越容易产生情感承诺,并进一步产生知识贡献。而当成员沉浸于社区中,也就意味着其参与了更多的社区活动,从而通过这些活动掌握了较为丰富的知识和经验,是其他社区成员咨询的对象,也就产生了与其他成员以及该虚拟品牌社区的更为强烈的情感联结,从而积极地为其他成员和社区解决相关问题。通过以上论述,本书提出以下假设:

H9a:情感承诺在成员感和知识贡献之间具有中介效应。

H9b:情感承诺在影响力和知识贡献之间具有中介效应。

H9c:情感承诺在沉浸感和知识贡献之间具有中介效应。

另一方面,成员感使得社区成员产生对于虚拟品牌社区的社群认同,为了维系这种良好的关系,不断获得精神上的奖励,该成员会积极地参与社区活动,以加强这种身份认同;而当成员在社区的影响力越大,即代表着在社区内具有较高的声誉,这种声誉不仅带来了其他成员的模仿和崇拜,更有可能给其带来经济上的利益。所以为了保持这种利益,该成员也会持续地创造内容以巩固自己在该社区的威望与声誉;而成员对于社区所耗费的时间和精力更是一种资产,根据交易成本的观点,这种资产产生了锁定效应。也就是说成员在社区中的沉浸会使得其难以离开,并持续地为社区创造内容。通过以上论述,本书提出以下假设:

H10a:算计承诺在成员感和知识贡献之间具有中介效应。

H10b:算计承诺在影响力和知识贡献之间具有中介效应。

H10c:算计承诺在沉浸感和知识贡献之间具有中介效应。

第3篇
实证剖析

第4章 研究设计

4.1 研究对象选择的原因

本书主要以消费者在虚拟社区中的知识贡献为研究背景,从社区承诺视角深入探讨消费者虚拟社区感对社区知识贡献的影响机制。在样本选择上,本书选择小米社区为调研对象,采用线上问卷与线下问卷调查的方法调查参与小米社区的消费者。小米社区成立于2011年8月1日,是小米公司专门为所有小米爱好者开创的在线交流平台,开创了消费者参与产品开发改进的新模式,并获得巨大成功。发展至今,在众多米粉的推崇下,该在线社区已成为消费者分享产品使用心得、改进创意,以及求助咨询、问题投诉的最佳平台。

小米公司秉承创新、快速的互联网文化,充分发挥顾客创造力,以轻松愉悦的在线虚拟社区为依托,打造顾客群体自由发挥创意的精神世界。在小米社区中,可以迅速了解到小米手机的最新官方信息,并下载最新最酷的小米手机应用和游戏。还可加入与400万米粉的沟通交流中去,结识志同道合的朋友,找寻现实生活中缺失的心灵归属。小米社区主要分为7大部分——小米官方消息、小米玩机刷机、小米资源下载、小米酷玩帮、小米随手拍、小米同城会、爆米花杂志。其中,小米官方消息主要发布官方活动的新闻信息(图4.1,图4.2),并追踪小米爆米花全国行和爆米花杂志,如社区活动提要、企业运营财报、产品营销活动等。小米玩机刷机版块(图4.3)主要提供米粉间共同讨论交流的空间,社区用户可以晒出自己的爱机,学习更多的小米手机玩机、刷机技巧,以提高用户专业技能,极致用户体验。小米资源下载版块(图4.4)为小米用户提供最新最酷的手机应用、软件、主题、壁纸、铃声、电子书,以期为用户最大化利用小米手机提供便利。小米酷玩帮(图4.5)更是致力于打造小米手机发烧友乐园,为用户了解最新最酷的科技资讯、数码玩意,并为结识酷玩达人提供平台,在为小米新品打造公测渠道的同时,也激发了用户深度参与产品创新以及内部知识贡献的积极性,进而创建顾企间紧密的情感联结。小米随手拍版块(图4.7)公开米粉自己的摄影作品,共同讨论、学习摄影技巧,还可参加摄影周赛赢大奖活动,增强米粉之间以及米粉企业间的互动。小米同城会(图4.6)作为米粉们线上的交流乐园,为大家切磋玩机心得提供交流空间,也为同城米粉的线下各类交流活动提供机会,深化米粉间的关系联结,提高用户粘性。爆米花杂志属于小米社区内部刊物,内容涉及相关的文化与小米大事的深度报道、米粉访谈等,此外,小米社区还会举办一些米粉户外活动,如橙色跑(图4.8),将小米最新科技产品概念以及人气米兔吉祥物融入其中,以特定风景旅游区场地以及诸多小米系列丰厚大礼吸引众多米粉参与,提高米粉对小米社区的归属感,巩固用户关系。

图 4.1 官方活动信息之社区活动提要

图 4.2 官方活动信息之企业运营报告

小米手机刷机不愁！本教程包含线刷、卡刷升级方式 [精2] [推荐]
穆乃伊 V 2小时前 官方Rom · 来自PC · 置顶

【刷机天地】引导贴：让我们来把刷机变的更快乐[更新中...] [分享]
超逸绝尘 V 14小时前 官方Rom · 来自PC · 置顶

【2017年11月3日】MIUI第353周发布公告及更新日志 [推荐]

图 4.3 玩机刷机版块

软件/游戏/壁纸

安卓软件

软件   游戏   主题   铃声   壁纸   汉化

全部主题 ▼   全部时间 ▼   默认排序 ▼   最新 | 精华

大吉大利，今晚吃鸡！晒出你吃鸡截图，来赢米家精美礼物！ [精1]
zyb2007 V 12分钟前 游戏 · 来自PC · 置顶   416 39

其乐融融 趣味无限 | 抓娃娃APP合集 [精1]
青蛙王子57 V 26分钟前 软件 · 来自PC · 置顶   579 28

图 4.4 资源下载版块

小米酷玩新品

小米无人机
探索触手可及的新视角

小米VR眼镜
内置独立运动传感器，硬件级加速抗眩晕

图 4.5 酷玩帮版块

图 4.6　同城会版块

图 4.7　随手拍版块

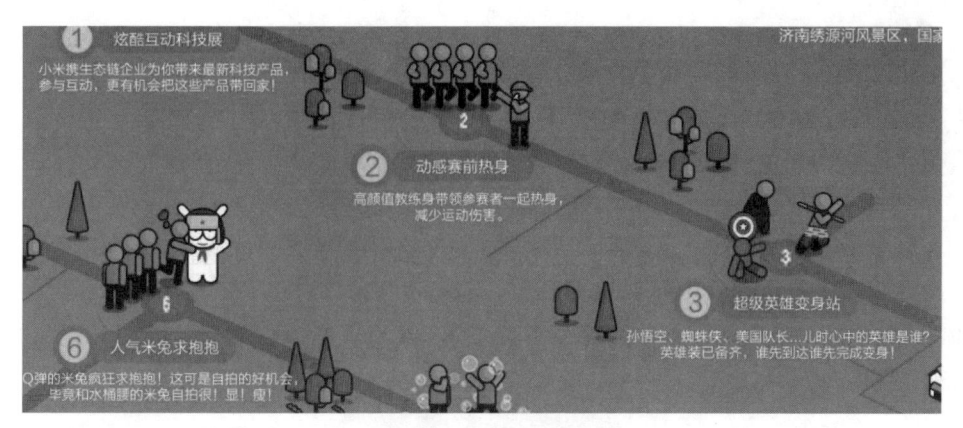

图 4.8 橙色跑活动

经上述分析可知,小米公司一直非常重视虚拟社区的发展与完善,派驻了大量的公司员工参与到社区之中,他们与其他社区成员一道管理社区,包括但不限于制定社区规则、更新社区内容、招募产品试用成员、奖惩活动等等。无疑,小米公司通过其创新性的营销途径,已在最近短短几年内成长为中国不可忽视的手机制造厂商,其中小米公司围绕粉丝经营的社区营销更是迎来品牌社区相继创建,成为粉丝经济商业模式的开创者。同时考虑到小米社区用户量大,并且企业积极介入虚拟品牌社区的管理之中的实际,小米社区消费者这一群体便成为本书调研不二之选。

4.2 测量量表的确定

4.2.1 量表开发与设计的原则

对于实证研究而言,测量量表的开发非常重要。通常,规范的量表开发需要遵循以下几个原则。首先,测量条目的操作化必须建立在正确的概念化基础之上[1]。Churchill(1979)指出在量表开发之前,需要仔细研究测度对象,以找出一个合理的理论框架(概念化),然后再以该理论框架为依据进行测量指标的具体设计(操作化)。其次,有效的测量指标必须是从一般的问项库(Pool)中抽取的有代表性的问题(Churchill,1979)。在本书中,测量指标的来源主要是其他学

---

[1] 概念化是操作化的前提,只有明确相应的概念,才可以设计出合适的操作化的测量指标。

者过去开发并被使用过的较为成熟的量表。再次,多条目测量的原则。一般情况下,对于研究变量的具体测量,可以分为单条目测量与多条目测量两种类型。在心理测量学与市场营销学的相关文献中,单条目测量的正确性和有效性已经受到质疑(Nunnally 和 Bernstein, 1994)。因此,对于具体的量表设计,Churchill(1979)认为一个基本的科学原则是特定概念至少应该通过两个以上的指标来测量。在本书中,我们不是依赖单一条目来测量某一变量,而是采用心理计量学家所建议使用的多观测变量方法来综合测量假设模型中的所有概念。最后,信度与效度原则。信度即可靠性,是指采取同样的测量方法对同一测量对象进行重复测量时,所得结果相一致的程度;效度即准确度,是指测量工具或者手段能够准确地测出所要测量的对象的程度。在科学的研究活动中,设计完成的问卷和量表必须具备相应的信度与效度,才能被应用于正式研究。

4.2.2 调查量表的确定

(1) 测量条目初步选择。本书共有 6 个需要进行测度的观察变量,在设计问卷时借鉴了大多数量表采用的问卷选择项分别对各个观察变量开展度量。在借鉴和参考已有的学者实证研究的基础上,并且依据本书所独有的小米社区的具体特点,最后形成了本书各个观察变量的测量指标,这些都在很大程度上提高了本次调研的可靠性。

(2) 深度访谈。在量表初步确定之后,我们还选择了 3 位小米社区资深用户进行单独的深度访谈。一方面,这可以使得测量指标的表达更容易被应答者理解;另一方面,还可以根据实际情况增加或删除某些指标。作为一种重要的定性研究方法,深度访谈不仅在目前的社会学研究领域中地位重要,而且在经济学、管理学等学科研究中的作用也是不可替代的。所谓深度访谈一般是指半结构式的访谈(Semi-structured interview)(Wengraf, 2001)。Wengraf(2001)首先提出了其两个重要特征:1) 事先准备半结构式的部分问题,访谈人员在访谈过程中可以进行一些微调,这是因为作为整体的访谈活动是"你和你的被访者的共同产物(Joint production)"。2) 可以深入事实内部,达到预期的结果,这是因为这种访谈事先明确了比较完整的访谈内容。就本书来说,之所以选择半结构式的深度访谈方法来进行问卷开发,一方面,是保留了研究进一步深入的弹性空间;另一方面,可以避免访谈内容过于纷繁混杂而无法整理。在具体访谈进程中,我们主要是根据本书的研究问题事先确定好需要讨论的具体内容。当然,在访谈的过程中,我们亦适时根据受访者的话题与兴趣而稍做发挥,以便收集其独特的观点,本书的初步访谈提纲如表 4.1 所示。

表 4.1　初步访谈提纲①

当前,顾客通过虚拟品牌社区,以社区知识贡献的方式参与到企业的产品开发与改进中去越来越成为一种被普遍认可的商业现象。进而了解顾客积极贡献社区的动机,洞悉顾客社区态度,对企业的发展至关重要。我们对顾客知识贡献进行了如下界定:社区成员在社区中以特定的形式发表自己对产品的意见、观点、使用诀窍等,甚至主动参与企业设计的产品开发、测试、营销等社区活动;从而为企业新产品价值的创造做出贡献。得知各位作为虚拟品牌社区开创者——小米社区的资深用户,在顾客参与新产品开发上进行了富有成效的实践探索,并取得令人满意的结果。我们期望通过这次对大家的深入访谈了解如下问题:您参与小米社区产品开发与改进等活动的现状、过程及其您个人对小米社区的参与感受、情感态度以及评价,等等,这将为我们撰写本书提供好的素材。
(1) 请您谈一谈对消费者通过在线社区为企业产品开发、测试、营销等活动贡献自身知识与才华的认识和看法。
(2) 请您谈一谈最近在社区中参与的几个产品开发、改进或其他活动的执行情况,总结出主要消费者在其中的知识贡献行为,如创新表现等。
(3) 您认为从消费者的角度,参与企业产品创新过程,贡献自身知识能够带来哪些心理感受?(通过归纳现有文献,我们已经梳理出某些维度,请您谈谈对这些维度的认识和看法,是否还存在其他方面?)
① 虚拟社区感;② 影响力;③ 沉浸感
(4) 您认为消费者在虚拟品牌社区的参与过程中,所产生的社区承诺包括哪些方面?(通过归纳现有文献,我们已经梳理出某些维度,请您谈谈对这些维度的认识和看法,是否还存在其他方面?)
① 算计承诺;② 情感承诺
(5) 您认为基于虚拟品牌社区,消费者在参与社区活动的过程中,对社区积极贡献程度的具体衡量标准包括哪些方面?(通过归纳现有文献,我们已经梳理出某些维度,请您谈谈对这些维度的认识和看法,是否还存在其他方面?)
① 发布精华回复;② 提交原创帖子;③ 做论坛任务;④ 完善真人认证
(6) 您认为在企业虚拟品牌社区的运营过程中,顾客虚拟社区感和社区知识贡献之间究竟存在着怎样的关系?
(7) 您认为在企业虚拟品牌社区的运营过程中,顾客虚拟社区感、承诺和知识贡献之间存在着怎样的复杂关系?
除此之外,请您根据自身在小米社区中进行知识贡献的具体实际情况,再次谈谈对顾客虚拟社区感及对知识贡献水平的认识与看法。

---

① 在现实版的访谈提纲中,我们列出了最终的测量指标,由于篇幅限制,这里没有列出各变量的最终测量指标。

(3) 内容效度的检验。内容效度(Content Validity)，又叫表面效度或逻辑效度，是对量表的指标表征特定测量任务优劣程度的一个主观而系统的评价，具体含义是指测量内容或者测量指标与测量目标之间的适合性与逻辑相符性。换言之，测量活动所选择的项目内容"看起来"是否真正符合其目的和要求。内容效度是开展研究最初步的实证效度，它通常是通过该领域中的专家判断来确定(Nunnally and Bernstein，1994)。为此，需要邀请研究人员或其他相关人员来检测量表指标是否充分覆盖了被测试维度的全部范围。可见，内容效度具有主观性质，尽管它不是量表效度的充分体现，但有助于对量表内容的常识性解释。在量表的具体设计过程中，内容效度的检验也是研究人员的一个主要任务。为确保本书量表的内容效度达到预期要求，我们在自始至终的量表开发设计过程中，认真实施了以下步骤：

1) 进行翻译工作。由于本书所采用的量表大多都是来自国外文献，因而要根据选择的相应量表中的指标，进行仔细而恰当的英汉翻译。具体做法是：首先，将这些量表由三位博士生翻译成中文，经过小组的详细讨论后，本书确定出最能表达原来意思的中文翻译。其次，将中文翻译成大家认可的英文，将翻译后的英文与作者的原文进行对照。如果两者基本符合，本书将采纳该中文翻译，否则表明大家对原来英文的理解存在歧义。最后，如果存在分歧，将重新对原来的英文进行英汉互译，直到出现被一致认可的中文翻译。

2) 征询专家意见。在问卷初稿形成的基础上，我们邀请了几位营销系的专职老师作为受访者，请他们对问卷内容的结构和安排、表达和语句等提出修改建议，对问卷再次进行相关方面的修改。

3) 进行小范围问卷测试。根据上面的研究将制成的调查问卷初稿拿给10多位小米社区的资深用户，请他们从虚拟品牌社区成员的角度，表达自身对回答问卷的感受，并对调查问卷提出意见和建议。进而，基于这些步骤中反馈回来的建议和问题再对问卷内容进行仔细和认真的修改和调整。随后，2016年11月，再次邀请小米社区中的若干名用户对问卷进行预测试，对调查问卷的措辞、语句结构等再次进行必要的调整和修改，其目的是要尽量用简明易懂的语言来表述各个量表中的具体指标，以使受访者能对问卷做出正确而快速的理解，之后才成就了本次研究的最后问卷。

(4) 调查量表的最终确定

经过上述主要步骤及后续的简单的探索性因子分析，我们确定了本书的最终调查问卷。其中，虚拟社区感和承诺的测量采取受访者填写问卷的测量方法，该问卷的主体部分共包括20个问项,所有测量都采用1～5级的Likert量表,其中,1表示完全不同意,5表示完全同意。知识贡献值则采取客观指标进行测量。

1) 虚拟社区感的测量。参考Koh和Kim(2003)的研究提出的虚拟社区感的原始量表,并针对小米社区的实际情况(如将原始量表中的"社区"替换为本书中的"小米社区")对初测的部分条目内容做了略微的修改,使得条目更加符合本书的实际情况。最终,本书为虚拟社区感的三个维度(成员感、影响力和沉浸感)各设计了4个指标来进行测量,具体的测量条目见表4.2,其中,用编号X表示"虚拟社区感"。

表4.2 虚拟社区感的测量条目

编号	测量条目	构念定义
X11	1. 我能感受到我属于小米社区	成员感 (X1)
X12	2. 我能感受到我在小米社区中的成员身份	
X13	3. 我能感受到小米社区成员是我的好朋友	
X14	4. 我喜欢该小米社区的成员	
X21	1. 我在小米社区的成员中很有名	影响力 (X2)
X22	2. 我能感受到我可以控制这个小米社区	
X23	3. 其他成员经常浏览我在小米社区上的留言	
X24	4. 我在小米社区上的留言经常能够得到回复	
X31	1. 我花很多时间上网参与小米社区	沉浸感 (X3)
X32	2. 我花在小米社区上的时间超过我的预期	
X33	3. 我能感受到我沉迷于小米社区	
X34	4. 我曾经因为小米社区的活动旷课、旷工	

2) 承诺的测量。如同虚拟社区感测量条目的确认一样,承诺的测量也遵从了相同的步骤。在借鉴Allen和Meyer(1990)、Bateman和Gray(2011)研究的基础上,本书为承诺的两个维度(情感承诺、算计承诺)分别设计了4个指标来进行测量。每个观察变量的具体测量指标见表4.3,其中,用编号M表示"承诺"。

表 4.3 承诺的测量条目

编号	测量条目	构念定义
M11	1. 我喜欢同别人讨论我参加的小米社区	情感承诺 (M1)
M12	2. 我觉得小米社区中的问题就像自己的问题	
M13	3. 我对小米社区有一种较强的心理依恋	
M14	4. 小米社区对我来说很重要	
M21	1. 离开小米社区对我来说成本很高(如时间成本和关系成本)	算计承诺 (M2)
M22	2. 离开这个小米社区,我觉得将不会有更多类似的社区供我选择(如别的社区内容不如这个论坛丰富)	
M23	3. 我不离开这个小米社区的一个较大的原因是别的社区并不能满足我现在的需求	
M24	4. 即使我想离开小米社区,我也不会,因为现在离开很难(如我在这个社区中级别高、好友多等)	

3) 知识贡献的测量。既往的研究对于知识贡献并没有明确的测量界定,只是用一个笼统的概念对其进行测度。知识贡献有多种形式,比如回复别人的帖子,发布有效的关于产品的使用经验、诀窍,整理现存的关于产品的资料,提交所发现的关于产品的漏洞等。在文献中,对知识贡献的测量通常有两种方法。第一种方法是邀请受访者填写问卷,采取李克特量表评定其知识贡献。这种测量方式的缺陷在于参与调研的受访者受到其本身知识能力的影响,对知识贡献的评定存在较大差别。再加上"达克效应"的存在,个体往往过高地估计自己的知识贡献。因此使用问卷调查的方式在数量和质量上都无法较为精准地测量出个体的知识贡献。第二种方法是测量受访者在一段时间内的发帖数、回帖数等。虽然这种采用客观数据的方法可以克服第一种方法所带来的偏差,但是也存在这一些不足。个体的发帖和回帖并不完全代表其知识贡献。发帖和回帖有时仅仅是"灌水",所产生的内容与有关产品知识相去甚远。因此,该种方法在知识贡献质量上无法测量出个体知识贡献。

本书基于以上两种方法的基础上采取调查"贡献值"这一指标来测度个体的知识贡献。董晶(2008)在其研究中也才采用过类似的方法去衡量知识贡献。在小米社区的版规中,贡献值由以下六个部分组成:

① 在 mi.com 购买小米产品,每款最高可以加 100 分。其中购买包括电脑、电视、扫地机器人等在内的产品,每款可以加 100 分;购买包括手环、耳机、音箱

等在内的产品,每款加分低于100;购买文化衫、抱枕、玩偶等产品则不加分(重复购买产品不累计加分)。

② 发布精华回复。在小米社区中回复帖子,经判定后若为优质内容,每个回复加10分。

③ 提交原创帖子。在论坛中发表原创帖子,在判定为非灌水帖后,每篇帖子加30分。

④ 通过真人认证。申请真人实名认证后,审核通过加10分(不叠加)。

⑤ 完善个人资料。完善个人论坛资料(包括性别、年龄等),资料完成度为100%时加10分(不叠加)。

⑥ 做论坛任务。小米社区会发布一些关于其产品的小任务,通过任务系统接受并完成任务加10分。

小米社区中的有其自己的管理团队,包括社区中的企业常驻客服和子版块版主等,他们担任起管理虚拟品牌社区的重要责任。评定、审核帖子都由其管理团队完成。因此使用"贡献值"能够测量成员的知识贡献。但是考虑到小米社区中贡献值并不是完全由其发帖回帖以及完成任务构成,因此在与几位小米社区成员的深度访谈后,本书中对"贡献值"这一指标进行了一定的处理来衡量知识贡献。在此:

$$Y = \ln(CV - I \times 50 - 20)$$

其中,Y代表本书的因变量"知识贡献";CV代表每个受访者的贡献值;I代表受访者所点亮的产品图标数。考虑到小米社区的成员属性和购买行为,每个成员基本上或多或少购买了小米的产品,每购买一个产品就会在其个人主页上点亮一个产品图标。但考虑到不同的产品对贡献值加分不同,为了调研的方便,在咨询了多位小米社区资深用户的意见后,本书审慎地将一个产品所带来的平均贡献值加分定在了50分。此外,在小米社区的官方规定中,不通过真人认证和完善个人资料就会被限制进行发帖和回复甚至无法进行发帖和回复。由于购买产品、真人认证和完善个人资料都与本书的研究主题"知识贡献"无关,因此在最终的判定中,本书扣除了由于购买产品、真人认证和完善个人资料所带来的贡献值加分。所以,最后的取值在数量和质量上都恰恰反映了社区专家和社区成员对其知识贡献的评价。为了消除非正态分布对于结果的影响,本书进行了管理学研究中常用的取对数处理得到最终的Y值。

最后的问卷主要包括三个部分:首先是说明以及问卷填写者的基本信息

情况,主要包含样本对象的性别所占的比例、年龄的分布情况,以及学历程度、和月收入状况、访问频率等信息,设置成单项选择题进行提问,问卷的答题人员可以根据其自身的实际情况进行回答。其次是对于知识贡献的测量,包含了两道填空题。分别是:您在小米社区的贡献值是多少分?您在小米社区点亮的图标是多少个?最后是对成员感、影响力、沉浸感、情感承诺和算计承诺进行测量。该部分总共20道单选题,受访者根据自己实际情况在1~5分间进行打分。

4.2.3　问卷的发放与回收

问卷调查是主动书面提出问题进行材料搜集的一种研究方法。通过多种形式的问题了解答题者的意见和看法,并将所要研究的问题编制成问题表格,以邮寄方式、当面作答或者追踪访问方式填答,又称作问题表格法。问题的编制和结果的分析是问卷法调查的关键。按照问卷填答者的不同,可分为自填式问卷调查和代填式问卷调查。其中,自填式问卷调查,按照问卷传递方式的不同,可分为报刊问卷调查、邮政问卷调查和送发问卷调查;代填式问卷调查,按照与被调查者交谈方式的不同,可分为访问问卷调查和电话问卷调查。问卷调查法遵循客观性、必要性、可能性和自愿性原则开展。

在填写问卷上,本书首先在问卷之星中生成本书的研究问卷,并将研究问卷打印成纸质问卷。采取电子问卷和纸质问卷同时发放的调查方法。一方面,针对电子问卷,我们将产生的问卷链接发布到小米社区,小米社区成员聚集的QQ群、"小米"的微博话题讨论、"小米"的知乎问答讨论等社交平台,通过发帖子和私信的方式邀请社区成员回答问卷,同时,还通过个人微信朋友圈功能发放问卷,邀请参与小米社区活动的同学、朋友加以作答,并请他们继续将问卷链接发到各自朋友圈中,进而以滚雪球的方式扩大问卷收集范围。另一方面,针对纸质问卷的发放,考虑到小米社区成员年轻化的客观事实,我们选取南京市各大高校为调研地点,在校园中人流量大的地点(食堂、教学楼)随机邀请人员参与调研,但必须保证参与调研人员必须为小米社区注册会员,并进行过发帖、回复、反馈等互动行为。为了鼓励社区成员填写问卷,本书给每位完整填完问卷的受访者提供5元现金奖励(支付宝转账、微信转账或充值话费)。

最终的问卷发放时间为2016年12月上旬至2017年1月中旬。共回收问卷188份。本书针对已有回收问卷,按照以下4个原则加以梳理与筛选:1)"中立"选项选择过多的问卷予以删除;2)答案呈现出明显规律性的问卷予以删除,如所有填答选项均呈"S"形排列、重复选择同一选项答案次数过多等;3) 问卷中回答不完整,产生较多漏缺项的予以删除;4) 存在显著雷同的调查问卷予以删除。经过后期对问卷进行细致的整理和统计,剔除存在多处漏洞、作答时间过短、答案呈现某种规律以及同分选项过多的问卷 49 份,最终得到有效问卷 139 份,问卷回收率达 79.93%。

第 5 章 数据统计与分析

5.1 数据描述性统计

5.1.1 样本构成分析

经过近 2 个月的问卷发放和回收,共收回 139 份有效问卷,此次有效问卷的样本对象的总体情况汇总在表 5.1 中。本书分别从性别、年龄、受教育程度、月均收入、访问频率五个方面对样本中的受访者进行描述性统计,从表中可以清晰地看出,本次调研的样本具有如下具体特征:

(1) 性别的构成比例:其中男性样本量总共有 100 份,占全部样本量的 71.9%;女性样本量共有 39 份,在总样本量中占比达到 28.1%。对比这个比例分布情况来看,最后回收的男性样本量要远远高出女性的样本量。本书认为,产生这个现象的原因可能是在小米社区这样一个以科技产品为导向的虚拟品牌社区更能吸引男性用户,所以男性在小米社区中的参与度与活跃度都要远远高于女性,而女性用户对其并不"感冒"。这与相关调研中小米产品的消费者性别比例也呈现一致。

(2) 年龄的分布:从样本中可以看出 26~35 岁的样本数是最多的,占了样本总数的 46.8%;其次是在 25 岁以下这个年龄层次的样本量,在样本总数量中达到 22.3% 的比例。在总样本中,35 岁以下的样本比例占据了 69.1%,占据了总样本的绝大部分。对于这一现象,首先,小米品牌的首要目标客户就是年轻人,"为发烧而生"是小米品牌的核心概念,这对于年轻人更有新引力;其次,小米社区是依托网络而存在的,年轻人对于互联网更加熟悉与了解,所以更愿意参与到小米社区中来,这也与中国网民的年龄分布较为类似。

(3) 受教育的程度的分布:本次问卷发放样本的对象主要是小米社区的活跃参与者,所以样本对象呈现出的学历分布大部分为本科和本科以上,二者占样本总数的63.3%；而大专以下仅占样本总数的5.8%。这说明小米社区的用户大多数受到过高等教育，具有更强的理解能力，这也便于受访者对本书问卷的填写，使得回收上来的数据更为可靠。

（4）月均收入的分布：从表中可以看出3001～5000区段所占比例较大（41.7%），其次是5001～7000(27.3%)，而3000元以下及7000元以上的人群分布均较少。这说明受访者大多数是处于事业开端，这与本次调研的学历、年龄等分布情况相一致。

（5）访问频率的分布：表中显示受访者大多是小米社区的活跃用户，6次以上/周的区段占到了59.0%，基本上大多数受访者每天都要登录小米社区。这说明他们是小米社区的活跃参与者，这一类受访者由于参与社区更为频繁，对于参与过程中遇到的问题以及体会更为深入，因此，他们对于本书问卷的填写具有较强的代表性。

表5.1 调查样本构成特征

统计指标	指标值	样本数	百分比	统计指标	指标值	样本数	百分比
性别	男	100	71.9	月均收入	≤3000	18	13
	女	39	28.1		3001～5000	58	41.7
年龄	≤25岁	31	22.3		5001～7000	38	27.3
	26～35岁	65	46.8		≥7001	25	18.0
	36～45岁	23	16.5	访问频率	<3次/周	17	12.2
	46～55岁	15	10.8		3～6次/周	40	28.8
	≥56岁	5	3.6		6～9次/周	44	31.7
学历	大专以下	8	5.8		>9次/周	38	27.3
	大专	43	30.9				
	本科	49	35.2				
	本科以上	39	28.1				

5.1.2 描述性统计分析

本书采用实证研究普遍借鉴的5级Likert量表，用测量成员感、影响力、沉浸感、情感承诺、算计承诺各主要变量设置题项的方式，分别用选项中的1分到

5分来表示意思由全部否定的"完全不同意"到全部肯定的"完全同意",问卷作答者根据所在受访者的实际情况和自身的具体情况分别对各个问题项给出分数。对于知识贡献则根据前文所述的方式进行测量。表5.2是对测量模型的6个观察变量描述性分析结果,主要呈现了最值和平均值等指标。

表 5.2 变量测量的描述性统计分析

变量	样本量	最小值	最大值	平均值	标准差
成员感	139	1.25	5.00	3.1259	0.97215
影响力	139	1.25	4.50	2.7284	0.72387
沉浸感	139	1.50	5.00	3.6097	0.87855
情感承诺	139	1.25	5.00	3.2248	1.03047
算计承诺	139	1.50	5.00	3.4946	0.89456
知识贡献	139	3.00	7.82	5.6804	0.94382

5.2 信度和效度分析

5.2.1 信度分析

信度(reliability)是指来评价用此测量来获取的数据的准确和可靠的程度,一般如果测量拥有的信度指标越大,则表示测量的标准误就比较小。也就是说,信度是指测量结果的一致性或稳定性,即测量工具是否可以稳定测量所测的事物或者对象。一般实证研究中判断信度通常有内部一致性信度、组合信度等方法。通常情况下,内部一致性信度(Internal Consistency Reliability),即克隆巴赫系数(Cronbach's Alpha)是最为常用的信度测量方法,本书也将使用这种方法进行检验。此外,本书还采用组合信度系数(Composite Reliability, CR)对测量的信度进行评价。尽管组合信度系数与Cronbach α系数都是用来评价某一特定概念指标中的内部一致性,并且Cronbach α系数在以往的实证研究中更为常用,是更为常见的信度检验指标,但是,组合信度系数(Composite Reliability, CR)相较于传统的克隆巴赫系数(Cronbach's Alpha),并没有假设所有指标的权重都相等,相反,其假设前提是参数估计是精确的,因而组合信度系数就显得更为合理(Chin, 1998)。综上所述,本书在参考大多数实证研究采用的方法之后,

第5章　数据统计与分析

采用利用克隆巴赫系数（Cronbach's Alpha）以及 CR 系数（Composit Reliability）这两个指标评价本次测量的信度。

（1）克隆巴赫系数（Cronbach's Alpha）。对于 Cronbach α 系数值的判断标准而言，目前尚未统一。Nunnally（1978）认为，基础研究的 Cronbach α 系数需达到 0.8 才可接受，而探索性研究只要达到 0.7 就可接受。本书认为，若整个量表的全部构念和每单个构念的 α 值都高于 0.7，而且量表中的每一个测量指标的单个问题项和全部问题项的相关系数高于 0.4，则说明量表的信度较好。本书的整体数据充分表明了本书的构念内部拥有非常好的一致性。具体而言，本书对调研回收的全部有效数据进行了初步的梳理与统计分析，计算 Cronbach's α 系数的实现软件为 SPSS Statistics 21.0。通过计算发现，本问卷的全部构念的总体 Cronbach's α 系数为 0.957。去除影响构念 Cronbach's α 系数提高的测量条目后，再对单个观察变量进行可靠性分析，结果如表 5.3 所示。由表中可以看出，除去了知识贡献之外量表中的单个构念的 Cronbach's α 系数都在 0.82~0.90，与实证研究中要求的全部构念以及单个构念的值都要大于 0.8 相符合，同时对各个构念的无论哪一个问题项进行剔除后的 Cronbach's α 系数也没有明显增加。这些指标值都表明本次研究的数据具有良好的信度。

（2）组合信度系数（CR）。除了使用 Cronbach's α 系数来衡量信度之外，组合信度系数（CR）也是用来衡量测量信度重要指标。通常而言，在研究中需要进行测量的组合信度系数（CR）越高就表示本书的潜在变量与对应的各个观测变量间有很高的相关性，即进行观测的变量能够较好地测度出它所要表示的潜在变量。组合信度系数（CR）与 Cronbach's α 的作用基本上相同，但前者则进一步对量表中的测量指标的权重进行了综合考虑，组合信度较高即 CR 值较高也表明本次变量间有良好的内部一致性。组合信度判断也没有一个绝对的接受标准范围。一般认为，0.7 就意味着为信度提供了较为"广泛的"证据，0.8 或者更高则说明为研究提供了"可供效仿"的证据。如果稍微低于 0.7，对于探索性研究来说也可以勉强接受，Nunnally 和 Bernstein（1994）就认为，探索性研究的组合信度系数值达到 0.6 也是可以接受的。本书变量的组合信度系数（CR）的具体指标值如表 5.3 所示。从这个表中我们可以清晰地看到：量表中所有的观察变量的 CR 值均高于 0.85。

5.2.2 效度分析

效度(Validity)即准确度,它是指测量工具或手段能够准确地测出所要测量的变量的程度。换言之,是指能够准确而真实地度量事物属性的程度,可以表现出用量表所获得的数据结果的精准程度和有效程度。对于效度来说,有三种类型:

(1) 表面效度。也叫内容效度或逻辑效度,它是指测量内容或者测量指标与测量目标之间的适合性和逻辑相符性,即测量活动所选择的项目内容"看起来"是否真正符合其目的和要求。换言之,此指标是指量表所测量的结果与需要测量的对象之间的契合度,保证的是量表所测的问题在语义上是否能够准确衡量待测的概念。问卷是在大量文献阅读的基础上初步形成,随后结合对小米社区资深用户的深度访谈进行相应的修改,并在听取相关领域专家意见的基础上整理而形成的。在问卷的最终形成过程中,都发给导师、同学以及相关虚拟品牌社区活跃成员,根据他们的修改意见,进行有选择性的调整。之后又在小米社区的几位资深用户中进行预调研,问卷回收之后对其中存在的一些问题又开展了细致和认真的调整,并最终形成本次调查问卷。

(2) 准则效度。又称实用效度,此效度的测量方法是:采用一种不同于以往的测量方式或者测量指标对同一事物进行测量时,将原有的测量方式或测量指标作为准则,用新的测量方式或指标所得到的测量结果与原有准则的测量结果进行比较,如果新的测量方式或测量指标与原有的作为准则的测量方式或者测量指标具有相同效果,那么,这就意味着这种新的测量方式或者测量指标具有准则效度;反之,则相反。不过,这一效度类型在本书中并不适用,并非本书的关注重点,故不予考虑。

(3) 结构效度。在进行结构效度的分析前,本书对所获数据进行了变量的因子荷载检测,具体见表5.3。结构效度是指在某种理论的关系结构中,对其他概念或变量进行的测量,这是本书探究与关注的重点。对于结构效度而言,有着两种重要的类型划分:收敛效度(Convergent Validity)与判别效度(Discriminability Validity)。前者是指用于测量同一概念的指标之间的相关系数很高,从而都收敛于同一个概念;后者是指在理论体系中,某一概念与其他概念在特质方面所具有的差异程度。本书拟采用大多数实证研究利用的 Smart PLS 2.0 软件来对本书收集的数据进行标准荷载及其 T 值的计算来测量调研数据的收敛效度,主要通过 AVE 和相关系数平方和来判断。具体分析如下:

① 收敛效度。利用因子负荷和平均提炼方差(AVE)来共同评估量表的收敛效度,从表5.3中可以明确地看出本书的各个构念的因子荷载值均高于0.8,并且变量的T值都显著,再加上各个变量AVE值都高于0.5,这些有效的指标值都共同表明本书的构念有非常好的收敛效度。

② 判别效度。此指标主要衡量的是不同构念之间所衡量的区别程度。本书主要是将各个构念的相关系数平方的值和AVE值进行分析和比较,按照实证研究的要求,必须要达到前者的值要小于后者才能说明区研究的分效度较好。从表5.4中看出,本书的构念间的最大相关系数为是知识贡献和情感承诺之间的相关系数0.802,远远小于全部变量的AVE的平方根值,这表明本次研究的各个构念具有较好的区分效度。

表5.3 变量因子荷载及平均抽取方差

潜变量	可测变量	因子荷载	T值	AVE	CR	Cronbach's α
X1	X11	0.858	40.125	0.651	0.882	0.885
	X12	0.845	36.391			
	X13	0.894	56.418			
	X14	0.853	39.945			
X2	X21	0.838	33.135	0.744	0.921	0.821
	X22	0.779	22.352			
	X23	0.816	26.932			
	X24	0.794	27.746			
X3	X31	0.806	28.830	0.713	0.908	0.866
	X32	0.853	39.706			
	X33	0.851	36.388			
	X34	0.866	44.499			
M1	M11	0.846	40.660	0.760	0.927	0.894
	M12	0.887	58.417			
	M13	0.887	69.121			
	M14	0.865	46.615			

(续表)

潜变量	可测变量	因子荷载	T值	AVE	CR	Cronbach's α
M2	M21	0.857	43.365	0.715	0.909	0.867
	M22	0.817	27.124			
	M23	0.855	33.829			
	M24	0.852	33.848			
Y	—	1.000	—	1.000	1.000	1.000

5.2.3 相关分析

表5.4列出了本书中6个主要变量的Person相关分析结果。从表中可以清晰地看出量表变量间的相关系数都能达到0.5的显著水平,这表示本次研究的量表变量之间均具有一定程度上的相关性,适合进行进一步的分析。并且从表中可以看出除了知识贡献和情感承诺外,其他两两观察变量间的Person相关系数都低于0.8,但是都大于0.5。考虑到由于本书的样本量只有139个,在少样本量的情况下造成数据可能存在一定的多重共线性,为此,本书将知识贡献作为因变量,将成员感、影响力、沉浸感、情感承诺和算计承诺作为自变量纳入回归方程中,计算除去因变量外5个自变量的VIF值(见表5.4)。可以看出,各变量的VIF都在1.954到2.898之间,远远小于10的临界标准。这表明了本书的主要观察变量之间不存在共线性的可能。

表5.4 Person相关分析

变量	VIF	1	2	3	4	5	6
1. 成员感	2.098	0.807	0.671**	0.563**	0.665**	0.654**	0.775**
2. 影响力	1.954	0.671**	0.863	0.627**	0.658**	0.681**	0.730**
3. 沉浸感	2.109	0.563**	0.627**	0.844	0.726**	0.695**	0.728**
4. 情感承诺	2.708	0.665**	0.658**	0.726**	0.872	0.758**	0.802**
5. 算计承诺	2.898	0.654**	0.681**	0.695**	0.758**	0.846	0.746**
6. 知识贡献	—	0.775**	0.730**	0.728**	0.802**	0.746**	1

注:对角线元素是平均提炼方差(AVE)的平方根,** 代表在0.01水平(双侧)上显著相关

5.3 直接效应检验

5.3.1 检验方法

本书采用结构方程建模方法结构方程模型(Structural Equation Modeling,简称 SEM,下同)对模型中的直接效应进行检验。SEM 是 20 世纪 70 年代在 Jöreskog 和 Sörbom 等学者所提出的统计理论基础上发展而来,是一种综合运用多元回归分析、路径分析及验证性因子分析方法而形成的统计数据分析工具,它可以用来解释一个或多个自变量与单个或多个因变量之间的关系。SEM 主要具有验证性功能,具体而言,研究者利用一定的统计手段对复杂的理论模型加以处理,并根据模型与数据之间拟合的一致性程度对原先的理论模型进行适当评价,从而去证实或证伪所假设的理论模型。SEM 允许测量变量之间存在相关性,是因为这并不影响整体模型路径的分析结果,所以,它比一般的线性模型统计程序具有更为突出的优越性(侯杰泰等,2004)。作为一种被广泛应用于心理学、教育学、社会学及行为学等领域的综合性统计分析工具,SEM 具有如下优点:可以同时分析潜变量及其观察变量之间的复杂关系;可以剔除随机测量误差;可以同时计算多个因变量之间的关系。相比出传统的回归方法,SEM 方法更加适用于复杂的含有多个潜变量的测量模型,并且避免了多元线性回归难以处理的多重共线性问题。SEM 的建模主要包括两种方法,即以协方差结构为基础的建模法(Linear Structural Relationship,简称 LISREL)和以偏最小二乘法为基础的建模法(Partial Least Square,简称 PLS)。前者实现软件有 LISREL、AMOS 等,后者实现软件有 Smart PLS、Visual PLS 等。

当前,SEM 估计方法的原理主要有两种:1) 最大似然估计(Maximum Likelihood,简称 ML),这是一种建立在协方差结构分析方法基础之上的估计原理,这类方法的软件有 LISREL、AMOS 及 EQS 等(Jöreskog,1970)。2) 偏最小二乘法(Partial Least Squares,简称 PLS)估计,它是建立在方差分析方法基础之上(Chin,1998),这种估计方法可以通过 LVPLS(Latent Variable PLS)、PLS-GUI 及 PLS-Graph 等软件来进行。为验证研究者所构建理论模型的合理性与有效性,相关文献(Jöreskog, 1970;Jöreskog 和 Sörbom, 1988)先后出现了各种拟合指数以用于评价和选择 SEM 模型。其中,被研究者经常使用的有:χ^2

(Chi-square test，卡方)、χ2/df(Relative chi-square test，卡方与自由度之比)、RMSEA(Root mean square error of approximation，近似误差均方根)、SRMR(Standardized root mean square residual，标准化残差均方根)、NFI(Nonmed fit index，赋范拟合指数)、NNFI(Non-nonmed fit index，非范拟合指数)或 TLI(Tucker-Lewis 指数)、CFI(Comparative fit index，比较拟合指数)、GFI(good-of-fit index，拟合优度指数)以及 AGFI(Adjusted good-of-fit index，调整拟合优度指数)，等等。

通常，一个完整而典型的 SEM 由两部分所组成：1) 测量模型(Measurement model)，又叫外部模型(Outer model)，它反映的是显变量(Manifest variable)与潜变量(Latent variable)之间的关系，其构成的数学模型是验证性因子分析(Confirmatory factor analysis，CFA)。2) 结构模型(Structure model)，又叫内部模型(Innter model)，它是通过路径分析的方法来讨论变量之间的关系，结构模型是因子分析(Factor analysis)与路径分析(Path analysis)两种统计技术的结合体。也就是说，每个概念与其标识之间的外部关系可以通过因子分析或其他类型的方程来描述，我们称之为测量方程；而概念之间的内部结构关系则可以通过一系列的线性方程来求解，被称为结构方程(侯杰泰等，2004)。由于 SEM 本质上是一种因果模型，因而在选取观测变量时，必须满足相应的信度与效度条件。考虑到本书的情境和特点，本书选择使用 PLS 建模法来对本书所提出的直接效应假设进行检验。理由如下：

第一，LISREL 建模法是基于协方差矩阵，因而对样本的要求比较敏感。不仅要求样本符合一定的样本量，而且还需要数据服从于正态分布、方差齐性等特点。然而，在实际的研究中，尤其是基于问卷调研为背景的研究中，数据往往很难符合上述特点。正如邱皓政(2003)指出，基于极大似然法估计的 LISREL 分析软件所需要的最小样本规模为 200 以上，本书中所收集的问卷数量只有 139 份，显然并不符合 LISREL 建模法对于样本数量上的要求。而反观 PLS 建模法，其对数据的要求比较宽松，对样本量的要求不如 LISREL 高，且对于数据的分布也无硬性要求。综上所述，考虑到本书的样本量相对较少且难以服从正态分布，因此，基于该点原因，采用 PLS 建模法比采用 LISREL 建模法更加适合。

第二，PLS 建模法可以比 LISREL 建模法更好地运算多构面的复杂模型结构。本书的目标是理清虚拟社区感、承诺和知识贡献之间的影响机理。共有 6 个潜变量，直接效应的假设 11 个，相对来说，模型较为复杂。因此采用 PLS 建模法得出的结果相对更加稳健。

第三,PLS 建模法更加适用于理论的发展而非理论的测试,也就是说 PLS 建模法更加适合探索性的研究以及模型的检验。考虑到本书的因变量的测量采用了客观指标,在相关领域的研究中并不多见。因此,从这个角度出发,PLS 建模法比 LISREL 建模法更加稳妥。

综上所述,PLS 建模法作为一种全新的结构方程建模方法,因为其更广泛的适用性已经得到国内外学者的青睐,并运用到各个研究领域中。所以本书将选择 PLS 法构建结构方程模型,具体实现软件为 Smart PLS 2.0。

"回归"一词最早是由英国生物学家高尔顿(Galton)在研究遗传问题时提出,回归分析的方法就是一种通过变量之间的相关分析,来建立回归模型,从而根据自变量的变化来预测因变量的发展变化的方法。在实际运用过程中,大多数的实际问题的研究,影响因变量变化的因素不止一个,而是多个,我们一般称这类问题为多元回归分析的问题,这也是多元统计分析各种方法中应用最为广泛的一种。多元回归分析通过建立自变量与因变量之间关系的数学模型,并通过对所建立的数学模型进行 R^2 检验、F 检验以及 t 检验等,在符合判定条件的情况下将自变量数值代入回归模型,从而计算出因变量的值,即预测值。一般来说,回归分析包括:强制回归、向前回归、向后回归、逐步回归以及层次回归。

1) 强制回归。直接将自变量代入回归模型中检验,检查各自变量对因变量的影响。2) 向前回归。第一个变量代入回归模型,探讨其显著性问题,如果检验通过,则保留该变量;反之,则将该变量进行剔除。依此类推,直到最后得到一个完整的回归模型。3) 向后回归。与向前回归的过程相反,先将所有的自变量全部代入回归模型,再探讨该模型的显著性问题。具体来说,如果自变量系数的显著性检验通过,就保留该自变量;否则就剔除该自变量。依此类推,逐步探讨剩余的自变量,最后得到一个最简单的回归模型。4) 逐步回归。基本思想是:将自变量一个个引入,其条件是偏回归平方和的检验要显著。在引入新变量的同时,对已经引入的变量逐个进行检验,将不显著的剔出,保证最后所得到的变量都是显著的。经过若干步的检验,就得到了最优的变量子集。5) 层次回归。先将控制变量代入,然后探讨控制变量的变化所引起的因变量的方差(Variance),然后在控制这些变量影响的基础上,依次代入自变量来研究回归分析模型的总体变化以及对代入的自变量的作用进行适当评价。总体来说,前四种回归方法都是较为常用的方法,但都有一个共有缺陷:难以区分控制变量与自变量的影响。这与研究"Maxmincon"的原则不相符合,从而不能准确地区分导致因变量方差(Variance)的各个自变量所起的具体作用,而层次回归的分析方法正好可以弥补这一缺陷。目前,国内外学者一般都是采用层次回归分析的方法,本书也不例外。

5.3.2 结构模型评价

情感承诺被解释的方差为(R^2)为0.642,算计承诺R^2为0.620,知识贡献R^2为0.789,说明模型具有较好的解释力。本书进一步对各个构念之间的路径效应大小f^2值进行了比较。根据Cohen(1988)的观点,$0.02 < f^2 \leq 0.15$表示弱效应,$0.15 < f^2 \leq 0.35$表示中等效应,$f^2 > 0.35$表示强效应。具体的f^2值见表5.5,从表5.5中可以看出除了算计承诺对知识贡献的路径的f^2值小于0.02,其他路径的f^2值都大于0.02,表示了路径之间有一定的作用。

此外,本书采用Stone-Geisser检验的方法来评价模型中的变量对内生潜变量的预测力,根据Cohen(1988)的观点,$Q^2 > 0$表示模型中的变量对内生潜变量具有预测力,$Q^2 < 0$表示缺乏预测力。在本书中情感承诺Q^2为0.454,算计承诺Q^2为0.414,知识贡献的Q^2为0.752,说明本模型有良好的预测能力。

表5.5 模型路径的f^2值

路径	f^2	路径	f^2
成员感→情感承诺	0.116	成员感→知识贡献	0.218
影响力→情感承诺	0.048	影响力→知识贡献	0.046
沉浸感→情感承诺	0.311	沉浸感→知识贡献	0.061
成员感→算计承诺	0.088	情感承诺→知识贡献	0.128
影响力→算计承诺	0.095	算计承诺→知识贡献	0.011
沉浸感→算计承诺	0.205		

5.3.3 假设检验

本书采用Smart PLS 2.0计算路径系数,并用Bootstrap方法计算系数的显著性。

首先,在计算完整模型的标准化路径系数之前,本书先进行直接效应的检验,即仅考虑自变量虚拟社区感(包括成员感、影响力以及沉浸感)对于知识贡献的影响。具体检验结果见表5.6所示,在假设关系验证中,成员感对于知识贡献($\beta = 0.425, p < 0.001$)、影响力对于知识贡献($\beta = 0.233, p < 0.001$)、沉浸感对于知识贡献($\beta = 0.341, p < 0.001$)均有显著的正向影响,并且从标准化路径系

数可以看出,成员感对于知识贡献的影响大于影响力和沉浸感对于知识贡献的影响,这说明想要诱发社区成员贡献高质量的有益于企业的知识,就要把培养社区成员的成员感放在首位,让其感知到一种社区意识,这与既往的研究相一致。综上所述,假设 H4、H5、H6 均成立。

表5.6 直接效应模型的标准化路径系数和假设检验结果

路径	路径系数	t 值	是否支持假设
成员感→知识贡献	0.425***	9.897	是
影响力→知识贡献	0.233***	3.632	是
沉浸感→知识贡献	0.341***	7.124	是

注:*** 代表 $p<0.001$。

然后,检验完整的结构方程模型,计算所有路径的标准化系数,即在直接效应检验的基础上,加入中介变量承诺(包括情感承诺和算计承诺)。具体的检验结果见表5.7。成员感($\beta=0.284, p<0.001$)、影响力($\beta=0.194, p<0.01$)、沉浸感($\beta=0.444, p<0.001$)对于情感承诺的标准化路径系数均显著;成员感($\beta=0.255, p<0.01$)、影响力($\beta=0.283, p<0.01$)、沉浸感($\beta=0.371, p<0.001$)对于算计承诺的标准化路径系数也均显著。通过比较路径系数可以发现,沉浸感对于情感承诺和算计承诺的影响大于成员感和影响力,这表明在网络环境下,社区成员越沉溺其中,越会引发对该社区的高水平承诺;情感承诺对于知识贡献($\beta=0.293, p<0.001$)的标准化路径系数均显著,而算计承诺对于知识贡献($\beta=0.084, p>0.05$)的标准化路径系数不显著,这表明社区成员的知识贡献主要是由关系驱动的,而非利益驱动。此外,自变量成员感($\beta=0.321, p<0.001$)、影响力($\beta=0.154, p<0.01$)、沉浸感($\beta=0.178, p<0.001$)对于知识贡献的标准化路径均显著,与直接效应模型的检验相类似,成员感对于知识贡献的影响大于影响力和沉浸感对于知识贡献的影响,但完整结构方程模型中的成员感、影响力、沉浸感对于知识贡献的标准化路径系数均小于直接效应模型中相应的标准化路径系数,这个结果初步验证在成员感、影响力、沉浸感影响知识贡献的过程中可能存在部分中介效应。综上所述,除了假设 H8 没有得到验证,其余的直接效应假设都通过了验证,这与表5.5中 f^2 值所呈现出的结果相一致。

表 5.7 完整结构方程模型的标准化路径系数和假设检验结果

路径	路径系数	t 值	是否支持假设
成员感→情感承诺	0.284***	4.302	是
影响力→情感承诺	0.194**	2.811	是
沉浸感→情感承诺	0.444***	6.154	是
成员感→算计承诺	0.255**	3.100	是
影响力→算计承诺	0.283***	3.427	是
沉浸感→算计承诺	0.371***	5.127	是
成员感→知识贡献	0.321***	7.166	是
影响力→知识贡献	0.154**	2.387	是
沉浸感→知识贡献	0.178**	3.25	是
情感承诺→知识贡献	0.293***	4.941	是
算计承诺→知识贡献	0.084	1.154	否

注：**，*** 分别代表 $p<0.01$，$p<0.001$。

5.4 中介效应检验

5.4.1 检验方法

在以往的研究中,中介效应的检验通常是参考了 Baron 和 Kenny(1986)所提出的层次回归方法进行,即经典的"三步法":分别将自变量对因变量、自变量对中介变量、自变量中介变量对因变量进行回归。虽然说该检验方法较为直观形象、容易上手,但是在 Baron 和 Kenny(1986)的观点里,自变量对于因变量的回归系数必须显著,否则不存在中介效应。近年来,这种检验方法已受到一些学者的质疑,事实上,在诸多研究中即使自变量对于因变量的回归系数不显著,中介效应仍然存在。因而为了克服层次回归方法的缺陷与不足,Zhao 等(2012)在 Preacher 和 Hayes(2004)的基础上,提出了基于 Bootstrap 方法的中介效应检验程序。近年来,学术界普遍认为 Bootstrap 估计中介效应更为有效合理,已经广泛应用于心理学、消费者行为学和组织行为学等领域;而且由于 Bootstrap 采用的是重复抽样技术,因而 Zhao 等(2012)提出的检验程序也更加适用于小样本情境下中介效应的检验。

为了探寻虚拟品牌社区中知识贡献的影响机制,本书分别检验了情感承诺和算计承诺在虚拟社区感与知识贡献的中介作用。并利用 Preacher 和 Hayes (2004)提出的 Bootstrap 方法进行中介效应检验,并按照陈瑞等(2013)给出的步骤进行操作,实现软件 SPSS Statistics 21.0(须安装 PROCESS 插件)。模型的各个变量的 VIF 值都小于 3,说明各个变量之间的共线性问题可以忽略。在模型估计时,本书遵循以往的惯例,将样本量设置为 5000,在 95% 置信区间下进行模型估计。

5.4.2 假设检验

本书共有三个自变量,两个中介变量,一个因变量,按照自变量与因变量之间的对应关系,可划分为三条路径的中介效应检验:承诺在成员感和知识贡献之间的中介效应检验;承诺在影响力和知识贡献之间的中介效应检验;承诺在沉浸感和知识贡献之间的中介效应检验。对于每一条路径的检验,均可具体分为以下几步:第一,总影响检验,即在不考虑中介变量的情况下,检验自变量对因变量的总影响;第二,直接影响检验,即在控制中介变量的情况下,检验自变量对因变量的直接影响;第三,中介效应检验,包括三个部分:总中介效应检验、个别中介效应检验以及对比中介效应检验。其中,总中介效应指每一条路径中所有中介变量(即情感承诺+算计承诺)的中介效应之和;个别中介效应是指每一条路径中每个中介变量各自产生的中介效应,即检验情感承诺与算计承诺分别产生的中介效应;对比中介效应是对每条路径中每个中介变量各自产生的中介效应的对比,即比较每条路径上情感承诺与算计承诺两个中介变量中介效应的强弱。在上述三个步骤当中,第一步总影响检验及第二步直接影响检验是第三步中介效应检验的前置步骤,可以与前文路径分析的结果相互印证,并在验证中介效应存在的基础上,可进一步检验是否还存在其他中介变量介入自变量对因变量的影响,即检验本书的中介变量起到的是完全中介效应还是部分中介效应。具体检验过程见表 5.8、表 5.9 及表 5.10。

首先是承诺在成员感和知识贡献之间的中介效应检验,以知识贡献作为因变量,成员感作为自变量,以情感承诺、算计承诺作为中介变量纳入模型检验中介效应,结果显示(见表 5.8):当不考虑中介变量情感承诺与算计承诺时,成员感对于知识贡献的总效应为 0.7520,P 值小于 0.001,且 Bootstrap 置信区间为 (0.6483,0.8558),不包含 0,总效应显著;当控制中介变量情感承诺与算计承诺时,成员感对于知识贡献的直接效应为0.3704,P值小于0.001,且Bootstrap置信区间为(0.2568,0.4840),不包含0,直接效应显著。总效应和直接效应的验证结果与前文路径分析结果相吻合,并且初步支持本路径中可能存在部分中介效应。在总中介效应检验中,情感承诺和算计承诺的总中介效应为0.3816,Bootstrap检验的置信区间为(0.3024,0.4739),不包含0,总中介效应显著。在个别中介效应检验中,情感承诺的个别中介效应为0.2618,Bootstrap检验的置信区间为(0.1759,0.3589),不包含0,个别中介效应显著;算计承诺的个别中介效应为0.1198,Bootstrap检验的置信区间为(0.0352,0.2169),不包含0,个别中介效应显著。由于成员感对于知识贡献的总效应与直接效应均显著,因此情感承诺、算计承诺在成员感影响知识贡献的过程中均起到部分中介效应,假设H9a和假设H10a得以验证。此外,就对比中介效应而言,情感承诺和算计承诺的个别中介效应之差为0.1420,但其Bootstrap检验置信区间为(−0.0127,0.3042),包括0,说明情感承诺与算计承诺的个别中介效应相当,不存在明显差异。

表5.8 承诺在成员感和知识贡献之间的中介效应检验

Total effect X on Y(不考虑中介变量,自变量对因变量的总影响)					
Effect	SE	t	P	LLCI	ULCI
0.7520	0.0525	14.3356	0.0000	0.6483	0.8558
Direct effect X on Y(控制中介变量后,自变量对因变量的直接影响)					
Effect	SE	t	P	LLCI	ULCI
0.3704	0.0574	6.4511	0.0000	0.2568	0.4840
Indirect effect X on Y(中介路径的作用)					
	Effect	Boot SE	Boot LLCI	Boot ULCI	
Total	0.3816	0.0443	0.3024	0.4739	
情感承诺	0.2618	0.0463	0.1759	0.3589	
算计承诺	0.1198	0.0462	0.0352	0.2169	
情感承诺—算计承诺	0.1420	0.0799	−0.0127	0.3042	

其次,对承诺在影响力和知识贡献之间的中介效应检验,以知识贡献作为因变量,影响力作为自变量,以情感承诺、算计承诺作为中介变量纳入模型检验中介效应,结果显示(见表5.9):当不考虑中介变量情感承诺与算计承诺时,影响力对于知识贡献的总效应为0.9519,P值小于0.001,且Bootstrap置信区间为

(0.8013,1.1024)，不包含0，总效应显著；当控制中介变量情感承诺与算计承诺时，影响力对于知识贡献的直接效应为0.3820，P值小于0.001，且Bootstrap置信区间为(0.2171,0.5469)，不包含0，直接效应显著。总效应和直接效应的验证结果与前文路径分析结果相吻合，并且初步支持本路径中可能存在部分中介效应。在总中介效应检验中，情感承诺和算计承诺的总中介效应为0.5699，Bootstrap检验的置信区间为(0.4338,0.7297)，不包含0，总中介效应显著。在个别中介效应检验中，情感承诺的中介效应为0.3945，Bootstrap检验的置信区间为(0.2698,0.5550)，不包含0，个别中介效应显著；算计承诺的个别中介效应为0.1754，Bootstrap检验的置信区间为(0.0469,0.3186)，不包含0，个别中介效应显著。由于影响力对于知识贡献的总效应与直接效应均显著，因此情感承诺、算计承诺在影响力影响知识贡献的过程中均起到部分中介效应，假设H9b和假设H10b得以验证。此外，就对比中介效应而言，情感承诺和算计承诺的个别中介效应之差为0.2191，但其Bootstrap检验的置信区间为(−0.0106,0.4666)，包括0，说明情感承诺与算计承诺的个别中介效应相当，不存在明显差异。

表5.9 承诺在影响力和知识贡献之间的中介效应检验

Total effect X on Y(不考虑中介变量，自变量对因变量的总影响)					
Effect	SE	t	P	LLCI	ULCI
0.9519	0.0761	12.5035	0.0000	0.8013	1.1024
Direct effect X on Y(控制中介后，自变量对因变量的直接影响)					
Effect	SE	t	P	LLCI	ULCI
0.3820	0.0834	4.5806	0.0000	0.2171	0.5469
Indirect effect X on Y(中介路径的作用)					
	Effect	Boot SE	Boot LLCI	Boot ULCI	
Total	0.5699	0.0759	0.4338	0.7297	
情感承诺	0.3945	0.0717	0.2698	0.5550	
算计承诺	0.1754	0.0700	0.0469	0.3186	
情感承诺—算计承诺	0.2191	0.1213	−0.0106	0.4666	

最后是承诺在沉浸感和知识贡献之间的中介效应检验，以知识贡献作为因变量，沉浸感作为自变量，以情感承诺、算计承诺作为中介变量纳入模型检验中介效应，结果显示(见表5.10)：当不考虑中介变量情感承诺与算计承诺时，沉浸

感对于知识贡献的总效应为 0.7821，P 值小于 0.001，且 Bootstrap 置信区间为 (0.6577,0.9065)，不包含 0，总效应显著；当控制中介变量情感承诺与算计承诺时，沉浸感对于知识贡献的直接效应为 0.2503，P 值小于 0.01，且 Bootstrap 置信区间为 (0.0992,0.4013)，不包含 0，直接效应显著。总效应和直接效应的验证结果与前文路径分析结果相吻合，并且初步支持本路径中可能存在部分中介效应。在总中介效应检验中，情感承诺和算计承诺的总中介效应为 0.5318，Bootstrap 检验的置信区间为 (0.4031,0.6738)，不包含 0，总中介效应显著。在个别中介效应检验中，情感承诺的个别中介效应为 0.3496，Bootstrap 检验的置信区间为 (0.2324,0.4930)，不包含 0，个别中介效应显著；算计承诺的个别中介效应为 0.1822，Bootstrap 检验的置信区间为 (0.0669,0.3114)，不包含 0，个别中介效应显著。由于沉浸感对于知识贡献的总效应与直接效应均显著，因此情感承诺、算计承诺在沉浸感影响知识贡献的过程中均起到部分中介效应，假设 H9c 和假设 H10c 得以验证。此外，就对比中介效应而言，情感承诺和算计承诺的个别中介效应之差为 0.1674，但其 Bootstrap 检验置信区间为 (−0.0314,0.3897)，包括 0，说明情感承诺与算计承诺的个别中介效应相当，不存在明显差异。

表 5.10 承诺在沉浸感和知识贡献之间的中介效应检验

Total effect X on Y（不考虑中介变量，自变量对因变量的总影响）					
Effect	SE	t	P	LLCI	ULCI
0.7821	0.0629	12.4288	0.0000	0.6577	0.9065
Direct effect X on Y（控制中介后，自变量对因变量的直接影响）					
Effect	SE	t	P	LLCI	ULCI
0.2503	0.0764	3.2768	0.0013	0.0992	0.4013
Indirect effect X on Y（中介路径的作用）					
		Effect	Boot SE	Boot LLCI	Boot ULCI
Total		0.5318	0.0702	0.4031	0.6738
情感承诺		0.3496	0.0655	0.2324	0.4930
算计承诺		0.1822	0.0620	0.0669	0.3114
情感承诺—算计承诺		0.1674	0.1072	−0.0314	0.3897

综上，根据上文对本书提出的各项理论假设和命题进行检验和证实的结果汇总。本书共有 10 大假设，其中包含 17 个小假设，经检验，除假设 H8：算计承

诺正向影响知识贡献之外,其余假设均成立,汇总结果如表 5.11 所示。

表 5.11 研究假设验证结果汇总

研究假设	结果
H1a:成员感正向影响情感承诺	接受
H1b:成员感正向影响算计承诺	接受
H2a:影响力正向影响情感承诺	接受
H2b:影响力正向影响算计承诺	接受
H3a:沉浸感正向影响情感承诺	接受
H3b:沉浸感正向影响算计承诺	接受
H4:成员感正向影响知识贡献	接受
H5:影响力正向影响知识贡献	接受
H6:沉浸感正向影响知识贡献	接受
H7:情感承诺正向影响知识贡献	接受
H8:算计承诺正向影响知识贡献	拒绝
H9a:情感承诺在成员感和知识贡献之间具有中介效应	接受
H9b:情感承诺在影响力和知识贡献之间具有中介效应	接受
H9c:情感承诺在沉浸感和知识贡献之间具有中介效应	接受
H10a:算计承诺在成员感和知识贡献之间具有中介效应	接受
H10b:算计承诺在影响力和知识贡献之间具有中介效应	接受
H10c:算计承诺在沉浸感和知识贡献之间具有中介效应	接受

5.5 结果分析

5.5.1 主要结论

本书以小米社区为研究对象,基于社会临场理论、关系强度理论和社会交换理论,探究了虚拟社区成员知识贡献的影响因素,并从虚拟社区感和承诺两个视角探究了虚拟社区中成员知识贡献的前置因素以及承诺在虚拟社区感和知识贡献的关系中所起的中介效应。构建出虚拟社区感(包括成员感、影响力和沉浸感)通过承诺(包括情感承诺和算计承诺)影响知识贡献的中介效应模型,并在参考相关文献的基础上,对成员感、影响力、沉浸感、情感承诺及算计承诺各自变量和中介变量设计出测量量表,对因变量知识贡献采用调查"贡献值"的方法进行评分,并取其对数。在收集139份有效问卷的基础上,本书通过实证检验发现,虚拟社区感(包括成员感、影响力和沉浸感)对于知识贡献具有直接驱动影响,而承诺(包括情感承诺和算计承诺)在虚拟社区感(包括成员感、影响力和沉浸感)影响知识贡献的过程中均具有中介效应。从研究结果出发,本书有以下研究结论:

第一,虚拟社区感对于承诺有积极的正向作用。从研究的结果来看,虚拟社区感的三个维度划分(成员感、影响力和沉浸感)在不同程度上驱动着承诺。但是从路径系数来看,无论是情感承诺还是算计承诺,沉浸感都具有最为强烈的驱动影响,成员感次之,影响力则最弱。并且从表5.2可以看出,沉浸感的均值(Mean=3.6097)大于成员感(Mean=3.1259)和影响力(Mean=2.7284)。因此,在小米社区中,社区成员的沉浸感普遍较强。然而,这并不是意味着成员感及影响力对承诺的影响不重要,从路径系数上看,成员感及影响力对情感承诺和算计承诺的影响虽小于沉浸感对知识贡献的影响,但路径系数仍是显著的,所以,对沉浸感、成员感及影响力在情感承诺与算计承诺上造成的影响,需要有机地结合起来讨论。首先,小米社区中的成员愿意花费大量时间和精力参与其中,这种时间和精力也有助于转换成为社区成员对虚拟社区的情感承诺与算计承诺;其次,小米社区中的成员对社区会产生一定的归属及认同感,这也会在一定程度上增加对虚拟社区的情感承诺与算计承诺;最后,小米社区中成员在参与社区的过程中能够对他人产生一定的影响并感知到他人对自己的影响,这对小米社区中情感承诺和算计承诺的增加也起到一定的促进作用。综上所述,成员感、影响力及沉浸感均对情感承诺及算计承诺起到促进作用,沉浸感对两种承诺的影响最为强烈,成员感次之,影响力最弱。

第二,虚拟社区感对知识贡献有积极的正向作用。虽然沉浸感比成员感和影响力更强地驱动着承诺,但是成员感却比影响力和沉浸感更能驱动知识贡献,这一点在直接效应模型以及完整结构方程模型中的路径系上均有体现。无论是直接效应模型,还是完整的结构方程模型,在虚拟社区感(成员感、影响力和沉浸感)对知识贡献的这三条路径上,成员感对知识贡献的路径系数最大,沉浸感对知识贡献的路径系数次之,影响力对知识贡献的路径系数最小。由此表明,虚社区成员在参与社区时更加注意自己在社区中是否能获得归属感和社区成员的认同,当这种归属感和认同感较高时,社区成员将更有可能贡献出自己的智慧,从而为企业和产品创造更多的价值。这与以往的研究结论相一致,即成员之间的认同对实际参与行为有正向影响。因而,想要诱发社区成员积极的知识贡献,就必须培养社区成员对于社区的归属感,使得社区成员产生认同,进而才能撬动社区成员的知识贡献。当然,这里也不应忽视沉浸感和影响力对知识贡献的影响,虽然这种影响不及成员感,但仍应引起重视。对沉浸感而言,虽然它对知识贡献的影响不及成员感,但由第一点可知,较强的沉浸感对承诺有着强烈的驱动作用,而承诺最终可以影响知识贡献,所以沉浸感对知识贡献的这种间接影响不容忽视。同理,虽然影响力对承诺和知识贡献的影响都是最弱的,但其对知识贡献也存在一定的间接影响。

第三,由前两点可知,影响力对承诺和知识贡献的影响均低于成员感和沉浸感。关于这点,需要一分为二来看,首先,需要肯定的是,影响力对承诺以及知识贡献可以产生影响,但是,社区成员的影响力感知对其进一步的心理状态(承诺)和行为(知识贡献)的驱动不如其他方面的因素大。这说明社区用户参与小米社区更多是以自我为中心,当他们具有较强的归属感,并花费大量时间与精力参与社区中时,将更有可能产生较大的承诺并做出更多的知识贡献,社区成员对自己的影响力感知则对承诺与知识贡献的影响都非常有限。同时,在表 5.2 中可以看出在标准差相差不大的情况下,影响力的均值($Mean=2.7284$)大幅度低于成员感的均值($Mean=3.1259$)和沉浸感的均值($Mean=3.6097$)。这说明社区成员对自己的影响力普遍感知较低。换言之,他们参与社区更加务实,并不是十分看重自己能够对社区或者其他成员施加的影响。经过与几位小米社区成员讨论后,本书认为造成这个结果的原因在于:现实生活中,诸如小米社区这种虚拟社区是一种开放式的平台,与 QQ、微信等封闭的平台是有所不同的。例如,在微信的朋友圈中发布动态,是展示给自己熟悉的人看的,发布者可以控制看到动态的人群范围,他们在发布内容之前就存有这样一种期望:希望自己发布的内容得到更多的点赞、评论以及关注。换言之,他们希望自己所发出的内容在朋友圈中能产生影响。然而,在诸如虚拟社区这种开放式的平台留言发帖,情况则大不一样。虚拟社区中的发帖内容针对的主题是产品,发布的内容是大多数平台社区用户都能看到的,相较于微信、QQ 等社交媒体而言,虚拟社区中的内容发布者对于其他社区用户多为陌生的,除了个别希望通过炒作而博取眼球的人外,大多数社区用户在这样一个开放式的网络平台上发帖留言,只是单纯地表达自己的态度与观点,并不期望引起陌生人过多的关注,当然,如果自己的留言得到了陌生人的关注,这对于发帖者来说,可以算是一种激励,使得其感知到自己对他人的影响力,并增加承诺以及知识贡献。只是在一般情况下,社区用户对这种引起其他陌生用户关注的期望并不高,也就导致影响力对于承诺以及知识贡献的影响不及成员感及沉浸感。

第四,在承诺的二维度划分中,只有情感承诺驱动着知识贡献。这与既往针对虚拟社区的相关研究相一致,即承诺是社区发展的一个最终结果,情感因素会驱动着成员的参与以及社区的存续。而本书则进一步论证了情感上的承诺还会促进社区成员的知识贡献。然而,本书没有论证算计承诺对于知识贡献的影响。经过与几位小米社区成员的讨论后,本书认为造成这个结果主要可能由以下两方面的原因引起:一方面,小米社区是以企业为主导的虚拟社区,其主要功能在于互动交流,虽然也有解决社区成员实际问题的功能,但这种功能有限,而且实现这种功能的途径也较为多样,在某些情况下,虚拟社区并不具有优势,例如,当小米手机突然出现故障而根本无法启动时,大多数用户的第一反应都是拨打客服电话或是直接去营业网点整修,很少有人会在小米社区上救助,因为这种利用社区求助的方法不够迅速,根本无法救急,并且得到的回复也不一定专业,可靠程度有限。换言之,即使离开小米社区,小米的用户们也不会遭受太大的利益损失,因此,算计承诺对于知识贡献的作用并不明显;另一方面,小米社区主打"为发烧而生"品牌概念,所以小米社区从建立伊始就主要是"米粉"的根据地,而"米粉"这类群体本身就存在有一直崇拜或者追捧的心理,他们对于"小米"这个品牌本身就有较为强烈的依附情绪,换言之,小米社区中的成员对于品牌的忠诚度较高。综上所述,情感承诺会更为强烈地驱动着知识贡献。

第五,情感承诺和算计承诺在成员感/影响力/沉浸感和知识贡献之间的中介效应显著,并且情感承诺和算计承诺在成员感/影响力/沉浸感影响知识贡献过程中的中介效应差异不显著。从实证研究中可以看出,虽然从中介效应的影响数值上看,情感承诺与算计承诺在成员感/影响力/沉浸感影响知识贡献过程中表现出的中介效应不完全相等,但是通过对比中介效应的验证,情感承诺与算计承诺中介效应影响差值的置信区间均包括0,即这种差距并不显著,两种承诺的中介效应相当,没有显著差别。本书认为,沉浸感代表着实质上的付出,成员感表现出自己情感上的归属,而影响力代表着在社区的获得。在"为发烧而生"的小米社区中,成员对待自己的付出甘之如饴,而自己在社区的获得更多是情感上的满足。因此,在成员感/影响力/沉浸感对知识贡献的关系中,虚拟社区中的付出是自愿并且乐意的,其中的获得则是一种情感上的收获,归属感是在付出与获得过程中不自觉形成的,因此,在这种付出、获得与归属感最终影响知识贡献的过程中,承诺是自发形成的,情感承诺与算计承诺在这种自然而然的情感中并没有产生显著的差异。

此外，在针对知识贡献的测量中，本书采取了 $Y=\ln(CV-I\times50-20)$ 的计算方法。这是为了排除掉购买小米产品而带来的贡献值加分对本书的影响。因为购买不同的产品对贡献值加分从 0～100 不等，在分析了小米社区成员的消费结构后，本书将贡献值减去受访者所点亮图标数乘以 50。在后续操作中，本书又将"50"替换成了"40"和"60"，依然没有改变本书的结论。因此，这也从侧面反映了本书的结论有一定的可靠性。

5.5.2 理论贡献

在网络营销方兴未艾的背景下，虚拟社区的应用、发展和管理已经越来越成为学术界研究的热点问题。如何激励社区成员积极参与，鼓励他们在社区中踊跃贡献知识、创造内容一直是学者们研究的重点。本书将虚拟社区感、承诺和知识贡献整合到一个可供分析的理论框架中进行实证研究，根据文献的回顾和理论的推导建立起本书的实证模型，继而立足小米社区进行问卷发放并进行实证检验。从研究结果来看，本书具有以下几点理论启示：

第一，本书较为领先地探讨虚拟社区感、承诺和知识贡献之间的具体影响机制，并将社会临场理论、关系强度理论和社会交换理论嵌入研究中去，构建出虚拟社区感（包括成员感、影响力和沉浸感）通过承诺（包括情感承诺和算计承诺）影响知识贡献的中介效应模型。本书的结论延续和印证了学者们以往针对虚拟社区成员行为的相关研究。一方面，正如 Carlson 等（2008）所指出的，在缺乏现实互动的情况下，虚拟社区感对承诺的形成和发展至关重要。在虚拟社区中，承诺是打造成员和社区关系的一种长效机制，这种机制的形成离不开企业对社区的建设。虚拟社区感作为一种成员对社区的主观感受是形成和发展成员承诺的关键所在，因此，本书将虚拟社区感作为承诺的前置变量，并在参考相关文献的基础上，将其划分为成员感、影响力和沉浸感，并深入探究其对承诺的影响，这是对以往研究的一种拓展；另一方面，对企业来说，社区存在的关键是为企业提供优质的消费反馈和顾客知识。Chai 和 Kim（2012）认为虚拟社区感也是驱动知识贡献的重要因素。换言之，虚拟社区为顾客提供了一个互动交流并贡献才智的重要平台，虚拟社区感是其中的重要变量。然而，本书并没有孤立地看待虚拟社区感对知识贡献的影响，结合前文所述，本书将虚拟社区感对承诺的影响也加入虚拟社区感对知识贡献的影响机制中，并且在文献回顾的基础上，本书构建起虚拟社区感对承诺和知识贡献的影响模型，并将虚拟社区感分为成员感、影响力和沉浸感三个维度来研究其对承诺和知识贡献的差异化影响。这对在虚拟社区情境下来研究社区成员行为有较大的意义和价值,为推动相关方面研究的深化和延伸起到了充实文献基础和实证样本的作用。

第二,拓展和完善了学术界在虚拟社区环境下虚拟社区感对知识贡献影响机制的研究,并引入了情感承诺与算计承诺的概念。有研究指出,承诺是激发成员参与的助推器,以往对虚拟社区的研究大多是基于成员参与的层面,并且研究模型较为分散,缺少理论基础。事实上,随着营销范式的转变,企业更应注重建立和维系与顾客的长久关系。在虚拟社区中,承诺恰恰是保持和维系顾客长效机制的"秘密武器"。作为一种强大的契约型力量,承诺将成员与虚拟社区牢牢地"绑"在了一起。本书将承诺划分为情感承诺和算计承诺两个维度,不仅探讨了情感承诺与算计承诺对知识贡献的影响,还进一步研究了两类承诺在虚拟社区感和知识贡献关系中的中介作用。然后,立足于国内实践较为成功的小米社区进行了翔实的实证检验,这对丰富和开拓国内外关于虚拟品牌社区的学术理论研究有一定的参考价值,也对相关企业提升虚拟社区治理策略有一定的指导作用。将承诺这一概念引入营销学中虚拟社区的研究,这有利于把虚拟社区治理的相关其他学科的学术概念引入营销学的研究范畴中,赋予其营销学的特色,让其为我所用,在以往的观念中,虚拟社区中用户是顾客,而企业是向顾客提供服务的,但是,本书对于承诺的引入,使得企业以虚拟社区管理者及引导者的身份出现在顾客面前。学术研究的角度从企业如何更好地为顾客服务转变为如何更好地引导顾客创造价值,这种观念及视角的转变,为我国学术界对虚拟社区感、承诺和知识贡献之间的经典研究进行了相应的补充和完善。

第三,本书聚焦于知识贡献这个结果变量,并采用综合的观点对知识贡献进行考察。本书采用了小米社区中的客观数值"知识贡献值"来对本书中的知识贡献进行测度,完善和丰富了国内外对虚拟社区中成员知识贡献的研究使用客观数据进行测度。在虚拟社区中,成员积极贡献知识是社区存续的关键。这一点不仅关系到虚拟社区是否可以吸引更多的顾客,也决定着企业对其的有效应用。知识贡献这一变量体现出顾客对于企业和品牌的智慧贡献,但这一变量的测量并不能完全依靠受访者的主观填写,会不准确,在既往的研究中,知识贡献的测量较多地依赖于受访者的主观判断,但事实上,李克特量表并不能准确地衡量出"知识贡献"这一变量。因为受访者往往都愿意把自己往好的一方面去想,从而很容易夸大自己对社区的知识贡献水平。近年来已经有学者开始注意到这种测量方法的不准确。通过理论梳理和文献检索可以发现,想要克服主观性过强这个问题,大体有两种方案:一是效仿绩效研究相关领域的方法,将因变量及前置变量的量表分问卷设置,由不同主体填写,例如,研究销售绩效时,可以将前置变量的问卷交由销售人员填写,而因变量销售绩效的问卷交由上级销售主管填写。这种方法可以保证收集的数据客观真实,但这种方法并不适用于本书,因为,首先,小米社区的用户与社区或企业管理人员并非上下级关系;其次,小米社区用户数量众多,即使是社区管理人员或是企业管理人员也很难对每一个社区成员的贡献做出明确的界定,所以本书并没有采用这种方式。二是直接收集客观数据,例如,有学者曾尝试使用发帖数、回复数等来对贡献值测量。本书采用这种方法的思路并更进一步,通过对小米社区的有效调研,最终确定从购买产品、发布精华回复、提交原创帖子、通过真人认证、完善个人资料、做论坛任务六个方面来确定贡献值,并对贡献值进行一定的数学处理从而得到最终的变量,这种方法能有效地从质量和数量上对知识贡献进行测量,克服李克特量表的弊端,并拓展了前人研究的思路,也为相关研究提供了借鉴。

第4篇
案例解析

第6章 耐克虚拟社区

6.1 选择原因

耐克作为全球首屈一指的运动服饰生产商,在运动服饰市场占有巨大份额,其品牌形象深入人心,在运动服饰类品牌中具有很好的代表性,而百度耐克贴吧作为国内最大的耐克网上交流平台,客观上为耐克消费者提供了意见交流场所,为耐克公司提供了收集消费者反馈、凝聚品牌粉丝、宣扬品牌文化的途径,是当前耐克公司网络宣传的着重点与落脚点。因此,将百度耐克贴吧作为研究案例,不仅能引起读者共鸣,而且能反映出研究问题的本质。

随着互联网的应用逐步深入日常生活,耐克公司也在推进网络营销的发展。迄今为止,百度耐克贴吧的关注用户高达数百万人,累计发帖数千万次,这在客观上为数据收集工作提供了保证。该平台为广大用户提供了产品信息发布、使用体验交流和购买心得分享的场所,发帖量大、信息更新快,使得用户有极佳的浏览体验,是一个典型的网络虚拟社区。在虚拟社区互动的过程中,用户产生情感承诺与算计承诺,强化群体归属感,提升使用体验,进而增加品牌忠诚度,并促使其主动在社区中贡献知识。由于体育服饰类产品的特殊性,客户的购买、使用和反馈能够帮助厂商迅速针对市场变化进行相关调整。为了有效获取消费者信息,该网络虚拟社区已成为耐克公司时下宣传的主阵地,为其凝聚消费者群体、增加顾客知识贡献。

6.2 案例简介

1947年,比尔·鲍尔曼从俄勒冈大学毕业并留校担任田径教练,在任教期间他结识了校友菲利浦·奈特。两人于1962年成立了"蓝缎带"(Blue Ribbon

Sports)公司,主营体育用品,该公司于1972年正式更名为耐克,并发展成为当下风靡全球的运动品牌。

比尔·鲍尔曼出身于贫苦家庭,生活上的挫折给予了他非同寻常的意志,多年的体育教练生涯也带给他对体育用品的敏锐直觉。菲利浦·奈特在获得工商管理学士学位后于斯坦福大学攻读工商管理硕士学位。系统的教育与学术过程,使奈特成为一位出色的管理类人才。在两位创始人的带领下,耐克公司不断前行着。

6.2.1 耐克品牌的生命周期

1. 孕育期

1971年,如今家喻户晓的耐克标志问世。一年后,蓝缎带公司正式更名为耐克公司。

2. 幼稚期

1973年,作为比尔·鲍尔曼昔日爱徒的史蒂夫·普利方坦成了第一个穿耐克运动鞋的田径运动员,他是全美2000米到10 000米跑纪录创造者。此举开启了耐克公司将体育粉丝、名人偶像粉丝与品牌粉丝相结合的道路。

3. 成长期

1978年,耐克国际正式成立。耐克鞋开始进入加拿大、澳大利亚、欧洲和南美等海外市场。1979年,第一款运用耐克专利气垫技术的Thaiwind跑步鞋诞生。第一条耐克服装生产线开始投入运营。

4. 成熟期

1980年,耐克进入中国,并在北京设立了第一个耐克生产联络代表处。之后,耐克秉承"Local for Local"(在哪里,为哪里)的观念,不仅将先进技术引入中国,而且全心致力于本地人才的培养,取之本地,用之本地,在中国取得了飞速发展。1996年,全资子公司耐克(苏州)体育用品有限公司正式成立并将总部设于上海,随后在北京、广州亦设立分公司,耐克在中国的市场网络不断发展。

2013年9月,耐克成为道琼斯指数成分股的新血液。自1990年以来,耐克就一直与美国GDP保持着极高的相关性,仅次于排名前五的强生、麦当劳、沃尔玛等企业。同年十月,Nike公司规划出未来的发展走向,发展关键领域为中国市场、女装运动系列和电子店铺这三个方面,制定出2017年实现360亿美元年收益额的目标。

6.2.2 耐克营销重心的转变

耐克帝国的建立、发展和繁荣，与其紧扣时代变化、直击消费者需求的营销重心和方法密不可分。从电视广告到运用明星效应、关注女性市场，最后发展为进行互联时代的网络社区宣传，耐克从未故步自封，不断对消费者和市场进行深入剖析，有针对性地调整品牌宣传的重心与方法，从而使品牌在长久的时间里始终保持市场竞争优势。

1. 倡导全民运动的电视广告

早期的耐克广告以杂志和报纸为主要载体，并将目标人群定位为体育行业的从业人员，以能够提升运动员成绩的优良技术作为卖点。此时，耐克的广告宣传受众较少且沟通属性不强。进入 20 世纪 80 年代，立足于全民运动的大环境，耐克决心进行市场拓展，在维持原有专业市场份额的基础上，希望在普通消费者市场实现突破。要将目标人群从体育从业人员扩展向普通家庭，就意味着耐克必须在不丧失原有市场的同时，获得更为广泛的认可。不同于传统专业市场消费者对产品性能的高度关注，普通消费者对于运动品牌的选择属性更加多元化、复杂化。因此，品牌文化和价值情怀成为耐克品牌宣传的重心。1986 年，这样一则电视广告诞生了，著名的甲壳虫乐队弹奏着《革命》，反叛激昂的旋律中，身穿耐克服饰的人们在汗流浃背地锻炼着。没有过多的言语，也没有对产品的介绍与推荐，一切都蕴含在旋律与图像之中。这则广告恰恰踏中了刚刚兴起的健身运动新潮，耐克品牌开始与全民运动这个元素联系起来，其品牌粉丝逐渐诞生于运动粉丝之中，耐克焕发出了不同往日的蓬勃生命力。也是至此之后，电视开始逐渐取代杂志报纸，成了耐克沟通广告的主要载体。

2. 令人追捧的传奇明星效应

作为开拓市场的主要突破口，青少年群体一直备受耐克公司的关注。新时代的青年群体，热爱运动，个性张扬，迫切希望得到尊重，充满梦想并且崇拜偶像。基于这一状况，耐克开始与一些体育巨星签订合约，其中就包括了乔丹、巴克利、阿加西和坎通纳等，这一传统也一直延续到今天。在广告片"谁杀了兔子乔丹"中，迈克尔·乔丹和另一个受人喜爱的卡通片角色巴格斯·本尼先后出现在片中。广告开始时本尼正在地洞中呼呼大睡，突然地面传来强烈的振动，本尼被弄醒了，它爬出洞一看，原来是四个人在玩篮球。本尼抱怨了几句，却受到了那些人的攻击，他们把本尼像球一样在空中抛来抛去，本尼大叫："这是与我为敌!"这时,飞人乔丹出现了,前来帮助他的卡通朋友,一场篮球大战随即开始……虽然在广告中我们很难找到耐克产品的身影,但是作为耐克品牌的代言人,乔丹本身就是一个符号,看到他便能想到篮球与耐克。正是通过这种方式,耐克电视广告显得更为有趣与耐人寻味,也容易给消费者留下更深的印象。

　　提到与体育明星的签约,我们就不得不提到 AJ(air jordan),这个为篮球巨星飞人乔丹而专门推出的球鞋子品牌。AJ 的品牌标志出自《LIFE》杂志在 1984 年奥运会时为 Michael Jordan 所拍摄的剪影,这个飞跃上篮的身影如今已成为无数青少年乃至成年人不断追求的梦想,成了他们成长生活中重要的一部分。最初,作为耐克的子品牌,AJ 并不为人所熟知,但是随着乔丹一步步踏上篮球界巅峰,AJ 也开始崭露头角。作为当年革命性的产品,AJ 曾因为违背统一着装要求而被禁止使用,但是乔丹却顶着每场高达 5000 美金的罚款继续穿它上场。就这样,凭借着优良的性能、出色的造型设计以及与篮球超级巨星的捆绑亮相,AJ 逐渐成了篮球界除了乔丹以外的另一个神话,越来越多的篮球超级巨星选择与耐克公司签约,一款又一款的联名战靴开始发售。耐克公司成功地把品牌与运动吸引力、名人巨星吸引力捆绑到了一起。热爱运动、热爱篮球的青少年们开始以拥有一双 AJ 篮球鞋,特别是与自己偶像同款的篮球鞋为荣。这种热爱与追求在青少年群体之中极快地传播开来,渐渐地,AJ 成了篮球男孩的代名词,成了篮球运动的符号。拥有 AJ、喜欢 AJ 的少年们开始自发地维护起该品牌,购买也从单纯的消费产品逐渐转变为了以收藏为目的的超常购买行为。于是,品牌粉丝开始出现了,他们植根于运动粉丝与名人偶像粉丝,这是耐克在营销领域上的一次开创性贡献。

　　不仅是在篮球领域,足球领域耐克也同样活跃。1998 年,巴塞罗那俱乐部就同耐克签订了第一份赞助协议,如今双方已经携手走过了二十多年。其间,巴塞罗那战绩彪炳,取得了 4 个欧冠冠军、10 个西甲冠军,由此,耐克也收到了足够的商业回报。2016 年 5 月 21 日,巴萨又宣布将延长同耐克公司的赞助合同。我们有理由相信,这一合作行为将持续下去,不断为耐克公司带来无与伦比的宣传力和消费市场。

3. 以情动人的女性群体宣传

　　耐克公司大步踏入女性市场的时间较晚,人们猜测可能与其引以为豪的突破性气垫技术主要针对男性有关。但是,耐克公司针对女性市场投放的广告难以置信的独具匠心、别具一格。广告创意方案的策划者 Janet 和 Charlotte 两女士采用自我审视的方法来了解女性的内心世界,以女人与女人的"对话"作为主要沟通手段。广告作品采用对比强烈的黑白画面,背景之上凸现的是一个个交织在一起的"不"字,广告文字富有情意,意味深长,语气柔和但充满一种令人感动的关怀与希望。"在你一生中,有人总认为你不能干这不能干那。在你的一生中,有人总说你不够优秀不够强健不够天赋,他们还说你身高不行体重不行体质不行,不会有所作为。他们总说你不行,你一生中,他们会成千上万次迅速、坚定地说你不行,除非你自己证明你行。"粗看之下,这段广告词丝毫不像耐克的产品宣传广告,反而更像女性的内心独白。正是从女性的内心世界出发,这段广告迅速击中并占领了女性消费者的心灵。此广告的大获成功加快了耐克公司在女性市场前进开拓的脚步,他们面向女性的广告依旧在不断推陈出新,借体育运动鼓励着女性自尊自强自信,追求美好生活的同时不断创造独属女性的社会价值。在收获满满品牌忠诚的同时,女性产品的销售额也在令人惊讶地增长着。时至今日,耐克已成为极为重要的女性体育产品生产商,也成了当今女权文化的重要支柱之一。

4. 移动互联时代的网络营销

随着网络的普及和发展,互联网成了当今品牌推广和产品营销的第一大渠道。网络营销是网络经济时代一种崭新的营销理念和营销模式,是指借助互联网、电脑通信技术和数字交互式媒体来实现营销目的的一种营销方式,是品牌向消费者传递商品、服务等价值的关键媒介,也是品牌管理消费者关系的重要渠道。新时代耐克的网络营销,主要是通过官网、虚拟社区和大型知名站点来实现的。

1) 基于官网的网络宣传

耐克拥有自己独立的门户网站,是一个集宣传、销售和讨论等功能为一体的综合性平台。进入耐克官网,琳琅满目的商品和运动的气息一下子便能调动起浏览者的兴趣。合理的分类使得耐克官网的结构更加紧凑,其商品按照如下几种分类方式供消费者挑选(如表 6.1 所示):

(1) 按照产品类别进行分类

消费者可以通过该种分类方式快速进入其所需要的专区,例如鞋类或者 T 恤专区,免去了无关商品的浏览时间,快速精准地挑选所需商品。

(2) 按照性别分类

消费者也可以按照性别进行检索,值得一提的是耐克官网还有男孩和女孩的分区,通过此种方法可以快速定位自己的群体,享受有针对性又目不暇接的购物体验。

(3) 按照颜色分类

耐克人性化的颜色分类方式,提高了消费者自行搭配全身服饰的便利性,相同或相近的色系可以使穿戴者给人耳目一新的感觉,彰显了个性,提高了消费者的消费乐趣。

（4）按照品牌进行分类

耐克拥有众多的子品牌，按照品牌进行分类，可以使消费者更快地找到自己所钟爱的产品，极大便利了品牌粉丝。

（5）按照运动方式分类

当今社会流行运动数目不断增加，按照运动的分类方式有利于消费者快速定位自己运动所需装备，同时也在无形中提高了消费者被该分类商品所吸引并进行额外购买的可能性。

（6）按照运动员分类

与大牌运动员签约一直是耐克惯用的营销手法之一，来到互联网时代后也不例外。购买偶像的球鞋如今已经成了一种重要的追星方式，AJ所推出的各大巨星的系列战靴就深受消费者特别是青少年消费者的喜爱，他们的购买行为多为以收藏为目的的超常购买行为。

表 6.1 耐克官网产品分类

热门推荐	鞋类	服装	经典系列	运动集结
人气热销	所有鞋类	所有服装	AF1	篮球
本月新品	休闲	上衣/T恤	AJ1	JORDAN
会员限定	跑步	短裤	DUNK	足球
折扣优惠	篮球	休闲裤	BLAZER	跑步
NIKE APP 专属尖货	拖鞋	连帽衫/卫衣	老爹鞋	健身/训练
	足球	外套/夹克	AIR MAX	网球
	健身/训练	紧身运动服/Baselayer	NIKE SPORTSWEAR	瑜伽
	Jordan	运动裤/紧身裤	ACG	滑板
	当季尖货	翻领T恤	NikeLab	电竞
		球衣		NBA
		配件		穿搭推荐
		包		情侣穿搭
		袜子		卫衣套装穿搭
		帽子和头带		潮流勾勾系列
		Apple Watch 手表/表带		
		球类		

同时，耐克网站有着优秀的订货、结算、配送功能。用户在挑选完自己心仪的产品以后，可以在线下达订单，并且使用任何当前主流的结算方式，支付宝、微信、信用卡等都在可接受的范围之内，这极大便利了消费者，傻瓜式的操作也激发了消费者的购买热情。同时，植根于中国优秀的物流行业，耐克中国的配送业务也值得称赞，通常不需几日便可将商品送到消费者手上。

耐克官网随时与各大体育赛事联动，网站首页时刻更新近期大型赛事的图片，营造着浓烈的体育氛围。

2) 基于虚拟社区的网络宣传

在以贴吧为代表的各类耐克虚拟社区中，耐克的品牌粉丝集聚一堂，相互分享着自己关于耐克产品的使用体验，在交流感想的同时增进用户群体之间的情感，这类行为给予了用户超越产品使用体验的心里满足以及自我实现。以贴吧吧主为例，他在百度耐克贴吧发布了大量的科普帖，相关内容包含鞋类的清洗与保养、各种鞋类的鉴赏与鉴别等，极大便利了新晋粉丝群体，使他们可以更快地融入耐克大家庭之中，迅速掌握各类耐克产品的相关知识，让耐克产品的点点滴滴融入日常生活之中。论坛的设立同时为线下交流提供了可能，通过论坛，品牌粉丝可以相约在线下进行聚会，互相展示拥有的耐克产品，交流使用经验。由于耐克的最新产品，特别是 AJ 的最新款，往往是通过限量抽签的方式进行发售，因此，相约抢购最新产品也成为线下粉丝交流的重要方式，他们一起排队、抽签、购买，第一时间分享入手新产品的喜悦，提高了内心满足感，增进了用户群体的凝聚力。正是通过这些论坛，耐克将用户紧密结合在一起，满足他们的各种需求，极大提升了产品销量与品牌知名度。

3) 基于知名站点的网络宣传

除了百度贴吧等虚拟社区外，耐克的网络营销还紧密依靠各类知名站点。此类站点浏览量大，知名度高，为网络用户所熟知。相较于小型站点的病毒式弹出广告，大型站点的广告投放更为规范，不易使浏览者产生厌恶感，进而增加其点开广告继续了解的可能性。作为世界最大的体育用品供应商，耐克没有争取奥运会的冠名权，而是将营销手段都放在了互联网上，在摒弃弹窗广告的同时，将针对奥运的产品宣传投放于腾讯、搜狐、百度等知名大站点，使得用户在平日浏览的过程中接受了耐克的大量信息。里约奥运开幕式当天，微信为耐克首次在朋友圈上线了原生推广页广告，和一般朋友圈广告的区别在于该广告取消了左下角原有的"查看详情"，用户只需点击外层图片，即可直接打开内层原生推广页，浏览更加流畅自然。同时，耐克将奥运广告也放到了体育明星身上，通过与体育明星的共同亮相,占据各大站点的首页,极大提高了自己的被认知度。

正是通过这多种方式的联合运用,在互联网日益繁荣的今天,耐克借助网络使得自己的知名度和市场占有量进一步上升,在赚取经济利益的同时,品牌形象也日益深入人心。

6.3 数据与编码

百度贴吧作为百度旗下独立品牌,是最大的中文社区之一,它立足于百度强大的精准搜索引擎,让志同道合的朋友可以就相同的兴趣点交流经验、发表观点。而耐克贴吧作为贴吧中首屈一指的大吧,自然吸引了无数耐克粉丝的加入,目前关注用户数量已达 3 052 699,发帖量也达到了 13 134 716 次,可以看出,无论是用户数量,还是用户的发言活跃度,都是令人惊叹的。于是本案例研究选择了百度贴吧作为研究的对象。

本章在开始研究前对数据进行了筛选。首先,对数据收集对象进行筛选,将耐克贴吧会员以等级为标准由高到低排序,仅选择前 1/2 会员的发帖作为初步的数据收集对象。其次,进一步对这些会员进行筛选,去除其中半年内活跃度低、内容质量差、帖子浏览量低的会员。最后,对剩余会员所发的帖子进行清洗,只选择内容质量较高且与研究相关性较高的帖子。

本案例研究在对用户和帖子进行筛选和清洗后,选择其中具有代表性的数据,又进一步对数据进行分析总结。具体按照以下步骤开展:(1) 初步分析材料,甄选材料中的语句。(2) 提炼语句关键词,刻画原始逻辑图。(3) 利用现有理论框架对概念进行归类。如表 6.2 所示:

表 6.2 内容分析类目

具体维度		论证材料
知识贡献	知识贡献	AJ 男鞋和女鞋的区别在哪呢? AJ 是 Air Jordan 的简称,NIKE 旗下的高端品牌,专门为乔丹所创立的品牌。"Air Jordan",这是 NIKE 为乔丹推出的名字。不仅体现出鞋子的科技工艺,也可以反映出乔丹打球的风格,AJ 不仅推出男鞋亦有女鞋款,但是在市面上 AJ 男鞋颇多,对于 AJ 女鞋款就略少,那么 AJ 男鞋和女鞋的区别在哪呢? AJ 男鞋和女鞋在鞋款的轮廓上是有区别的,一看就看得出,男鞋比女鞋的尺寸大,在外形上 AJ 男鞋挺括而霸气,女鞋款外形则秀

(续表)

具体维度	论证材料
	气,低帮鞋型的女鞋灵巧呈现,劲酷而质感十足的整体感受,为穿搭带来视觉上的平衡感,所以鞋子的外观是 AJ 男鞋和女鞋的区别之一。 在鞋子的风格,AJ 男鞋和女鞋都有复刻鞋款,但是女鞋较少,因为鞋款的代表人物乔丹,鞋子的款式本身就是依据乔丹而设定的,推出的 AJ 女鞋款极少,即使有也走的是复刻版,所以在数量和风格上,这也是 AJ 男鞋和女鞋的区别。 在耐克鞋款的技术含量上,男款和女款科技是有区别的,女鞋在性能方面上比男鞋款稍逊,毕竟 AJ 鞋款是为男性实战而生,在女鞋配置上也是依据女性的打球技术以及技能方面合理植入相应的耐克科技,所以 AJ 男鞋和女鞋的区别中也包含了男女篮球鞋的配置不同。 如何搭配耐克 AJ 运动鞋 第一双:耐克大闪电 大闪电是以黑色跟蓝色为主,所以造型都建议:以黑色跟蓝色作为主色调,比如用一件银色的羽绒马甲,拿来丰富造型层次感,这样看起来就不会显得单调。 第二双:耐克运动鞋——熊猫 黑白配色的熊猫,建议选用一条迷彩的束脚裤来搭配,而搭配迷彩,最适合的就是黑色。所以上半身可以用黑色的工装外套,来搭配黑色连帽卫衣,不信你们可以试试。 第三双:耐克黑绿脚趾 黑绿脚趾建议选用黑绿颜色的运动卫裤来搭配你的 style。上身可以选用绿色连帽卫衣来搭配鞋子。外搭建议用黑色工装外套,背后最好印有红色的格纹印花,那绝对帅气冲天! 裙子+运动鞋这款连明星们都抢着穿的搭配,时髦精的你,还不赶紧学上呢? 这款连衣裙,白色与红条纹的拼接,给人很时髦的感觉,个性的挖肩处理,露出部分手臂的肌肤,增加了裙子的看点,还巧妙地遮住你的粗手臂,展示出好看的手臂线条,不规则的下摆与腰身的字母印花的腰带相呼应,收腰显瘦的同时,还让裙子看起来更加时髦好看,夏天简单搭配运动鞋才是最时髦的穿法! 鞋子白边脏了难清洗 鞋子是我们每天必穿的单品之一,板鞋、运动鞋、皮鞋、高跟鞋等等款式多种多样。而在生活中越来越多的人喜欢穿运动鞋或者板鞋,穿起来轻松舒适,但是很多人都会遇到这样的烦恼,那就是鞋子白边脏了很难清洗。 鞋子的白边脏了非常难清洗,这成了大多数人很难解决的问题。其实不用担心,接下来教你这个小妙招,让鞋子白边轻松就能洁净如新,省时省力,非常实用。 首先,我们需要准备一个容器,之后挤入适量的牙膏,两双鞋子大概 1cm 即可,不用太多,根据鞋子的数量来定。牙膏内含有磨砂剂,具有很强的清洁力。之后滴入几滴风油精,紧接着倒入少量

(续表)

具体维度		论证材料
		白醋,再加入少量的清水搅拌均匀就可以了,然后再准备一个喷壶,将其全部倒入喷壶中。 准备一个废旧的牙刷,用喷壶将其均匀喷洒在鞋子白边的污渍处,然后用废旧的牙刷反复清洁白边处的污渍,没一会儿就可以将污渍清洁干净,最后用干净的抹布擦拭干净或者清水冲洗干净即可,非常简单。 软质棉布擦洗 在清洗休闲鞋的时候要用软质棉布来擦洗,如果蘸水都不能清洗掉污渍,可以蘸适量的洗涤剂来擦拭。在晾晒的时候也不能将其放在阳光下暴晒,这样会让休闲鞋快速老化,还会引起褪色、变形,要将鞋子放在干燥、阴凉的地方风干。 看一个人的品位只需要看他的鞋子就知道的,一个精致的人是不允许自己的鞋子脏脏的。
虚拟社区感	成员感	这双适合长跑嘛,平时 AJ 穿 42,这双穿多大,有没有啥跑鞋推荐?耐克官网的 75 折优惠没了?只有折扣商品满 1099 减 100 和 499 减 30 了,早知道早点下单了。之后到 11 之前还会有活动吗?
承诺	情感承诺	在大学,不可能会有一个人趴在地上盯着你的鞋看,看做工,看鞋型,看走线,没有这样的人。更不用说所谓的鞋盒、钢印、配件,这些东西没人看得到。 而你买了一双假鞋,如果这双假鞋仿制得好,知道这双鞋假鞋的,只有你本人。可能你会觉得,原来是这样啊,那我穿一双价格低的假 AJ,没人能看出来,我可以用这双假的 AJ 去冒充真的了,因为毕竟仿制得好,也没人能看出来,穿在脚上大家懂得人一眼能认出来,多值得。 可以,你可以这么做。谁都当过学生,谁都有没钱的时候,我在上中学和大学刚开始的那会儿,没赚过钱,唯一有的就是一点儿鞋,当宝贝一样,所以就特别珍惜,我虽然没有那些球星一样的篮球实力,不过也得到了运动品牌的一纸合同,所以可以体验到很多球鞋。那个时候鞋对我来说,一方面是日常的用品,我打球得穿篮球鞋,就像军人的枪,就像前座学霸姑娘笔袋里的铅笔橡皮,就像程序员手里的键盘一样。但是另一方面,我喜欢鞋,是因为我喜欢鞋而已。 可能和我一样喜欢鞋的朋友们,能理解我这句话的意思,每一双鞋设计的原因不一样,而侧重的层面不一样,NIKE 的鞋款里面,科比的鞋款敏捷又灵活,詹姆斯的鞋款保护好,缓震也出色,杜兰特的鞋款轻质也可靠,在早期更是非常经济的选择,HYPERDUNK 开启了团队篮球鞋的新世代,还引出了一批后续的 HYPER 系列……我喜欢每一双鞋,仅仅是因为它们上面有那些我追逐的科技,含义,还有帅气的样子

第6章 耐克虚拟社区

本案例研究在对贴吧相关帖子及其内容进行筛选、整理后发现,耐克粉丝在网上虚拟社区发布的帖子大致包括以下几项内容:产品基础信息科普、使用经验共享、产品需求传递、情感表达以及品牌维护等。一方面,这充分说明了耐克贴吧作为一个网上虚拟社区,对不同地位的消费者均产生有益价值。如对于潜在消费者而言,社区内容为其提供了一个快速、全面、客观了解产品的渠道,而用户信息分享相比于传统商业宣传,也更被消费者接受和信赖;对于新晋消费者而言,参与社区能使其快速融入固有消费者群体、增加产品使用体验、提升购物满意度等;对于品牌忠诚粉丝,参与社区有益于分享使用经验、增加相互的交流、获得展示自我的机会并借此进一步提升对品牌的责任感与承诺度。

另一方面,这也表明虚拟社区中的消费者互动对品牌亦产生积极影响。具体来说,影响主要包括以下两个方面:第一,辅助品牌宣传、激发购买意愿、增加产品销售。资深的用户群体在贴吧上发布了大量关于耐克品牌的基础产品介绍、使用方法以及鉴定方法等内容,有利于新耐克消费者快速了解产品,熟悉使用方法,良好的使用体验、购买愉悦感的分享能进一步激发消费者二次购买的欲望。第二,了解消费者需求、改进产品性能、实现共创价值。耐克消费者在贴吧上分享新鞋子的使用体验,提出对于产品的需求,也是在进一步创造价值。基于体育用品的特殊性,耐克厂商可以从贴吧虚拟社区中快速收集消费者对产品的使用体验,了解其需求,有针对性地研发、改进产品。而消费者则可以在分享产品的过程中不断展示自我,这是获得自我价值感知和他人认同必不可少的条件,是从品牌互动到自我认同的必由之路。同时,意见与建议被采纳,能够极大增加消费者的参与热情,促进情感承诺的产生,实现共创价值。

综上所述,本案例研究的侧重点为虚拟社区中成员情感承诺、算计承诺的形成对于知识贡献的作用。结合百度耐克贴吧,对其用户发表的帖子进行筛选、编码与分析,论证了构念之间的关系,即承诺作为中介变量,而社区运营模式起到调节效应。下文将具体探讨主效应、中介机制和调节机制的构建。具体论证模型如图 6.1 所示。

图 6.1 框架图

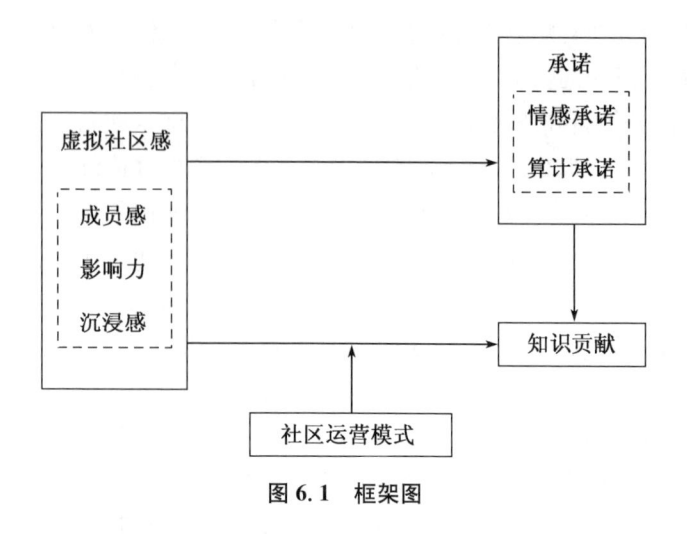

6.3.1 虚拟社区感与承诺的关系

在虚拟社区中分享或寻求知识的过程,会加深用户对于社区的归属感与成员感,使其更为主动地在社区中传播产品介绍、使用技巧、使用体验等信息。具有高成员感的用户,往往会发展出带有内部人身份特征的行为,例如以收藏、拥有为目的的超常购买行为,展现出对于品牌的归属感,会自觉去维护品牌形象,谴责购买盗版的行为。这种主动进行信息分享、社群维护的意愿,最终会发展成虚拟社区感,并伴随情感承诺、算计承诺的出现发展,进一步促进知识贡献。

值得注意的是,在贴吧发布的有关产品介绍、性能评析、穿搭说明的帖子,多来自耐克贴吧吧主、相关吧务及高等级活跃用户,这些资深的品牌粉丝,通过传授使用技巧、表达意见、分享收藏等行为不断提高自己在该虚拟社区中的影响力,进而成了社区成员中的重要人物,得到高声望等精神方面的奖励,这种奖励有助于此类用户形成虚拟社区感,从而保持对社区的高情感承诺水平。作为虚拟社区的意见领袖,其影响力超过普通贴吧用户,在分享观点、表达意见的过程中,更容易获得其他成员的认可与赞美,这有助于提升资深品牌粉丝参与的热情,更多为社区做出知识贡献。影响力越大的虚拟社区成员,由于精神上获得的巨大成就感,更容易产生对虚拟社区、耐克品牌的依恋,由于这种影响力与其所在的虚拟社区是绑定的,一旦离开耐克贴吧这个虚拟社区,其影响力会大大消减乃至消失,因此,高影响力用户有着更高的算计承诺倾向,为了维系其社区内部的高影响力,会主动进行知识贡献并且维护社区环境。

6.3.2 承诺与知识贡献的关系

只有拥有共同目标，拥有对相同组织的认同时，人们才会更愿意与他人分享信息，这是情感承诺对知识贡献的促进作用。而贴吧虚拟社区正提供了这样一个平台，用户在平台中发表自己的观点，与其他用户交流使用体验，阐述对品牌的喜爱之情与对未来产品的期望，这在无形间不断拉近用户个体之间的距离，使得用户群体更加凝聚化，进而对虚拟社区产生情感依恋、态度倾向以及参与意愿，情感承诺由此产生，相应用户群体因此更愿意为虚拟社区及产品品牌的利益付出努力。同时该群体倾向于与虚拟社区保持长期稳定的关系，接受并认同社区的价值观和目标。由于离开相应社区将会失去已投入的情感与获取的人际关系，算计承诺不可避免地产生了。情感承诺、算计承诺的出现，激发了用户在社群内分享信息的欲望，随着时间、精力的投入，对于分享信息的平台、抒发观点的品牌产生进一步的依赖，相应承诺不断加深，这种循环往复会不断加大用户在社区中接收、分享信息的意愿与乐趣，即推动了用户群体在虚拟社区中的知识贡献。

6.3.3 社区运营模式的调节作用

与耐克官网不同的是，百度耐克贴吧的实际拥有者为百度公司。百度基于整体经济效益对耐克贴吧进行运营，忽视其对于耐克消费者长久的凝聚效应与情感培养。短期效益的提高带来的是吧主无序更换与贴吧内推广帖泛滥，耐克贴吧的粉丝氛围与交流热度在一定程度上出现了衰退。假货广告帖、水帖的比例逐渐增多，导致了整体贴吧内容性、可浏览性的持续下降，新产品购买者和低等级用户对在该社区中进行情感分享、经验交流的欲望降低，进而导致耐克贴吧真实活跃度、有效帖子数量的不断下降。在这样的情形下，坚持进行产品交流、心得分享、情感抒发，努力维护社区氛围，团结已有用户群体的，大多为已经加入社区多时的高等级用户。与低等级用户群体相比，这类贴吧用户已投入大量的时间、感情在耐克贴吧之中，拥有较高的社区影响力，嵌入程度高，情感承诺与算计承诺的程度也相对较高，为了避免社区解体进而失去交流的途径和已有的影响力，因此，会在更大程度上，持续进行知识贡献以努力维系虚拟社区的氛围，不断吸引新鲜血液的加入。而从整体来看，虚拟社区的实际运营方与品牌所有方之间的冲突，会导致虚拟社区氛围变差、实际活跃人数下降、交流质量降低等一系列后果，在很大程度上抑制用户知识贡献的行为。

因此，我们得出结论，依附于耐克贴吧产生的虚拟社区感会增进用户群体的情感承诺，增加其在社区中知识贡献的可能性与力度。与此同时，相应用户算计承诺的增加，也会提高知识贡献的可能性。而虚拟社区实际运营方的不作为，在很大程度上会干扰虚拟社区感、情感承诺和算计承诺的产生，进而压制知识贡献。

6.4 案例总结

综上所述，耐克公司紧跟甚至引领了时代潮流，宣传手段从最初的面向专业体育人士的报纸刊物宣传，到面向大众的电视广告，最后发展为以虚拟社区为核心的网络宣传。从宣传产品性能，到宣传产品精神文化内涵，最后变为以网络粉丝为核心的，基于热爱的品牌宣传，这一路走来，网络虚拟社区成了耐克公司如今宣传的落脚点。

虚拟社区迎合了当前互联网的大时代，方便快捷，人们通过手机等设备可以随时随地登录浏览，信息的获取无须借助报纸、电视等工具，可以说，浏览虚拟社区成了当前许多年轻人打发时间的主要方式之一，浏览帖子、回复发表观点也成了主要消遣行为之一。耐克百度贴吧为大量耐克品牌粉丝提供了集聚地，在这个平台上，耐克用户自由地展示自己所拥有的产品，在分享使用经验、购买体验的同时，也在创造着自己的价值。相应虚拟社区中的产品购买者，通过与他人的沟通交流，不断提高购买的满足感以及对于品牌的认同感，最终发展成为品牌的忠实粉丝，他们的消费行为将突破使用价值的范畴，变为以收藏、拥有为目的的行为。此类消费者多以品牌内部人员自居，在虚拟社区中主动维护品牌的利益，对品牌进行宣传，抵制购买仿造伪劣产品，敌视竞争品牌。社区中出现的关于产品保养、使用经验、新品介绍的分享帖便是最好的例证。这在一定程度上为品牌新消费者提供了便利，使他们能在很短的时间内了解所购买产品的使用方法、新产品的推出情况，更好地去使用已经购买到的产品，获得良好的使用体验，从而更快地融入品牌粉丝这个集体之中，主动进行知识贡献，进而形成一个良性的循环。

传统的基于广告的宣传，逐渐转变为这种以人到人、群到群为模式的推广方式。同时虚拟社区为线下的集会提供了便利，同一品牌的爱好者，能够在虚拟社区中组织相应的线下集会，以地区为划分，从虚拟到现实，让大家能够面对面地分享产品的使用心得、购买产品的愉悦体验、对未来产品的购买需求,这也进一步加深了品牌粉丝之间的交流沟通,使得粉丝得到他人认可的内心需求进一步得到满足,在产生虚拟社区感的同时,也不断加深对品牌的情感承诺与算计承诺,这反过来也促使品牌粉丝进一步在虚拟社区中分享经验、贡献知识,努力维系、建设所在的虚拟社区,主动与新人进行交流,引导其加入团体,这同样又是一个良性循环。正是这样两个良性循环,使得虚拟社区在品牌文化的塑造、品牌粉丝的发展上起着越来越重要的作用,显示了逐渐替代传统宣传媒介的趋势。但是值得注意的是,运营方的不作为将会在很大程度上打击虚拟社区的繁荣,抑制用户进行知识贡献的行为,因此需要品牌拥有方与实际运营方进行有效沟通,为虚拟社区的良好发展提供稳定的外部环境。同时虚拟社区可以带来更好的体验、发挥更大的作用。

第 7 章　哈雷虚拟社区

7.1　选择原因

  本书主要立足"互联网+"背景下营销关系管理的时代特色,探讨虚拟社区感、承诺和知识贡献之间的关系。哈雷戴维森(以下简称哈雷)虽然是一个具有百年历史的品牌,但在互联网快速发展的冲击下,如何赋予品牌新的价值——网络互动感与品牌年轻化,如何实现转型发展,成为哈雷面临的现实挑战。哈雷为应对这一挑战而建立的品牌社区与本书的观点不谋而合,因此,我们选择哈雷作为案例研究对象。

  步入 21 世纪,此时的哈雷已成为高端机车的代名词,哈雷的"HOGBOYS"也经常举办线下活动,看似风光的哈雷,其实背后却隐藏了一个巨大的发展问题,即:其最初的消费受众已从青春少年变成了年过半百的老人,而哈雷潜在的消费者——新一代的年轻人却成长在互联网的背景下,无论思维方式、消费习惯,还是价值观念都发生了巨大的变化。根据 2007 年这一转折年份的数据显示,哈雷的奢侈品战略使哈雷摩托车的售价不断提升,但是哈雷的北美市场消费群体却不断萎缩,到底是售价过高还是消费者不认可?基于此,哈雷做了大量调查,发现是消费群体的生活方式发生了根本性变化,哈雷的品牌形象已难以适应消费者的价值追求。面对这一现状,哈雷在进军亚洲市场时采用了针对性的网络化营销策略——创建品牌社区以激活市场潜力、增强消费者参与价值。基于此,哈雷品牌中文社区——"爱卡汽车哈雷帮"于 2008 年成立,经过十余年的发展已成为国内最大的哈雷爱好者交流分享平台,这一战略也为哈雷亚洲市场的发展带来了巨大的活力。

  首先,从哈雷的发展历史来看,哈雷的成功转型完全契合本书内容。其次,爱卡汽车作为中国汽车第一社会化网络互动媒体,拥有全球最大的汽车主题社区。自爱卡汽车开通哈雷社区论坛以来,该社区已发帖上万条,每条浏览量上万次。因此，哈雷社区能够提供充足数量和符合主题的数据。再次，从哈雷帮社区成立的时间来看，当时哈雷品牌正处于成熟期阶段，哈雷转型符合时代发展和技术普及的需要，在线虚拟社区的成立不仅满足顾客需求、加强了顾客忠诚，而且能够促使消费者为品牌提供残余价值。基于互联网技术基础上的社区发展、建立在顾客参与基础上的关系营销和网络口碑价值共同构成哈雷品牌网络营销转型的重要基础。哈雷社区成功地将哈雷品牌文化赋予了年轻、自由的特质，使得哈雷在亚洲市场获得了前所未有的成功。综上所述，我们从哈雷的发展历程出发，立足移动互联时代消费者需求和市场发展的变化，来探索其通过虚拟社区联通品牌-消费者关系并实现互动价值的内在机理。

7.2 企业介绍

在摩托车历史发展的长河中，哈雷的身影无处不在，哈雷在某种程度上已经是摩托车文化的代表者和先驱者。哈雷经过百年的发展，深深影响着几代人的成长与记忆，对于他们来说哈雷不仅仅是摩托车，而且还是自由、激情、独立意识以及美好时光的代名词。然而我们中的很多人可能只听过哈雷这个名字，或只是见过哈雷的摩托车产品，但是了解其品牌背后的发展历史故事的人却屈指可数。本章的开始将先带领大家了解一下哈雷的发展历程以及哈雷品牌文化塑造的整个过程。

7.2.1 哈雷的诞生

一百多年前的美国高速公路并不像今天这样普及，鹅卵石道路、沙砾泥路构成了美国早期道路交通的全貌，而马车、自行车是大家出行的主要交通工具。随后，第一次工业革命的发展促使汽油驱动型交通工具的出现，这不仅改变了人们的出行模式，也激发了一些年轻人的创造力，其中就包括年轻的威廉·哈雷和阿瑟·戴维森。制造一款汽油驱动、方便酷炫的机动车成为他们的梦想。非自动化生产的局限等使这一梦想面临着重重挑战和困难。然而，两位年轻的创业者并没有轻言放弃。经过两年的试验，他们终于制造出了第一台发动机并将其应用在自行车上，但是由于动力不足，只能对发动机进行重新设计。后来又经过大量试验，他们终于造出了第一辆真正意义的摩托车。虽然这辆车的配置极其简单，但在当时来说，这辆车的历史价值是巨大的。它不仅标志着人类交通历史的新时代，同时也预示了一个令全世界摩托车迷为之疯狂的品牌正在萌芽。

7.2.2　品牌的崛起

在第一辆车量产后，公司的生产订单并不是很多，直到 1905 年，一位车手驾驶哈雷机车在比赛中获得了第一名，从此哈雷机车声名鹊起，获得了一大批订单。后来，哈雷公司就不断参加比赛，并创造了多项比赛记录，哈雷也逐渐成为值得顾客信赖的品牌。当人们还在关注机车可靠性的时候，哈雷就已经走上研发的道路，并于 1909 年，推出了第一款 V 型双缸发动机。不仅动力上得到了巨大提升，而且也代表了当时机车发动机制造的最高水准。从此政府和各大公司相继成为哈雷的顾客，这对哈雷的发展起到了重要的促进作用。

在哈雷的发展历程中，产品和顾客是其始终关注的两大方向。可以说，哈雷的成功不仅取决于制造工艺的改进，而且依赖于对顾客关系管理的高度重视。1914 年，为了更好满足顾客需求、实现品牌价值，哈雷开始生产机车周边产品，哈雷将哈雷·戴维森的字样印在了各大球衣、高领绒衫甚至女士外衣上，这也成为机车产品生态的最早雏形。至此，哈雷品牌已经突破产品价值本身，成了时下年轻人生活方式和价值观念的象征。

7.2.3　荣耀的"HOGBOYS"

哈雷历经风霜，于一战后进入品牌稳步发展时期。哈雷车队在各类比赛中屡创佳绩，创造了无数令人望而却步的记录。以"HOGBOYS"著称的哈雷车手荣耀了一代人的记忆，也进一步赋予哈雷品牌不断超越的精神价值。令人荣耀的赛事成绩不仅让哈雷精神深入人心，而且进一步拉近了哈雷和消费者之间的心理距离，使 HOG 成为凝聚全球摩托车迷的符号。时至今日，HOG（哈雷车友团）已经发展到全球各地，拥有超过 110 万 HOG 车友。

伴随着移动互联技术的发展，HOG 依然是哈雷的精神象征。哈雷针对亚洲市场打造的哈雷虚拟社区依然随处可见 HOG 的身影，更是成了哈雷文化的传播中心，在这里我们可以看到全国各地的 HOG，穿着哈雷的服饰，驾驶着哈雷摩托车，在这里讨论关于哈雷服饰、机车改造、线下集会、新车发布等话题（图 7.1）。这些渠道的宣传和各大广告的曝光都使得哈雷的品牌文化得到有效的传播，这是哈雷发展史上又一大重要战略。

图 7.1 哈雷重庆 HOG 六周年

7.2.4 "贴近顾客"的经营理念

　　HOG 最初是由车主自发形成的，哈雷并没有意识到车友社区组织的巨大力量，直到美国经济危机的爆发。股市崩盘、银行倒闭、工厂关闭以及工人失业给哈雷带来了巨大的考验，这些都迫使哈雷的管理者以及经销商们不得不转移工作重点。就在此时，他们关注到车友聚会对品牌推广的促进作用。因此，哈雷提出"贴近顾客"的经营理念，通过骑行活动传播驾驶摩托车的乐趣，并且维持顾客对品牌的忠诚和参与度，起到口碑相传的效果。可以说，哈雷百年不衰的一个秘诀，就是始终能够激发顾客的激情，让摩托车成为他们生活中的一部分。

　　而下一个百年的开始，哈雷也不忘"贴近顾客"，打造虚拟社区，促进顾客互动，加强对车友会的宣传；同时提出未来定制机车计划，哈雷可以根据顾客要求进行定制，提供个性化配件、机身颜色、机体涂鸦，甚至可以毫不夸张地说："世界上没有两台哈雷是完全一样的。"同时虚拟社区的上线帮助哈雷进一步加强与顾客的联系（图7.2），以 2018 年哈雷新车发布为例，哈雷的五大车系浏览量达到了 30 万+，为新车发布制造话题，提高了产品的曝光。不管是哈雷对品牌社区的打造还是机车定制计划，都充分体现了哈雷对顾客的高度重视。哈雷明白真正能在危难时刻挽救这个品牌的正是它那庞大的顾客群体。

图 7.2　哈雷官网

7.2.5　独特的品牌文化

除了关注顾客以外,哈雷还十分注重品牌价值的塑造。众所周知,美国是汽车制造大国,福特和凯迪拉克是美国赫赫有名的百年企业。20 世纪初期,汽车并不是每个人都能消费起的产品,直到生产装配流水线的发明,汽车才得到迅速推广。汽车普及对摩托车销量产生了巨大冲击。但摩托车也有其独特的魅力——驾驶的速度与刺激,注定它是属于冒险者的世界。骑手们曾经十分生动地描述道:"与乘坐轿车相比,在摩托车上可以更加真切地接触到我们周边的世界。我们的感官不断被各种事物刺激着——常青树、刚刚割下的青草和海风中的阵阵清香。我们可以感受到发动机的强烈脉动,风从脸上划过。每次在路上飞驰,我们都可以感受到温度的变化。我们看到和感受到的每一件事物都触手可及,真真切切、纯纯粹粹。"

战争期间,哈雷成为美军摩托车的专门供应商,它们陪伴着美国大兵冲在战争最前线,成了美国大兵最亲密的战友。战争结束后,不少美国大兵都成了哈雷的忠诚粉丝。对他们而言,哈雷不仅仅代表了爱国主义,还代表了与他们出生入死的战友形象。其中几个最鲜为人知的事件就是:1918 年,在一战停战协议签订的第二天,协约国阵营的罗依·霍尔茨下士驾驶一辆哈雷军用摩托车第一个进入了德国的领土,使哈雷摩托车也成了这一历史时刻的见证者;二战结束后,由美国退役士兵发起的地狱天使摩托俱乐部成了美国退役军人的精神寄托,他们穿着带有飞行员徽章的飞行夹克,骑着军用哈雷摩托车,追寻自由、追寻自我、宣泄情绪,成了美国自由文化的缩影。

7.2.6 文化传播

1. 公路拉力赛

哈雷是美国历史文化发展的重要见证者,在历史长河中,我们可以不难发现哈雷的影子,正是这些"影子"才使得哈雷在美国甚至世界获得了更多的关注与认可,其中 66 号公路拉力赛就备受人们的关注。66 号公路被美国人称为"母亲路"。它修建于经济大萧条时期,为当时的美国提供的了上万个就业岗位,成了他们维持生计的重要渠道。对于哈雷的骑手来说,66 号公路承载着他们的激情和梦想,更是他们挑战自我的重要场所。他们往往独自骑行或者两三结伴,仿佛 66 号公路上一座座移动的坐标,形成了独特的哈雷骑行文化。从 1938 年开始,每年的 8 月份都会有大量的哈雷爱好者不约而同地在这里集合进行摩托车拉力赛。

2. 关注女性

除了拉力赛,每年的二月底或者三月初,美国佛罗里达州代托纳海滩会聚集数十万哈雷骑士们,他们在这里举办赛事、开车展、摇滚乐会、进行摩托车及其配件交易等一系列活动,每年会有超过 50 万的爱好者参与其中。随着社会的进步,女性地位不断提高,哈雷也越来越关注女性骑士对品牌文化的影响,因此哈雷也举办了一系列的女性哈雷骑士活动。在 2011 年的代托纳摩托周上,哈雷品牌创始人之一威廉·戴维森的曾孙女卡仁戴维森也驾驶着哈雷摩托车来到了现场,以自己的行动来鼓励越来越多的女性加入此行活动之中。在哈雷社区中,很多女骑士也成了社区的重要成员,她们经常分享自己的驾车旅行,服饰穿搭,其中名为"心情一路飘红"就是女骑手的重要代表之一。她发出的帖子在社区中引起了广大关注,到 2021 年 4 月,她已发表帖子 37 327 条,关注度也达到了百万级。女性已成为哈雷品牌文化不可或缺的一部分。

3. 哈雷社区

2008 年,哈雷正式进入大陆,它又以一副全新的姿态站在了公众面前。哈雷成立了中文论坛——爱卡汽车哈雷帮,是国内最大的哈雷爱好者交流分享平台。在平台上线的第一时间,很多车迷都加入其中,现在都成了社区元老级成员,他们经常活跃于线上,维护社区、组织活动、分享线下精彩活动、发表机车改装心得和技巧,为他人解决问题。哈雷也借此"贴近顾客",了解顾客需求,推广新车发布等。HOG聚集于此,不仅在这里找到了归属感,实现了自身精神的升华,也成为哈雷坚定的忠诚者与推广大使。

110年来,哈雷不仅在服务理念上坚持传承,同时HOG也用自己的行动传承哈雷的骑士文化。每一辆哈雷的背后都代表了一段专属哈雷故事。哈雷这一价值符号也成了很多人对自由、激情以及梦想追逐的方向,或是对大自然的向往,或是对强大动力的追求,哈雷始终都在不遗余力地把人们的期盼变成现实,同时也鼓励人们不断向前。

7.3 数据编码与分析

7.3.1 数据来源

爱卡汽车成立于2002年8月,是中国汽车第一社会化网络互动媒体,拥有全球最大的汽车主题社区。爱卡汽车于2008年1月开通了哈雷社区论坛,从哈雷帮社区成立的时间来看,当时正处于哈雷品牌的成熟期,全球已经有大量的哈雷粉丝在线下进行定期活动。但此时的哈雷也遇到了发展瓶颈,其中最大的困境就是面临消费群体老龄化问题,哈雷品牌年轻化迫在眉睫。2007年,尽管哈雷公司的奢侈品战略使哈雷摩托车的售价不断提升,但是哈雷却不得不面对北美市场消费群体萎缩的状况。据统计,1980年哈雷摩托车的拥有者平均年龄为25岁,而到2002年,它的多数购买者却是年过半百的消费者。与此同时哈雷的奢侈品战略在亚洲市场也取得了不俗的成就。面对消费群体老龄化和北美市场的萎缩,哈雷的下一个出口又在哪里?面对亚洲庞大的消费群体,奢侈品战略能否支撑哈雷的持续发展?

互联网社区的快速发展,或许是哈雷需要的答案。哈雷迅速抓住机会,成立在线虚拟社区,挖掘年轻顾客群体,注重顾客需求,在产品中不断融入年轻化元素,同时加强了顾客忠诚。在维护顾客的同时,也加强了对品牌的宣传和口碑建设。现在哈雷社区已发帖上万条,每条浏览量上万次(图7.3)。与此同时哈雷也于2009年到2012年,开始了工业4.0转型升级之路。由大规模生产向大规模定制转变,哈雷的在线定制也是未来工业的变革之路。

图 7.3　哈雷社区论坛

从哈雷发展历史来看,我们发现哈雷的线下社区由来已久,虚拟社区的成立也将其活动方式由线下逐渐转向线上。综合考虑爱车帮的数据可得性和社区知名度,本案例将该虚拟社区作为数据收集的主要渠道,并据此分析哈雷发展历程中虚拟社区感、承诺和知识贡献之间的关系。

7.3.2　数据收集与编码分析

在之前的文献梳理工作中,本书将虚拟社区感定义为成员感、影响力和沉浸感;承诺分为情感承诺和算计承诺;知识贡献则通过知识贡献的数量和质量来表示。本案例研究遵循上述定义,并作为数据筛选的理论前提。

具体来说,本章的研究思路如下:首先,对该论坛的模板进行划分,总结出该论坛的主要功能和社区成员活动的主要方式;其次,对论坛中的成员进行筛选(以成员的发帖量和等级作为参考依据),并选出 15 位高活跃度论坛成员作为研究对象;最后,从他们帖子中挑选与本案例研究相关性较高的内容构建最终的案例数据库。

通过"背靠背"数据整理与分析,我们发现,哈雷网络论坛的功能主要包含以下几项:活动纪实、经验分享、问答解疑、车展品牌活动、二手车交易等。而社区成员的参与模式主要有分享活动、抒发情感、发表驾车体验以及使用经验等。以2021年4月哈雷社区数据为依据,通过对论坛成员等级和发帖量的排序筛选,确定包含版主、高等级会员在内的10位成员作为案例分析的数据来源,具体如表 7.1 所示。

表 7.1　论坛会员信息及其发帖数

会员 ID	会员等级	发帖数
山与海的对话	版主	5880
心情一路飘红	实习版主	37 327
立马傻眼了	本站元老	3360
四眼大飞	本站元老	1781
哈雷宝贝	白金长老	3117
harley-wang	白金长老	2320
jackey_cheung	黄金长老	1877
四交钱	黄金长老	900
石豆豆	黄金长老	333
北京面团	白银元老	2965
……	……	……

随后,我们进一步对用户的帖子进行主题词划分和关键词提炼,首先剔除与本书内容完全不相符的数据,进而根据浏览量以及内容的关联程度,从中选出最具代表性的帖子作为案例研究的数据库。在数据库构建完成以后,本章遵循案例研究的步骤,并对数据进行编码分析。具体操作步骤如下:(1) 初步挖掘材料,找出与研究方向相近的语句;(2) 提炼关键词,并根据研究框架进行构念归类;(3) 推演构念间逻辑并检验研究框架。具体的编码分析结果如表 7.2 所示。

表 7.2　虚拟社区感对知识贡献的正向影响分析类目

概念		证据材料
社区感	成员感	心情一路飘红:12月18日受邀参加了2020爱卡全国版主大会暨俱乐部年度盛典,这次又见到了很多老朋友,认识了新朋友。汽车兴趣社交是个很有意思的事情,没有年龄限制,与性别无关,也不论贫富贵贱,选择自己喜欢的一种生活方式。展现特立独行的姿态,感受汽车文化碰撞带来的共鸣,沉浸于同频且相互理解的氛围。快乐很简单,只是见面聊聊车而已……
		石豆豆:正时重机会已走过六个春秋了,在这期间我们收获了快乐也欣赏到了美景更加深了我们兄弟间的友谊。愿越来越好
	沉浸感	心情一路飘红:回忆了一下,从07年1月注册爱卡,08年当重庆分会的斑竹,发帖800多篇,精华130多篇,不少帖子上了爱卡首页,在这里结识不少志同道合的好朋友,获得了"09年度优秀版主"称号和"最佳版主搭档"称号,爱卡留给我的都是满满的美好记忆。
		山与海的对话:2009—2019青岛 HOG 十年,老郭、阿云、老艾、波哥、陈岩这些名字都意味着一公里一公里的骑行,一瓶一瓶的酒,一首一首的歌,一段一段的兄弟感情。他们基本是我在青岛的代名词,家一样的温暖。珍惜,祝福,再出发!
	影响力	心情一路飘红:在哈雷帮论坛中发表了一篇名为愿所有人平安的帖子,截止到2020年2月1号,浏览量达到35万+,回复帖1万+,可见其在社区的影响力。
		心情一路飘红(转发 HARLEY-WANG):山魈复古。S&S拳头发动机、BAKER变速箱、PRIMO离合器、标准的软尾车架、36年复刻的弹簧头、水纹胎、轮子的辐条都是一根一根调整过的,剩下的你看到的都是我做的,没错自己做的。所有的配件都是新的,我做旧成目前的样子,设计了透明的机油壶,用了60年代火车上的烟灰缸,60年代美国的水暖配件作为进气,锂电池,自己焊接的排气,头灯上面的护栏也是手工焊接的,脚踏等一些小东西也是自己设计焊接的,总之弄下来费力不少,很好玩,手工的痕迹有时候也是一种美。 评论 a:强,已经脱离模仿 zero 的阶段了,真的很强大。 评论 b:离合线需要重新走一下,否则会被排气烫到。 评论 c:哈哈,够味道不过刹车感觉有点不协调,还有排气尾端。
承诺	情感承诺	心情一路飘红(转发):2020年7月15号,发表了一篇名为《多想在平庸的生活拥抱你》的文章,讲的哈雷车友一天平凡与不平凡的生活。同时她讲道:"任间山转水长,风雨琳琅,总有可亲的灯,照亮我们远方的长路,总有热心的人,记住我们匆促奔波的脚步。请带上一颗平常的心,得到时,好好善待;失去时,坦然面对。愿繁华落尽,心留余香,年华流转,青春未央! 愿秋风不燥,岁月静好! 愿这一生,你我不负归期,平安到老!"

(续表)

概念	证据材料
	心情一路飘红(转发四眼大飞):这两天会有很多骑士来大连这个美丽的沿海旅游城市参加活动,那是一个什么活动呢? 当然我随后会告诉大家,现在请允许我卖一个小关子,对我个人而言,每一次骑行都会有不同感受也会有不同的领悟,随着公里数和岁数的同期增长,阅历和经验也在不断积累,认识不同的人和不同的张扬着每一个车主的个性改装车,我都是乐此不疲的享受着,每次听到好多机车一起轰鸣的声音,我的血液就像烧开的热水一样沸腾,我想这应该就是男人的本色。
知识贡献	心情一路飘红(转发赛友):05年的1200改的零式车,化油器用的是日产品牌米库尼的。由于多次拆装与调整,化油器需要更换,请高人指点,购买什么型号的化油器合适? 还有就是化油器适用于哈雷的所有车型吗? 评论a:用 S&S 的化油器 评论b:化油器可以修好
	心情一路飘红(转发四交钱):官网这样写道:你有没有想过停车时挂着档松开离合器手柄而不用担心失速? 你只需更换 Rekluse 离合器套件,就可以保持在当前档位上,只使用油门和刹车来控制车的前进与停止了。不需要频繁的切离合,这简直是堵车利器啊,自动离合的哈雷,和自动档小踏板差不多喽。当然还是推荐使用离合杆来手动换挡的,只是在不经意间释放左手⋯⋯ 特点和优点:在不使用离合器手柄的情况下挂挡起步和停车;离心力激活离合技术可自动防止发动机憋熄火;较低的工作温度可以延长离合器组件使用寿命;保留原有离合手柄的标准功能;可以不动离合手柄下换挡(建议使用离合手柄换挡);不用修改原厂配件。这是核心的压盘,通过离心力甩出配重块,同时它带动滚珠产生压盘厚度的改变,从而实现自动离合。组合后的那六枚金色弹簧替代了原车的离合压簧,套件附带3色弹簧,蓝色为加重压簧,金色标配为超加重压簧。据说离合手柄用起来会很重。但是有自动离合了,还用在意这个吗? 嘿嘿。其他为相关视频教程及说明,我们只聊技术,玩的就是技术,欢迎留言! 下次再聊。 评论a:实测感受如何 评论b:跟着看看

第 7 章　哈雷虚拟社区

☆==愿所有人平安！哈雷论坛打卡专用贴（2月8号前）

心情一路飘红　　35.8w+ 浏览　1.1w+ 评论　2020-02-01 18:52:13

收藏 19　　推荐

1楼　2020-02-01 18:52

如题，愿所有人平安！！
开仓放粮，每人每天限两楼，2月8号截止。

【大家都配合一点，再坚持几天，2月8号将是一个重要节点】在前线工作着的医务人员，用生命在为我们打仗。大家不要因为无聊，就往外跑！一个两个三个都抱侥幸心理，有可能前功尽弃！这个难关能不能快速渡过，不是靠医务人员，而是靠我们自己，每个人都不出门，就能尽快截断传染途径。到了躺着也能为社会做贡献的时候了✌✌

图 7.4　影响力

7.4　案例分析与模型检验

本书的主题为虚拟社区感、承诺对知识贡献的具体影响。本案例结合哈雷品牌社区，对社区用户发表的帖子分析筛选，然后对相关的材料进行编码论证，通过具体材料进一步论证这三大构念之间的关系。即虚拟社区感对知识贡献的主效应，其中承诺起中介效应，而社区氛围对上述关系具有调节作用。具体论证模型如图 7.5：

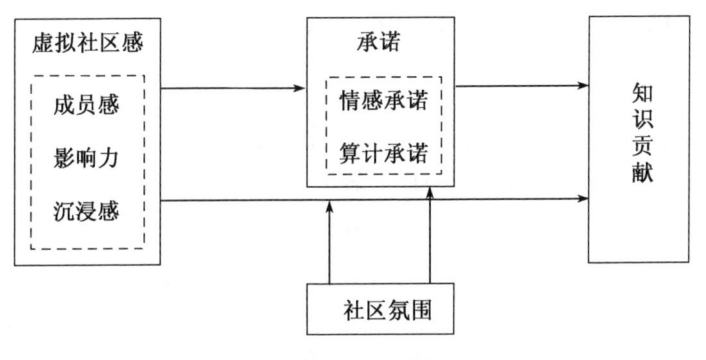

图 7.5　框架图

7.4.1 虚拟社区感

哈雷社区的开通,帮助车友们打破空间的局限,扩大了社交范围,让车友能参与到更为丰富的线下聚会之中,帮助更多的哈雷成员找到了组织,无论你是一位多年活跃于线下的哈雷迷还是刚购车的新人,都可以通过哈雷帮快速找到有着共同爱好的车友以及本地的线下组织。哈雷帮成员有着极强的虚拟社区感,具体论证如下:

成员感:在这里成员之间相互沟通交流,分享自己的故事,正如一位朋友说道:"在这里我见到了很多老朋友,认识了新朋友。汽车兴趣社交是个很有意思的事情,没有年龄限制,与性别无关,也不论贫富贵贱,选择自己喜欢的一种生活方式。展现特立独行的姿态,感受汽车文化碰撞带来的共鸣,沉浸于同频且相互理解的氛围。快乐很简单,只是见面聊聊车而已……"车友深刻感受到自己是其中的一份子,哈雷是他们的精神家园,并以哈雷为荣。

沉浸感:源于共同的爱好,陷于品牌社区,忠于哈雷文化,作为一名哈雷社区的老会员,老陈回忆道:"从07年1月注册爱卡,共发帖800多篇,精华130多篇,获得了'09年度优秀版主'称号和'最佳版主搭档'称号,哈雷给我留下满满的美好记忆。"他基本上每天都会活跃于哈雷社区,这已经成为他生活中的一部分。

影响力:心情一路飘红作为社区的一位小吧主,由她发起的抗疫帖(图7.4),达到了35万+的浏览以及1万+的评论,获得了广大成员的关注。另一位成员发布的山魈复古改装作品也得到了大家的点赞和评价,他们通过自己的努力影响着其他成员。

7.4.2 虚拟社区感与知识贡献的关系

从前文的文献梳理中,我们发现:知识贡献是社区内容创造的基础,它有利于社区的繁荣发展。经常活跃在社区的成员,他们将更愿意贡献自己的知识或者信息,如在线分析经验、技能,为他人解决专业问题。同时社区感是促进成员对社区产生信任和认同的重要因素,当社区成员在活动中得到其他成员的认可或者关注后,往往会促进自身的积极性与主动性,他们会投入到更多的社区活动之中,并形成良性循环的过程。哈雷大V心情一路飘红就是一个极具典型的社区成员,她在社区很活跃,也经常转发一些车友的帖子,而且我们发现她发的帖子经常会得到大家的关注与点赞。例如其中一条关于Rekluse离合器套件优缺点经验贴就得到了很多成员的浏览与评论,这也激发了她更多进行知识贡献的行为。与此同时四交钱也经常为车友解答问题,如:哪种类型化油器适用于哈雷的车型等,他都会积极去回复。拥有社区感的成员更愿意与他人互动,分享自己的观点和知识,分享的越多,就会得到其他成员更多的信任和依赖,从而获得更高的积极性,这将是一个良性循环。

7.4.3 承诺的中介作用

在社区成员感和知识贡献行为之间,承诺起了重要的促进作用。承诺是企业和顾客关系之间的桥梁,顾客基于承诺,更加主动和愿意为企业的利益付出更多的努力,也倾向于与企业保持长期稳定的关系。承诺是一种稳定的约束性力量,它不随着时间的推移而发生较大改变;而且还可以促进成员某种特定行为。在研究中我们发现哈雷社区成员感强的顾客会对社区有着强烈的情感承诺,具体表现为一定的情感依恋、态度倾向以及参与意愿。有研究表明成员与群体之间的情感意识对情感承诺具有积极影响。也有学者论证了虚拟社区感拉近了成员与组织之间的关系,虚拟社区感越强的社区成员越容易对组织形成承诺。一位经常活跃在社区的成员表达道:"我都是乐此不疲的享受着,每次听到好多机车一起轰鸣的声音,我的血液就像烧开的热水一样沸腾,我想这应该就是男人的本色。"社区成员的社区感和成员感让他更愿意在社区中分享他对哈雷的热爱,也愿意与别人一起讨论关于哈雷的话题,为社区贡献自己的力量。

7.4.4 社区氛围的调节作用

哈雷与其他品牌不同,在一战后,哈雷就开始打造自己的品牌文化,成立了Harley Owners Group(哈雷车友团),经常在线下举办车友会。在虚拟社区成立之前,车友们就以哈雷为精神依托,对哈雷有着强烈的认同感和归属感。所以哈雷社区在成立之初,它的社区基因里就有着对哈雷品牌坚定的忠实度与认可度,社区的氛围也得到很好的维护与提升。通过虚拟社区,车友们彼此联系,相互分享自己的生活、旅游、经验以及内心世界,获得了更强的精神认同感,同时增加了顾客对哈雷的粘性和忠诚。

7.5 总　结

　　虚拟社区经过多年的发展,已成为企业与消费者之间交流的重要渠道。它不仅使顾客参与到企业产品开发、测试和推广的过程中,也使得顾客成为企业品牌形象的传播者,如品牌使用、品牌传播和分享体验等行为活动。本案例对哈雷品牌社区中顾客行为进行分析,重新再现消费者的行为过程。顾客基于对哈雷的兴趣或者情感聚集于哈雷虚拟社区,在社区里顾客出于自身的内在情感驱动或者受其他社区成员(企业)的引导在论坛中分享经验、寻找答案、提出见解,同时也找到精神群体,并快速融入其中,实现了自我价值与品牌理念的完美融合,同时也推动了哈雷文化理念有效传播。

　　在案例分析中,我们发现虚拟社区感对社区成员的行为具有较大的意义和价值,社区成员很容易受到其他顾客的影响,研究证明虚拟社区中顾客之间的互动会让成员之间产生归属感和成就感。通过顾客之间的互动,尤其在经验分享、解决问题方面,社区成员通过社区活动获得一定的社区认同感,而这种情感性的驱动可以更好促进顾客参与到社区活动之中。同时随着社区成员的高度投入、等级增加,顾客也极易获得其他顾客的认可,从而做出一定的承诺,具体可以表现为对该社区的高度负责,积极的情绪表达,正面的社区维护等。随着时间的不断发展,顾客与社区之间的联系变得更为紧密,不管是物质利益还是精神利益都会因为社区的固定性导致利益不可转移,进而促进社区成员进行更理智的选择与行为。

　　研究发现,互动、沉浸的虚拟社区环境有助于虚拟社区成员感的培养,这种成员感对顾客情感承诺产生一定的正向影响,顾客基于这种情感承诺会激发顾客的贡献行为;同时这种情感承诺在虚拟社区感和贡献行为中具有中介作用。正是由于顾客对社区的情感承诺基于顾客内心深处对社区和品牌文化的认同,并且这种情感不计成本,最终会促使品牌价值实现几何倍溢价。与此同时顾客也主动将维护社区作为实现自身价值的重要方式,并深入参与到社区运营之中,使自身不仅成为品牌的坚守者,也是品牌重要的传播者。因此对于企业而言,虚拟社区的文化营造就显得尤其重要,如何为顾客提供一个良好的社区氛围,提高顾客社区感,激励顾客参与,促进顾客知识贡献越来越具有战略意义。

第8章 苹果虚拟社区

8.1 选择原因

在案例研究过程中,案例的典型性是首要考虑的问题,因为一个典型的案例能够更为准确地反映出要研究问题的本质,可以揭示现象背后的规律性。苹果公司(以下简称苹果)是电子产品行业的领军者,其在国内最活跃的虚拟社区威锋网更是在成立不久便收获巨大流量,用户间通过社区不断交互并贡献知识,与本书观点不谋而合。因此,基于苹果在行业代表性和数据可得性方面的优势,本章将以苹果为例进一步阐述本书的结论。

首先,品牌的行业代表性。苹果是个人电脑、数码产品以及移动通信行业的领军者,其发展历程具有传奇性特色,并被大多数人所熟知,具备行业代表性。同时,2007年,苹果虚拟社区——"威锋网"成立,随后便一跃成为流量最大的中文iPhone社区,不仅为广大果粉提供了自由交流和学习探讨的平台,也在一定程度上推动了iPhone在中国的发展和普及。威锋网提供诸多便于用户间相互交流和发表创新意见的服务,例如,iPhone技术应用讨论平台、使用意见交流平台以及产品测评平台等,其内容丰富性和用户活跃度能够得到充分保障。

其次,数据的可得性。苹果是公众关注的焦点,其每次新品发布会、每个新产品信息都会被广泛关注和讨论;并且,果粉在威锋网的注册人数已达1839万人,日均发帖数1万5千条左右,满足案例研究对数据的需求;同时,通过搜索网站可以检索到很多企业相关信息,以往学界针对苹果也进行过大量案例研究,为本章提供了充分参照。

8.2 案例简介

8.2.1 企业创始人

史蒂夫·乔布斯(Steve Jobs,1955年2月24日—2011年10月5日),出生于美国加利福尼亚州旧金山,系美国发明家、企业家、苹果联合创始人。

乔布斯被认为是计算机业界与娱乐业界的标志性人物,他经历了苹果几十年的兴衰,先后领导公司推出了麦金塔计算机、iMac、iPod、iPhone、iPad等风靡全球的电子产品,深刻地改变了现代通讯、娱乐、生活方式。乔布斯同时也是前皮克斯动画工作室的董事长及首席执行官。

8.2.2 企业的品牌生命周期

1. 幼稚期

处在幼稚期的品牌产品设计尚未成熟,行业利润率较低,市场增长率较高,需求增长较快,技术变动较大。苹果的幼稚期主要是自企业成立至1980年上市的这一时期。1976年,美国苹果电脑公司正式成立(后更名为苹果公司),并在诞生一个月内就取得了第一笔订单,也就是后来为人们所知的Apple I。不同于传统电脑,Apple I凭借其以电视作为显示器的设计和精简的零件构成,不仅荣获诸多奖项,还创下不错的销售业绩。Apple I发售的一年后,人类历史上的第一台个人电脑——Apple II便推出了。Apple II首次采用单声道架构,拥有多种改良型号,如IIe和IIgs等,最终售出数百万台,这在20世纪80年代是一个令人惊诧的数字。苹果在初创期发售的两种机型直到20世纪90年代末期仍为市场所认可,是个人计算机的两款代表作,凭借它们,苹果公司也开始被业内熟知,为企业成长期的到来打下基础。

2. 成长期

品牌成长期市场增长率很高,需求高速增长,技术渐趋定型,行业特点、行业竞争状况及用户特点已比较明朗,企业进入壁垒提高,产品品种及竞争者数量增多。1980年,苹果股票一经上市便在极短的时间里以惊人的价格被抢购一空,这在一定程度上反映了苹果仅耗时四年便收获了极高的社会认可度和市场影响力。然而苹果的发展也并非一帆风顺。1981年,由于对市场购买能力评估的失误,苹果推出的高端电脑系列——Apple Lisa 由于定价过高而销量惨淡,被认为是苹果最失败的产品之一。经历此次失败后的苹果并未一蹶不振,公司深入了解市场并迅速调整发展方向,历时三年研发了具有划时代意义的 Apple Macintosh,创造了计算机发展史上新的里程碑,这款电脑凭借其全新的操作系统极大程度地方便了用户的使用,一经推出便受到市场的认可。随着 Mac 电脑销量不断走高,苹果的市场份额也在持续攀升。我们不难发现,即便是传奇的苹果,丧失对市场和用户的准确把握也难逃失败,因此,如何精准了解用户信息和市场需求是所有品牌和企业获得成功的必要条件。

3. 短暂的衰退期

衰退期的行业生产能力会出现过剩现象,技术被模仿后出现的替代产品充斥市场,市场增长率严重下降,需求下降。苹果虽然在成长期经历挫折,但从行业总体水平来看其发展态势十分迅猛,在成立不到 10 年的时间里就做出了奇迹般的成绩,但在 Mac 发售不久后,苹果内部发生了重大人事变动——乔布斯离职。乔布斯将电脑软件与硬件捆绑销售的理念使得苹果电脑的售价居高不下,而 IBM 公司抓住这一商机,推出价格更亲民的个人电脑,迅速抢占苹果大量市场。苹果的总经理和董事们把新研发电脑的失败归咎于乔布斯一个人身上,撤销了乔布斯的经营权,该决议使乔布斯对这个自己一手创立并推向高峰的公司倍感失望,历经挣扎后乔布斯于 1985 年 9 月愤然辞去董事长的职位。在乔布斯离任后不久,Windows95 系统问世并抢占苹果的大半市场份额,使公司近乎处在崩溃的边缘。与此同时,离开苹果的乔布斯开创了一家自己的软件研发公司——Next,该公司制作的第一部电脑动画片《玩具总动员》取得了巨大的成功,乔布斯凭借 Next 向苹果再次证明了自己的能力。1997 年,乔布斯重掌苹果大权,为岌岌可危的苹果带来了重生的希望。

4. 第二个成长期

乔布斯回归一年后,苹果便迎来转机。1998 年 6 月,iMac 上市,这款电脑以半透明的独特设计重新定义了个人电脑的外观,迅速成为时尚的象征。1999 年,苹果乘胜追击,推出将受众定位在家庭和学校用户的 iBook,其无线网络功能和卓越的便携性受到消费者的热烈追捧。在 iMac 和 iBook 取得巨大成功后,苹果将视线投向软件发展。2001 年,苹果推出操作系统 MacOSX,该系统凭借其优越的稳定性和运行速度成为同时代性能最强大的系统之一。同年,苹果还开通了 iTunes 网络商店以提供影音购买服务,在当时一跃成为最受用户追捧的网络商店。在 iTunes 获得成功后,苹果又开始着手研发能够匹配 iTunes 使用的便携式存储器随身听——iPod。与市面上大多数电子产品不同,iPod 开创性地采用极简和极白的设计并与 PC 兼容,问世不久便创下惊人的销量,被业界称为"21 世纪随身听"。2003 年,苹果为扩展市场,推出了价格更为亲民的 iPod mini,进一步稳固了自己在行业内的地位。之后,苹果不断革新技术推出新款 iPod,使其市场占有率最高达到 73.4%,处在行业内无人可及的位置,这也为苹果日后推出 iPhone 系列奠定了坚实的基础。

5. 成熟期

品牌成熟期是指对具有较高知名度的品牌进行维护,并随着企业内外环境的变化而不断完善其良好的品牌形象,提高目标市场消费者对品牌的认识、认同和信赖程度的过程。苹果进入成熟期的重要标志便是 iPhone 的问世。2007 年,苹果推出了旗下第一款智能手机 iPhone,它配备了互联网接入、播放音乐和电子邮件收发等功能。2019 年,苹果又在原有 2G 版本的基础上推出了全新的 3G 版本,产品发售时,全球多个国家都出现了消费者提前数天在门店外排队抢购的盛况,iPhone 推出的新功能也成为众多手机制造企业的风向标。任何成就都不会让苹果停止它前进的脚步,2010 年,iPad 系列产品正式上市,该系列的问世使平板电脑逐渐成为一种潮流。到 2010 年年中,苹果已经超越微软,成为全球市值最高的高科技企业和美国第二大公司。苹果并非仅在电子制造产业内广负盛名,它的神话为全球每一个产业所熟知:汽车共享公司 Zip car 声称要成为汽车产业内的苹果,戴尔也致力于成为个人电脑界的苹果,喜剧演员比尔·马赫甚至曾开玩笑地说,如果由乔布斯来当总统,美国政府将会更加高效。2011 年,苹果的传奇人物乔布斯离世,库克继任 CEO。如今乔布斯已经离开 10 年,但在库克的带领下,苹果仍在稳步向前行进,这家在成立伊始靠着微软一笔 1.5 亿美元的投资才得以幸存的小公司,如今却取得如此成就,除了领导人的超凡智慧外,离不开每一位员工的努力和付出,它的传奇经历也被世人所熟知和传唱。

8.2.3 企业营销策略

苹果之所以能取得成功,离不开其与众不同的营销策略。苹果忠于对人性的研究,始终秉持顾客导向的营销理念,成功地把握住目标用户的需求和欲望,将人性化营销贯彻到底,真正做到使推销成为一种多余。本书将从 4P 营销理论出发,具体剖析苹果企业的营销策略。

1. 产品

苹果始终高度重视产品技术创新,并在新产品的研发上投入巨额资金,这也是苹果能够走在行业前沿的重要原因。以 iPhone 手机为例,从 2007 年至 2017 年,苹果就更新了 7 款新型 iPhone 手机,每款在造型和功能上都有极大改变和创新,其产品更新速度在业内处于顶尖水平。因此,本章认为苹果最重要的产品策略就是新产品开发策略,它强调产品技术的不断革新,以增强产品的核心竞争力。

2. 价格

苹果绝大多数产品的目标市场都定位在高端消费者,但由于企业在发展前期就经历过 Apple Lisa 盲目抬高价格导致产品不被市场接受的惨痛教训,苹果在产品发售前会经过严苛的市场调研,以保证产品价格可以被其目标消费群体所接受。苹果产品偏高的定价一方面标志了其为产品研发和技术革新所付出的高昂成本,另一方面也揭示了企业及其产品面向高端消费者的市场定位,苹果产品目前已不再是一款手机或是电脑,而是消费者身份和地位的一种象征,这与苹果的价格策略有着密不可分的关系。

3. 分销

早期苹果采用的是授权零售商分销,但在大众化市场贩卖个性化产品的效果势必不甚理想,因此,在进入成熟期后,苹果在全球各地设立线下体验店,潜在消费者能够在切身体验产品后做出购买决策。并且,苹果致力于在专卖店为客户提供最优质的服务和最舒适的购买体验,苹果这种人性化的分销策略,使其拥有了自己忠实的客户群体。

4. 促销

苹果的促销策略主要有两点,第一,未曾营销先造势。苹果在新产品发售前便通过媒体和社交平台等途径透露新品的名字,吸引消费者对其功能和外形进行讨论,借此造势扩大影响范围,并利用消费者的好奇心激发其购买欲望;第二,饥饿式营销。苹果在产品上市后会严格控制市场供应量,始终保持限量供应,使部分用户无法第一时间购买到产品,这种营销模式会使消费者感受到自己购买的产品是受大众欢迎的,恰好迎合了消费者的从众心理,如此一来,用户不仅不会因漫长的等待而产生反感,反倒在等待中对产品愈发期待。苹果公司的产品在发售前将消费者的胃口高高吊起,正式发售后又不急于满足,使消费者对其的追求近乎疯狂,甚至出现了提前数天在门店外排队的现象。这种强势的营销风格与它的产品一样,让人欲罢不能。

苹果在发展历程中稳步前进,在实践中不断摸索,探求出一条适合自己且顺应市场的发展路径。有人说,是乔布斯成就了今天的苹果,但乔布斯离世后,苹果仍以傲人的成绩告诉世人,离开乔布斯的苹果仍是那个传奇的苹果。

8.3 核心概念在案例中的体现

本章在开始研究前对数据进行处理,首先,对数据收集对象进行筛选,将威锋网会员以等级为标准由高到低排序,仅选择发帖前1/2的会员作为初步的数据收集对象。其次,进一步对这些会员进行筛选,筛选掉其中半年内活跃度低、内容质量差、帖子浏览量低的会员,筛选后的会员信息如表8.1所示。最后,对剩余会员所发的帖子进行清洗,只选择内容质量较高且与研究相关性较高的帖子。

表8.1 会员信息及其发帖数

会员 ID	会员级别	发帖总数
二进制的猫	白金苹果	1803
qizhongxia	金苹果	1686
糖醋、炒排骨	版主	4728
宝贝熊熊	红钻苹果	2746
沐汐落	金苹果	2458
zwgmike	金苹果	1512
心里有梦	黄钻苹果	7745
W惠	金苹果	1917
Johnson138	白金苹果	1119
名称不合法	白金苹果	1657
英雄贝得罗	蓝钻苹果	10 638
Fate	金苹果	1459
kingsleychiu	白金苹果	2607
李少1992	红钻苹果	5518
章智钊	金苹果	3091
暖香拿铁	金苹果	2544

第 8 章　苹果虚拟社区

(续表)

会员 ID	会员级别	发帖总数
iFr0zen	WEIP 测试组	1601
枫 hua	超级版主	5074
ninuoer	金苹果	1390
Wilsdof	超级版主	3618
Jlei_	金苹果	2089
Kiros_8	白金苹果	2076
青武飞扬	金苹果	1148
……	……	……

本章在对用户和帖子进行筛选和清洗后,选择其中具有代表性的数据,又进一步对数据进行分析总结。具体按照以下步骤开展:(1)初步分析材料,甄选材料中的语句。(2)提炼语句关键词及其具体维度。(3)利用现有理论框架对概念进行归类。如表 8.2 所示。

表 8.2　核心概念与论证材料

主轴概念	具体维度	论证材料
虚拟社区感	成员感	记得上次店员问我,你公司叫什么名字,我很惊讶,后来才知道,是小贵了解我是不是可以使用商务折扣,现在我已使用商务折扣很多次了,基本配件都是 9 折,我发现一个公司店员只问你公司叫什么名字,哈哈,这样的话你可以随便报一个公司名称,可以大一点的公司,比如中国移动上海分公司等等,肯定有商务折扣,大家可以试试,我今天买了个橡胶壳 329,折扣后 296,虽然不多,毕竟也是折扣嘛,就说到这里,其他的自己去想,要是不知道公司具体名称,统一信用代码可以使用天眼查。
		遥远的回忆,十二年前的 iPhone 1。今天大扫除,找到了 12 年前(2007 年)买的第一代 iPhone,没换过任何零件包括电池,至今还能开机运行,神奇。
	影响力	[完成处理]用户常见账号相关问题解答汇总。最近后台经常收到许多锋友关于账号问题的反馈和求助,因此我们将大部分相似的问题归类,整理出了一份超详细的常见问题及解答汇总~因此遇到账号问题的锋友们,可以先在本帖中寻找解决办法,如果问题还不能解决,可以到客服系统反馈求助……
		「公告」关于共享相册和加速器相关内容的处理办法。各位锋友大家好! 很长一段时间以来,管理员对 iCloud 共享相册以及加速器(tizi、vpn)相关的帖子,都没有实施比较有效的干预,

(续表)

主轴概念	具体维度	论证材料
虚拟社区感	影响力	社区版面常常充斥着大量这类型的帖子,严重影响了锋友们的浏览体验。故今天特此发布公告:禁止发布 iCloud 共享相册链接(包括任意形式的邀请等)。如发现违规内容,管理员及版主会进行删除处理,屡教不改者实行禁言处理。如有特殊情况(如一些账号发布了多条违规的内容、广告,而且发帖历史除了违规、广告,没有正常内容),管理员会直接清除账号数据。以上内容望周知,希望各位锋友共同维护社区环境,威锋有你更精彩!
	沉浸感	一颗折腾的心,损失的是金钱,长记性贴。今天晚上把自己在内心骂了一次,短短三个月时间。x-xsmax - 11-mate30-mate30pro-xs - 11pro-s10-xsmax。这样的换机过程只想用一个字形容我自己(贱)。图点啥啊?来回折腾进去的钱,足够自己换上一步 11promax,最后我只想说,安卓,我真的很难回去了,都说现在安卓不卡顿,和 ios 可以并驾齐驱了,完全不可能,当然了,我只说我自己,不是所有人的使用感受,长点记性,别折腾了!
		10 多年的果粉分享……2008 年,入坑 IPHONE,颠覆了我对手机的认识,从 IPHONE1 开始,基本每一代都在追捧,虽然现在 Xs 的信号不是很好,但还是一直坚守着……我能做的就是把之前我用过的手机以这种方式珍藏起来,苹果的精神对我影响很大,感谢苹果!!!
知识贡献		本人上一部手机是 xsmax,之所以买了个 iPhone11,先是考虑想尝鲜,其次则是想到有个"迁移功能"换手机的成本比较小。就是这个简单的"数据迁移",从下午 5 点折腾到凌晨 4 点半。总的来说:无线迁移方便但可能不稳定(有锋友反馈传输过程中会卡住),有线迁移官方 itunes 备份再恢复稳定,复杂一丢丢(这里注意新老手机版本要一致,我就是还要把 iPhone11 升级到测试版 13.1),就时间而言有线操作会稍微长一点,都是 50G 内容,itunes 基本用了 50 分钟。
		这是一份迟到的评测,首先介绍下自己,本人在运营商体系工作多年,负责办公、收费网络及计算机管理,运营商开启 3G 的时候转岗负责 iPhone 俱乐部,因技术到位被当地人送外号"苹果小王子"。手中有很多苹果设备,iPad 上的 mini5,AirPods,iPhone 11,iPhone 7 Plus,Apple Watch 4 Nike +,下图是一张全家福合照。……现在是北京时间 2019 年 10 月 16 日凌晨 3 点 30 分,这个 iPhone 11 的测评还做得不够完整,还有很多内容会在后期的更新中陆续加入,今天的内容先到这吧。

(续表)

主轴概念	具体维度	论证材料
		教程:利用ios13越狱工具绕过激活锁~仅支持A5-A11设备;操作步骤(无图)如下:1.先将设备进入dfu模式;2.使用Checkra1n进行越狱;3.在端口44上使用ssh,同时删除或者重命名;Applications文件夹内的setup.app;4.执行killall-9 SpringBoard.Boom注销后即可跳过iCloud若是国行机,请往下看:都是执行命令,分两部分:……短暂黑屏后即可进入系统0。
		我买了官网那个329元的智商税透明壳后,发现……总结:手感真的是非常棒(除了按键变硬难按之外),而且摸着很舒服,主要是颜值一级棒,没有合模线,媲美裸机视觉。与其在淘宝上买各种辣鸡壳子,加起来花的钱也不少而且还不满意,不如一步到位。美感和手感的最优解。
		iPhone键盘冷门技巧分享(iOS 13),自我上次分享iPhone技巧已经过去3年,上次分享的是关于3D touch的玩法,当时还收获了一个精华帖,感谢威锋网的管理员和锋友们的热情支持,今天再开一贴给大家分享自带键盘的技巧:键盘左下角可直接点击Emoji表情,长按脸部可设置自定义肤色,下次再输入该表情时则使用你自定义的肤色……技巧暂时分享到这,后续有补充我会及时跟进更新。
		一次讲透iphone当门禁卡问题。论坛有搜索功能,好多人也分享过方法,其实可以很容易找到。感谢之前的FY。一、误区。很多人以为iphone的NFC是复制门禁卡,然后开门。这是正常逻辑,我一开始也这么认为。但这不适合iphone。二、iphone的逻辑。钱包里的卡,只能添加银行卡和北京上海交通卡。这个是有限制的,不越狱是改不了的。咱没办法。……其实是逆向思维。iphone不让复制,那咱让物业添加。你添加交通卡,目的只有一个让iphone有个卡信息,然后把这个信息添加到物业系统。锁屏双击锁屏键就可以快速打开卡片功能了。摄像头左侧位置一碰就可以开门了。
		补发昨天的开箱图——暗夜绿11 pro。作为果粉,每年换新机,就像是仪式般的一项活动。苹果三摄浴霸来袭,今年份开箱图奉上,昨天一早去直营店取机,回来忘了发。今年的暗夜绿,搭配磨砂玻璃,真是心头好。今年换了5.8寸的Pro,和前年iPhone X同样的尺寸,这个尺寸真的舒服,可谁知去年的Xs竟然是单卡,无奈为了双(装)卡(13),选择了Xs Max。虽说屏幕大了看着爽,但握着真不舒服。今年好了,除去电池容量外,Pro和Pro Max配置无差。其实也纠结了好久,从13号预定时,就买了两台,一大一小,直到昨天去取机器,也是两台都取回来了,坐在车里实在不知道该用哪个,后来想想还是握持感更重要。不过,也许没过一阵,又会换回大的。

· 151 ·

通过数据编码分析,我们发现用户在威锋网进行讨论的内容大致包括以下几个方面:企业及产品信息分享、产品技能科普、软件应用探讨、新产品测评和推荐和询问产品使用问题。在威锋网中,用户运用自身专业和使用体验向其他成员共享与产品相关的各种知识,通过浏览威锋网,他们不仅可以了解到品牌产品的基本信息,还可以解决自己在使用产品过程中遇到的实际问题。在这一交互过程中,用户间会形成互惠关系和共同语言,这种社会资本也会促使其更加积极地在虚拟社区中创造内容。

在对具体维度和论证材料进行整理后,本章遵循案例研究的要求对这些维度进行编码处理,将论证材料的核心观点进行提炼,找出其中关键词句,根据关键词将材料归入主轴编码内,形成统领整个范畴的故事线。即苹果用户在威锋网中通过与其他用户的交流逐渐对虚拟社区形成成员感、沉浸感和影响力(虚拟社区感),这种虚拟社区感能直接促使用户更积极地参与社区内的知识贡献。另外,本章发现,社会资本会对两者关系起到调节作用。依据这一故事线,本书得出理论模型如图8.1所示。

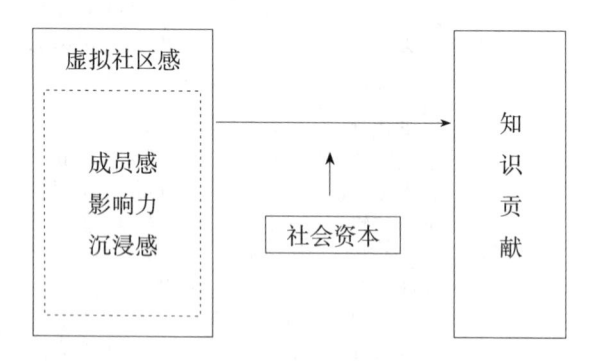

图 8.1 理论模型

8.4 模型检验

本书的主题为虚拟社区感、承诺对知识贡献的具体影响。本案例结合苹果品牌社区,对社区用户发表的帖子分析筛选,然后对相关的材料进行编码论证,通过数据分析主要论证虚拟社区感和知识贡献之间的关系,即虚拟社区感对知识贡献的主效应和社会资本对上述关系的调节作用。

8.4.1 虚拟社区感和知识贡献的关系

虚拟社区感是指用户对虚拟社区的成员感、沉浸感和影响力,对社区的强烈依恋可以促使社区用户更积极地参与社区活动,更多地与其他用户分享信息,甚至将非在线活动转化为在线活动。首先,成员感对知识贡献具有显著正向影响。成员感越强,其参与组织活动的积极性越高,在参与过程中贡献知识的意愿也随之提高。在威锋网中,随着在社区内活动时间的增长,用户逐渐形成与社区保持长期关系的意愿,即成员感,这种意愿驱使他们不断与其他用户产生交互并积极参与社区活动,并利用自身优势为社区贡献知识,这是一个良性循环的过程,用户在参与社区活动的过程中,成员感将得到进一步加深,进而促进社区的发展;其次,沉浸感对知识贡献具有显著正向影响。如前文所述,沉浸是一种最优化的情绪体验,并会对后续的行为产生积极影响。若个体对一项活动具有较高的沉浸感,那么他就会全心投入参与这项活动,并且为了获取这种情绪体验,个体会对该项活动表现出强烈的再参与意愿。在虚拟社区中,沉浸感对用户的积极影响便体现在知识贡献上。依据案例,相较于没有产生沉浸感的流动用户,威锋网的固定用户参加社区讨论和活动的意愿更为强烈,并且在讨论中,他们会积极表达自己的观点,勤于为社区进行知识贡献,以此获取情感上的满足;最后,影响力对知识贡献具有显著正向影响。用户在虚拟社区内不断活跃将获得一定社区影响力,这种影响力作为一种精神奖励能给用户带来较大的成就感,而用户为进一步获取这种成就感便会主动找寻途径并投入更多时间和精力等成本,积极贡献知识便是建立起社区声誉的有效行为,因此,用户的社区影响力可以在很大程度上促进用户进行知识贡献。当社区用户越能感觉到自身在社区内的重要性,其优越感感知越强,就越有意愿发表更多内容与其他用户进行分享,以便进一步扩大自己在社区内的影响力和掌控力。

8.4.2 社会资本的调节作用

社会资本反映了嵌入关系网络中的各种资源,作为社会制度中一种重要的无形资源,具有创造、传播和汇集知识的功能,它能够创造有助于建立组织竞争优势的新智力资本。社会资本包括结构维资本、关系维资本和认知维资本三个方面。结构维资本是指组织成员间通过有效互动而产生的联系;关系维资本主要包括成员间的信任和认同以及在交互过程中形成的互惠关系;认知维资本则主要是指用户间的共同语言。在本案例中,苹果用户在社区与其他用户进行互动,产生交互联结,并逐渐与组织内其他成员建立信任关系。由于威锋网的成员大多拥有相同或相似的苹果产品,他们在情感上更容易产生共鸣、建立信任关系,并且,拥有相似产品的用户在进行交互时能够更轻易理解彼此的行为含义,减少知识传递的成本,提高知识贡献的质量。因此,本书认为,社会资本对虚拟社区感和知识贡献间的关系起到调节作用。

8.5 案例总结

苹果公司作为个人电脑、数码产品以及移动通信行业的领军者,取得了无数震惊世人的成就,时至今日,苹果公司的每一项技术革新、发售的每一个产品,仍受到全球电子产品爱好者的关注和追捧,其独特的经营理念和营销技巧更是成为众多企业争相效仿的典范。威锋网自 2007 年成立以来,始终致力于建设受中文用户喜爱的苹果门户,经过十余年的发展,威锋网的用户群体不断壮大,社区功能也日益丰富,用户甚至会自发组织进行社区维护,可见,如今威锋网已经发展成为一个较为成熟的虚拟社区,具有很强的代表性。

威锋网为苹果粉丝提供了绝佳的交流平台,用户在这一平台内通过寻求知识帮助、信息分享以及社群维护等途径与其他用户不断产生交互,最终形成虚拟社区感,这种虚拟社区感会激发用户在社区内不断创造内容。而在对数据进行分析后我们发现,用户创造的大部分内容是对相关产品的推荐、电子产品技术的共享、产品使用技巧的探讨和产品体验的评价,这些概念我们认为属于知识贡献的范畴内,由此我们得出,虚拟社区感对知识贡献具有正向影响。另外,通过对威锋网用户的分析本书得出,虚拟社区用户在交互过程中会产生结构维、关系维和认知维三方面的资本,这些资本将减小用户间知识传递的成本,提高用户知识贡献的频率和效率,因此,本书认为,社会资本对虚拟社区感和知识贡献的关系起到调节作用。综上,本书通过对威锋网的主轴概念和核心概念的归纳和总结,得出以下结论:虚拟社区感对知识贡献具有正向影响,社会资本具有调节作用。

第5篇 实践启示

第9章　企业应对策略

综上，本书的研究结论对深化企业和政府的实践均具有推动作用。具体而言，本书分别从企业和政府两方角度提出相应的启示。

企业视角。随着社会化营销和顾客创造的不断发展和迭代，虚拟社区的运用已经成为很多企业赢得顾客青睐和创造顾客价值的惯用营销手段。这已经在诸如小米、耐克等公司的商业实践中得到充分证明。如何打造一个内容丰富、成员活跃的虚拟社区是很多企业在实践中要关注的重要问题。在现实当中，不乏一些企业因为社区成员的不活跃而做出关闭其虚拟社区的无奈之举。本书以一个较为成功的虚拟社区——小米社区作为研究对象，并将顾客对企业的知识贡献作为研究切入点，深入探讨社区成员的虚拟社区感通过承诺贡献自己聪明才智并最终创造价值的影响机制。本书所探讨的研究问题不仅理论意义重大，同时也为企业的虚拟社区商业实践提供良好的参考意义。**本书建议企业的虚拟社区建设可遵循以下几个方向。**

9.1　培育用户的虚拟社区感

从虚拟社区感这一研究视角。虚拟社区感主要涉及社区成员的成员感、影响力等方面。**首先，鼓励社区成员使用共同语言**。虚拟社区是开放型社区，互动频率会随着成员交流的增加而提高，这利于促进用户间共同认知的形成。社区应该鼓励用户多使用共同语言进行交互，对那些经常使用专业术语和行话进行交流的用户进行激励，以促进其他用户进行效仿。**其次，重视成员的自我表达**。企业不应忽视社区成员在社区中的态度表达，成员态度的表达至关重要，这一方面影响成员的感知，另一方面也影响着成员的社区参与。品牌管理者应鼓励社区成员进行积极表达，这也间接影响他人进行态度的表达，进而提升成员的社区参与。**最后，以平台功能设计满足成员的自我实现需求**。成为意见领袖是社区成员的目标，通过加强意见领袖的影响力来增加成员社区参与的动力。对于已经是意见领袖的成员来说,加强其角色影响力的外在表现则至关重要。意见领袖自知身份的特殊性,处于网络中的关键位置、备受关注,其中促使他们持续创新的是他们对自我实现的需要,他们希望自己的创新想法能够最终实现,而不仅仅是停留在讨论层面。因此,对于企业而言,应识别网络中的意见领袖并参考甚至采纳其产品建议。企业采纳其社区成员创新思想创造的成果往往更能被用户接受。如果社区成员感受到被支持,则会促进其创新行为的发生。在自然形成的社区网络关系中,意见领袖似乎就承担起为广大用户发声的使命,在很多人加入讨论之后,其创新想法得到肯定,满足了意见领袖自我实现的需求,而参与者也会收获成就感。同时,企业可以对成员进行创新能力鉴定。社区成员创新的最终目标就是其在社区中的地位得到提升,具备了"创新达人"的标签,这种身份标签会促进成员持续创新,也会影响并激励其周围成员进行创新。

9.2 强化用户对社区的承诺

从承诺这一研究视角。承诺是指组织成员愿意与品牌社区建立或维持某种联系而参与活动的心理表现。**首先,改进虚拟社区知识贡献的激励机制**。为解决运营机制这一行动者的障碍,运营方既需要注意激励手段和方式的丰富,也应兼顾激励的程度和规范性,可以利用知识游戏和趣味方式拓宽积分获取途径,设置回报率合理的知识贡献奖励以及提供优先权、活动参与资格和内部价等方式使激励机制多样化。此外,运营方还应关注荣誉、成就、关怀等内在激励,利用内在激励提升用户的身份认同和感知的收益回报,促进其进行高质量的知识贡献,保障社区知识密度和深度。**其次,充分认识顾客教育的重要性**。优秀的顾客教育可以帮助顾客更快地适应产品,增加其对产品的好感度,提升顾客对于产品的理解力和使用能力,间接地提高顾客对公司的信任,增进顾客和公司的关系。虚拟品牌社区是企业进行顾客教育的重要场所,社区帮助消费者和企业搭建桥梁,提供良好的沟通渠道,充分将消费者需求与企业产品进行融合,实现高质量的顾客教育。企业通过一系列的顾客教育活动,传播企业产品知识,引导顾客正确高效地使用产品,满足顾客对于产品知识的需求,实现产品价值。在众多优秀的虚拟品牌社区中,都存在着专门的顾客教育版块,本书谈论的小米社区也不例外,它为顾客提供了手机常见问题解决、使用方式等一系列服务与指导。**最后,构建畅通有效的沟通机制**。信息的交流需要桥梁,良好的沟通机制可以帮助企业进行快速的信息传递,亦可帮助成员进行高效的信息反馈,这就使得成员可以不断根据信息来调整自身行为,从而更快地融入社区之中。当社区成员不断获得诸如贡献度、社区参与度等相关信息时,这就提升了社区成员在社区中的荣誉感,增强成员对于社区的认同度。社会认同是指社会个体通过某个社会分类定义自己,并认为自身拥有该分类的典型特点,而虚拟品牌社区认同则是社区成员认为自身拥有该社区群体的典型特点。

9.3 把关知识贡献的质和量

从知识贡献这一研究视角。在虚拟品牌社区中,成员的知识贡献是社区内容创造的基础,攸关虚拟品牌社区的繁荣发展。**首先,提高知识的质量**。知识的准确性、有效性可以帮助成员信任社区,对知识进行严格的把控则至关重要。在虚拟社区中,只有社区成员对社区信任后,才会进行社区参与。而信任是逐渐产生,只有社区成员在获得良好的服务或反馈后,才会信任社区,作社区的忠实成员。**其次,组聘专业团队把控贡献内容**。对社区而言,较高的知识质量能带来良性的循环——吸引用户参与,提升社区互动氛围,促进知识贡献活动开展,进一步提高知识质量,增强社区知识创新水平和用户满意度。为此,专业虚拟社区可定时审核用户贡献内容,减少灌水帖、标题党和题文不符帖,一方面可以引导"灌水帖"发布到专门设立的初级板块,另一方面设立用户成长体系的概念,定期评估用户贡献内容的价值,保证贡献内容的质量。定期集中甄别和审核无效过时帖和无人应答帖,采取删除、降低搜索显示优先级和通知创作者等措施。社区应该努力寻求更具备可持续发展特性的社区经营模式,适度减少专业相关的培训类广告,寻求与专业对口的高校和研究机构合作,实现项目宣传、融资和社区知识积累的多赢局面。**最后,依据社区规范监管社区活动**。社区规范可以给予社区成员一个明确的行为标准,保证成员活动的合理性。按照制定的规范监管社区成员行为,则可以有效维护社区秩序,营造良好的社区氛围,防止投机行为的发生。社区规范的存在会给社区成员社会压力,这种压力会帮助社区成员遵守行为规范。同时,监管的存在则严厉打击了投机行为,确保社区参与者在一个公平、公正的社区氛围内活动,保证了社区成员信息分享与知识贡献的欲望。

9.4 加强对虚拟社区的管理

继而,从虚拟社区感、承诺与知识贡献三方的影响关系来看。本书认为企业应该从以下角度规范和指导虚拟社区的运行。**首先,应该更加重视对于虚拟社区的管理,努力营造良好的社区氛围。**从研究的结果来看,本书延续了以往针对虚拟社区的研究,虚拟社区感对于知识贡献和承诺有着显著的影响。在虚拟社区感的三维度划分中,成员感对于知识贡献的影响是最大的,影响力其次,沉浸感再次之。为此,一方面,这就要求在建设虚拟社区时,要给成员建立起完备的信息交流机制,更加注重培养成员对于社区亲密的感情。要搭建具有良好信息架构柔性的网络平台,为成员之间的交流创造条件。尤其要注重对于虚拟社区中成员感的培育。成员感是社区成员对于虚拟社区的归属感,但有一些企业错误地认为,只要顾客注册从而成为平台上名义上的会员,就能培养出成员感。该观念是造成现在许多虚拟社区同质化的重要原因。虚拟社区具有不受时空约束的先天优势,但同时它不应该仅仅是作为一个沟通交流的平台,单纯的交流目的也并非只有虚拟社区才可以完成,要想更好地利用虚拟社区,就必须做到有机地结合虚拟环境(线上)与现实生活(线下)。例如,积极举办和开展各类密切成员之间交流的活动,使他们产生对社区的成员感,也可以适当开展一些线上线下互动的活动,使得社区成员能够对社区产生共鸣,最终要把社区成员形成围绕品牌构建的集体。另一方面,从检验结果上看,虽然影响力和沉浸感对于虚拟社区的影响不如成员感那么强烈,但影响依然是显著存在的。所以,在必要时候,也可以适当设计一些反馈机制来提高社区成员的影响力和沉浸感。例如,对于影响力而言,可以通过设置相应的会员等级权限来加强成员的影响力感知,这种会员等级权限的差异会赋予不同成员不同的社区权力。企业还可以筛选出具有建设性意义的精华帖子,将其放在醒目位置并予以奖励;而对于沉浸感而言,可以通过设置签到机制,并根据签到记录或者登陆时间来发放奖品,以增加和延长成员在虚拟社区中的时间,以此来加强成员对于虚拟社区的访问,使之产生高水平的沉浸感。此外,正如前文所述,沉浸感、影响力以及成员感分别代表社区成员的付出、收获以及归属感,企业若要想顾客积极地贡献出自己的聪明才智,就必须要让顾客的付出与收获都具有成就感,并最终形成对社区的归属感。以小米社区为例,小米公司在开发"MIUI(米柚)"的新操作系统时,在小米社区中,邀请万千"米粉"参与,收集顾客的意见和创新想法,取得满意的创新效果。新系统研发出来,参与贡献智慧的社区用户看到自己的意见被采纳时,必定获得了巨大的成就感。小米成功的例子告诉我们,企业不能使用户在虚拟社区中放任自流,而是需要积极引导其参与,才能使其更好地为企业贡献智慧并创造价值。

9.5 联接用户和社区的情感纽带

研究结果表明,情感承诺对于知识贡献有积极影响,而算计承诺对于知识贡献的影响不显著。这与马双和王永贵(2015)的研究结论,即虚拟社区成员的参与行为更多是由算计承诺驱动,而非情感承诺驱动有一定出入。本书认为,小米社区自从创立伊始就是一个以"粉丝文化"为载体的虚拟社区,其打造的是"为发烧而生"的极客文化。所谓"粉丝文化",是指一个个体或者群体,由于对自己内心虚拟的对象或者是现实存在的一个对象的崇拜和追捧的心理造成的文化消费,并由此生发的为了自己喜爱的对象过度消费和付出无偿劳动时间的一种综合性的文化传媒以及社会文化现象的总和。换言之,"米粉"们在小米社区中的参与是出于对小米产品乃至小米文化的崇拜以及追捧,这种崇拜与追捧是发自内心的,甚至可以说是不计成本的,因而,社区中聚集的都是对小米深厚情感的专家型消费者,社区成员也有着超越其他虚拟社区成员的热情,所以在小米社区中的内容创造更多是由关系驱动而非利益驱动,也就是成员的知识贡献更多受到的是情感承诺的驱动而非算计承诺的驱动。从本书的结果来看,企业应该注意维系成员与社区的情感联结,让成员将创造内容视为自己的义务和责任,从而成员就会主动地发生知识贡献。因而,在管理社区时,应该塑造一种"家"文化。例如,设置社区成员自制机制,让社区成员自己来管理虚拟社区。此外,强化社区的线下互动也至关重要。此外,还可以邀请一些成员来企业的生产基地和店铺进行参观,并在节日里送去问候。小米就曾在米粉节在全国各地的"小米之家"邀请广大"米粉"一起喝小米粥,以此增强情感承诺。通过对部分小米社区用户的访谈,本书还必须要指出的是,对于小米社区的情感承诺归根结底还是要归结于对小米这个品牌的情感承诺,用户们追捧的说到底还是小米的产品、科技、理念以及文化。换言之,是小米公司的软硬实力吸引了用户,而小米社区借用互联网平台将这种实力更快、更广地传播出去,而小米公司中利用虚拟社区各种加深情感连接的活动,其实是进一步对于文化软实力的宣扬,但在这背后,是顾客对于小米产品的认可。纵观目前比较成功的虚拟社区,无不有着强大的科技与产品。例如,苹果论坛威锋网、华为社区等,所以,想要加深顾客对于虚拟社区的情感承诺,一方面,要从社区本身入手,加深情感连接,另一方面,提升自己的硬实力才是最终的解决之策。

9.6 巩固用户的社区利益

虽然情感承诺至关重要,但是算计承诺在虚拟社区感和知识贡献之间也起到了一定的中介作用。因而除了塑造一种"家"文化外,大力发扬虚拟社区的实质性作用,提升成员在社区中的获益也要提上社区管理的日程。为此,一方面,可以设置专门的奖励机制来强化社区成员的感知收益。例如,在社区中寻找有建设性的帖子,当用户每发布一个精华帖子或发表一个精华回复就增加一定的虚拟积分,而虚拟积分可以兑换一定的抵扣券,在购买产品时抵掉一定数量的金额。另一方面,在社区中要设置专门的人员来快速解决成员有关产品的问题,使得虚拟社区能够真正地在第一时间解决成员在产品使用时的实际问题,当然,还可以设立抱怨投诉区域,把使用中遇到的问题与大家一起分享,因为,用户在虚拟社区中所反馈的问题,一般不会是急性问题(例如前文所述的手机突然无法启动),大多为产品使用过程中产生疑难杂症,这些疑难杂症不会使产品丧失使用功能,但却可能长时间困扰用户,对于这种问题,虚拟社区就是一个非常好的处理平台,它可以集众人之所长,及时解决一些简单的问题,从而避免顾客盲目维修带来的时间和精力的损耗。此外,也可以设置一些产品之外的比较实用的板块和帖子,以此来吸引成员积极参与,例如产品使用的注意事项、装卸程序等。

第 10 章 政府应对政策

10.1 完善法律法规建设

政府视角。管理和优化虚拟社区可从几个方面入手。从完善法律法规视角。随着电子通讯、计算机等技术的发展,信息得到了前所未有的重视,使其成为同物质、能量同样重要的资源,社会对于信息的需求越来越大,信息使用在人们日常生活的比重日益提升。个人信息的利用一方面会给社会带来福利,另一方面也可能会对信息主体产生一定的危害,这其中涉及多方面的利益分配。而法律的存在,则为利益的分配和协调提供了合理安排,保证了不同利益方的利益,同时也保护了信息主体的权力与利益。

政府拥有着最大的个人信息库,政府公权力存在于个人信息的收集、使用的过程中,在这个过程中,政府承担着极为关键的角色。一方面,政府是社会管理的承担者,承担着公共安全保护、公共福利推进等多方面的角色,这个过程离不开政府对于个人信息的使用;另一方面,政府不能无节制地收集、使用公民的个人信息,因为在这个过程中,政府作为国家政权的承担者,肩负着保护公民基本权利的义务。因此,政府既是个人信息的利用者,也是个人信息的管理者。政府制定相关法律保护公民的个人信息,明确私人信息使用的合理范围,通过法律法规对信息业者进行合理限制,保证公民权利得到有效保护,采取合理措施维护个人隐私,保障公民个人信息安全。

10.2 增强个人信息保护

针对个人信息保护。个人信息保护法制定与执行离不开国家主导,国家是个人信息保护法执行的强有力保证。**第一,完善个人信息保护法**。个人信息保护法是保护个人信息的基本法律,为个人信息的收集、使用提供了明确范围,确保个人信息不被恶意使用。制定并完善符合我国国情的个人信息保护法尤为重要,明确信息主体的权力、信息使用者的义务、政府责任等可以有效保护公民权利。**第二,严格保证法律的执行**。适当整合信息、管理相关政府部门用于监督个人信息保护法的实施,适时向立法机关提出立法的建议,以国家强制力保证法律的执行,对违法行为进行严惩。**第三,合理使用个人信息**。国家对公民个人信息的使用应在合理范围之内,不滥用技术手段影响公民私人生活,对国家公权力进行一定的限制。与此同时,规定信息业者经营活动范围,通过法律明确其经营活动的规范,为信息业者营造公平、合理的竞争氛围,为信息安全、信息库的建设提供有利条件,严惩相关从业者滥用公民个人信息行为,保护公民切身权利。

10.3 推动知识产权合作

针对知识产权合作。习近平总书记指出,"必须从国家战略高度和进入新发展阶段要求出发,全面加强知识产权保护工作,激发全社会创新活力,推动构建新发展格局"。习近平总书记的讲话明确了知识产权保护的重要性,加强知识产权保护力度既是当前发展阶段的需求,更是建设知识产权强国的重要一步,也为推动创新发展、构建发展新格局提供强有力的保证。

第一,坚持以知识价值为导向平衡利益分配。该种分配方式是市场环境下激励创新的有效手段。在知识经济时代,智力成果越来越受到社会的普遍关注。一个国家或地区如果坚持以知识价值为导向,通过知识产权制度调节利益分配,会使创新在全社会蔚然成风。在我国,依法保护创新者的相关知识产权权益日益受到重视。围绕加强知识产权保护需要做好一系列工作,包括优化专利资助奖励政策和考核评价机制、改革国有知识产权归属和权益分配机制、完善无形资产评估制度、构建知识产权保护运用公共服务平台等。将这些重要举措落到实处,研究实施相关的激励措施,鼓励提升创新者的积极性,有利于更好地激励高价值专利的诞生,形成激励与监管相协调的管理机制,推动创新成果大量涌现,实现共赢局面,为我国经济高质量发展提供便利条件。

第二,确保知识产品得到合理保护。知识产权法是保障创新发明者权利的重要法律,它赋予了创造发明者私人产权,激励着权利人不断进行创新,促进了创新活动的高速发展,提供了源源不断的先进生产力。知识产权法一方面激励着创新活动的发生,保护着所有者的切身利益,另一方面也承担着约束功能,对市场竞争行为有着规范作用。法律只有高效执行才能使知识产品得到有效保护,如果法律实施效率较低,违法侵权行为则会时常发生,这就直接影响创新发明者的合法利益,打击其创新的积极性,从而降低社会福利水平。因此,完善知识产权法等相关法律,保护知识产权,保障创新发明者的切身利益则尤为重要。当代经济的发展离不开创新,创新是先进生产力的重要源泉,依法保护创新成果是当下更是未来需要一直重视的事情。

10.4 培养用户信息道德

从培养信息道德视角。信息道德是除法律以外又一重要视角,政府应选用科学的研究方法对信息道德进行测量,根据合适的信息道德标准对信息道德教育进行评价。加强信息道德教育是政府的重要责任,根据科学的方法进行信息道德教育,是赢得社会各方面认可的重要步骤。制定信息道德教育评价体系要切实可行,需要考虑到社区成员的实际行为与其多方面情况,既要关注他们应承担的责任,又要重视他们的切身权利。发挥信息道德的作用,让社区成员自觉遵守网络规范,培养社区成员的责任感,提高社区成员信息辨别能力,自觉抵制不良信息,培养自律自控意识,维护社区的良好氛围,促进信息社会的有序发展。

第一,推进网络道德规范建设。良好的网络社会既需要法律的强有力执行,也需要道德的规范约束。在法律管理不到的地方则需要发挥道德规范的作用,法律法规需要进一步的完善,网络道德规范也需要进一步的推进。现实生活中的道德规范不能很好地适用于网络,不利于约束社区成员的网络行为。因此,只有同时加强法律、道德的双重建设,才能有效地规范网络成员的行为,培养网络成员的信息道德意识与自律意识,从而避免各种网络不良行为的发生,确保网络成员在法律、道德允许的范围内进行活动,推动网络社会的和谐建设。

第二,营造良好网络道德氛围。良好的网络道德氛围需要社会各界的努力,以社会为主导推进良好氛围的营造则尤为重要。发挥社会引领作用,加强网络道德规范的宣传,让遵纪守法的理念在网络世界也可做到人尽皆知。随着时代的发展,网络道德的规范也在不断变化,建立完善适应当下时代的道德规范至关重要,让网民的行为可以有一个明确的道德标准来自我审视,不断调整自我行为,使之不但符合法律法规的要求,还要符合当下的道德规范,为营造良好网络道德氛围贡献自己的力量,加快良好网络道德氛围的营造。

第三,引导网民正确使用网络。不论是网络道德规范的建设还是网络道德氛围的营造,都离不开网民的作用。在众多网民中,绝大多数网民都接受过教育,当下学生也占据着网民的极大比例,充分发挥教育作用,引导学生正确使用网络则尤为重要。政府应把学校网络道德教育提上日程,为学校进行网络道德教育提供便利条件,以方便学校推进学生的网络道德教育。学校可充分利用校园网为学生网络道德教育提供便利渠道,不断扩展学校进行教育的方式,积极开展线下思想教育活动,形成线上、线下两手抓的良好局势。而学校的教育工作者,需要加强与学生的沟通交流,密切掌握学生的思想状况,了解网上的实时动态,以便做出快速而准确的判断。学校应把诚实、自律、文明等良好品质作为网络道德教育的关键词,培养学生的优良品质,确保学生在网络世界也可以有着充分的自律自控意识,树立强烈的责任意识,自己为自己的网络言行负责,形成良好的上网习惯,辨别信息是非,不信谣不传谣。在学校教育的过程中,老师发挥着至关重要的作用。在网络世界中,老师的责任不仅仅是传授知识,更重要的是"育人"。老师应该严以律己,以身作则,以自身行动为学生树立榜样,通过自身的优秀品质和人格魅力来影响学生,通过自身良好的信息道德素养来感染学生的网络道德品德,加快学生网络道德素质的提升。

10.5 打造优势社区品牌

从品牌打造视角。品牌是一种象征,墨菲将其定义为一种商标,并且认为品牌具有特定的价值、特色。品牌是一种符号,具有象征意义,体现着产品的内在价值。与此同时,品牌代表着认同,是连接消费者、企业、产品三者之间的重要桥梁,它涉及消费者、企业、产品三者沟通的各个方面。品牌接受是品牌认同的重要表现,是消费者理性与感性的结合,打造国家品牌则是进行国家与国家之间的政治文化交流,在这个交流过程中,离不开传播技术的发展。品牌传播需要依靠数据的收集、处理以及分析,国家品牌的广泛传播也离不开数据的精确使用,大数据的利用则是品牌传播的重要方法。在品牌传播过程中,数据自身也扮演着产品,只不过这种产品是一种无形的产品,可以称之为"知识产品"。在我国,数据新闻、视频等已经有着良好的传播效果,但是在对外传播上,数据作用的发挥稍显乏力，利用好这些数据，将其演变成新闻产品，可以有效提高国家品牌传播的丰富性与有效性。

第一，利用优势资源扩展品牌外延。随着传播科技的快速发展，数据涉及商业、贸易等各个方面，数据作为资源的重要性也随之而提高，充分挖掘和使用大数据，发展流量经济，整合资源尤为重要。将与产品有关的各种要素进行有机结合，优化品牌传播效果。品牌传播效果的优化需要整体性的思考，局部品牌的建设只是整体品牌建设的一部分，并且局部品牌建设的线性相加并不能建设成整体品牌，整体品牌的建设需要站在整体视角，发挥全局优势，合理整合优势资源。

第二，整合内外两种舆论场。国家品牌的传播既需要在国内良好传播，也需要在国际形成良好的传播态势。商品营销需要驱动力，而国内、国际市场则是商品营销的重要驱动力。因此，国家品牌传播可以分为国内、国际两个舆论场。其中，国际舆论场是国家品牌对外传播的重要动力，它直接影响着国家品牌传播效果的优劣。随着互联网的快速发展，社交平台的繁荣在一定程度上打破了国内、国际两种舆论场的界限，它将国内舆论场和国际舆论场进行了一定的融合，使不同的国际品牌形成一定的联系。这就使得以往独立舆论场演变成了立体且相互联系的多样化舆论场。这意味着国家品牌的构建与传播需要同时注重内外两个舆论场，保证品牌传播的有效性，提高沟通的质量和效率。利用数据采集等技术在一定程度上解决了品牌传播效果评估困难、时间消耗严重等一系列问题，为国家品牌的良好传播提供了有利条件。

第三，利用大数据实现品牌的精准传播。随着时代的发展，大数据的作用日益增强，充分利用大数据的优势，帮助国家品牌实现精准传播。大数据的利用可以细化用户分类，预测用户行为，很多全球性企业利用大数据进行广告投放，取得了极好成果，促进了全球数字营销的发展。企业成功的营销经验表明，在当前社会中，网民的身份具有多重性，他们既是消费者，也是内容的生产者与传播者。社交媒体不仅是话题的生产者，更是内容传播的参与者。充分利用社交媒体，借助国际社交平台进行品牌传播，在传播话题的同时更要生产话题。国家品牌的传播要利用好流量，也要防止陷入流量漩涡，避免负面话题的产生，充分利用媒体平台，借助数据优势，做好品牌故事的叙述与传播。

10.6 发展数字网络经济

从发展数字经济视角。 数字经济是农业经济、工业经济后出现的新经济形态,它是以现代信息网络为载体,以数据为生产要素,主要应用数字技术,是新时代推动经济快速、高质量发展的重要动力。在当下,随着社会的高速发展,技术、产品、模式更新的速度越来越快,数字经济的作用越来越大,它是各国经济增长的重要部分,推进着新一轮的科技发展与生产方式的变革,影响着经济社会的结构变化。

第一,释放数据资源新动能。 推进公共数据资源的开发利用,围绕重点领域,以实际需求为导向,建立长期有效的模式,推进公共数据资源合理有效利用,引导社会数据资源价值的提升,加速数据资源化、资产化、资本化进程,发展大数据产业,构建完备的产业体系,着力提升企业数据管理能力,提高数据资源质量。在重点领域开展数据管理能力成熟度评估,加快工业数据分类试点,推进大数据应用试点示范。搭建基于区块链等技术的数据安全共享与开发平台、数据资源交易平台,探索建设数据交易中心。深化数据要素与传统生产要素的相互结合,不断激发数据要素创新活力,促进传统产业的快速转型以及新产业、新模式的大量涌现,重视以数据为关键要素的数字经济。

第二,增强关键核心技术创新能力。 核心技术创新能力是推动经济高质量发展的重要动力,是指企业通过特有的技术、方式或组合来实现其他公司不能模仿的优势,代表着企业的能力,影响着企业竞争力强弱。因此,重视核心技术创新能力的发展是企业建立并保持竞争优势的关键。一方面,推进国家以及省级重点实验室的落地,加快创业创新中心的建成,打造高层次的协同创新平台,重视大数据、5G、未来网络等关键领域,整合资源,推进技术创新进程,提升创新能力对产业发展的支撑能力。另一方面,重点推进面向工业企业的软件、信息服务业的创新发展,将人工智能、工业机器人等前沿产业的发展摆在重要位置。提升电子信息产业的稳定性和竞争力,重视大数据+、工业互联网等重要领域,培育一批龙头企业,提升企业的国际影响力,发挥龙头企业的引领作用,带动行业其他企业的快速发展,合理整合创新资源,为企业的发展提供动力,同时培育一批具有全球影响力的自主创新企业品牌。调整优化大数据等各类产业园区,创建数字技术应用创新试验区,加快建设特色数字产业创新基地,打造具有核心竞争力的数字产业集群。

第三，构建多方共治监管机制。良好的监管机制可以及时获取信息,有效地抑制不良行为的发生,为经济社会的高质量发展提供有力保证。一方面,坚持创新发展、包容审慎的治理原则,完善公众监督举报机制,建立建成以政府为主导、各行各业代表参与、互联网为平台的监督机制。加强网络安全治理,推进网络实名制相关规范的建立。制定完善网络不良行为惩戒机制,对侵犯个人隐私、窃取创新成果的行为进行严厉打击。另一方面,提升政府治理数字化能力,建立完善全国以及各省监管平台,将监管内容进行动态化处理,根据实时情况调整监管内容,保证监管体系的适时性和可行性。深度应用视觉智能、物联感知等先进技术,推进新一代雪亮技防工程建设。推动各省市和各领域信用数据的纵横联通和分析挖掘,构建形成基于大数据的信用约束、协同监管、精准实施、分类扶持的新型监管机制。

第四,加大网络安全保障力度。随着互联网的快速发展,网络已经和人们的生活息息相关。加大网络安全保障力度不仅可以有效保护各方利益,还可以规避不良网络事件的发生。一方面,加大关键信息基础设施网络安全防护力度和可靠性保障,强化重点领域工业信息安全防护体系建设。建设网络安全态势实时预警系统,打造一体化网络安全态势感知云平台。建立省级部门网络安全情报协作机制,强化数据供应链、产业链威胁情报共享和应急处置联动。探索运用大数据、人工智能、区块链等新技术提高对数字经济风险的预知、预警和预置能力,强化数字基础设施相关供应链、产业链的安全管理和可靠运行。加强政务信息化项目网络安全的全过程管理。另一方面,完善互联网企业行为规范,强化互联网企业主体责任,制定行业公约,确保企业行为有参考标准,防止投机行为的发生。加强社会监督,推进网络空间治理的多元化,确保有关群体都能参与到网络治理的进程当中,监督互联网企业落实主体责任。

参考文献

[1] 卜庆娟,金永生,李朝辉. 互动一定创造价值吗?——顾客价值共创互动行为对顾客价值的影响[J]. 外国经济与管理,2016,38(9):21-37.

[2] 常亚平,刘兴菊,阎俊,等. 虚拟社区知识共享之于消费者购买意向的研究[J]. 管理科学学报,2011,14(4):86-96.

[3] 陈爱辉,鲁耀斌. SNS用户活跃行为研究:集成承诺、社会支持、沉没成本和社会影响理论的观点[J]. 南开管理评论,2014,17(3):30-39.

[4] 陈瑞,郑毓煌,刘文静. 中介效应分析:原理、程序、Bootstrap方法及其应用[J]. 营销科学学报,2013,9(4):120-135.

[5] 陈卓国. 论新媒体背景下高校课程思政教学改革[J]. 学校党建与思想教育,2019(18):44-46.

[6] 程志超,王斯宁. 基于角色认同的虚拟社区用户活跃行为综述[J]. 北京航空航天大学学报(社会科学版),2017,30(2):78-81.

[7] 迟铭,毕新华,徐永顺. 治理机制对顾客参与价值共创行为的影响——虚拟品牌社区的实证研究[J]. 经济管理,2020,42(2):144-159.

[8] 董晶. 虚拟社区个体的知识贡献动机模式研究[D]. 上海:复旦大学硕士学位论文,2008.

[9] 杜智涛. 网络知识社区中用户"知识化"行为影响因素——基于知识贡献与知识获取两个视角[J]. 图书情报知识,2017(2):105-119.

[10] 范公广,吴梦. 虚拟品牌社区支持感对顾客契合行为的影响研究[J]. 软科学,2019,33(10):119-125.

[11] 冯进展,蔡淑琴. 虚拟品牌社区中契合顾客识别模型及实例研究[J]. 管理学报,2020,17(9):1364-1372.

[12] 古安伟,许正良,刘娜,景涛. 虚拟品牌社区顾客信息获取对价值共创的影响模型构建[J]. 图书情报工作,2017,61(17):53-59.

[13] 谷斌,陈晓双. 专业虚拟社区的用户创新激励——基于社会网络分析[J]. 科技管理研究,2021,41(2):145-153.

[14] 顾美玲,迟铭,韩洁平.开放式创新社区治理机制对用户知识贡献行为的影响——虚拟社区感知的中介效应[J].科技进步与对策,2019,36(20):30-37.

[15] 管玉娟,黄光球.虚拟社群中消费者品牌知识分享意愿探析[J].中国流通经济,2014,28(11):78-86.

[16] 韩宪洲.深化"课程思政"建设需要着力把握的几个关键问题[J].北京联合大学学报(人文社会科学版),2019,17(2):1-6+15.

[17] 何建民,常传武,刘业政.客户网上参与产品开发的"动机—行为"模型研究[J].中国管理科学,2011,19(5):173-181.

[18] 贺武华,王凌敦.我国课程思政研究的回顾与展望[J].学校党建与思想教育,2021(4):26-30.

[19] 侯杰泰.结构方程模型及其应用[M].教育科学出版社,2004.

[20] 黄维,赵鹏.虚拟社区用户知识共享行为影响因素研究[J].情报科学,2016,34(4):68-73.

[21] 霍春辉,李月娥,刘建基.虚拟社区感与个体知识共享行为关系的实证研究[J].当代经济,2015,(23):123-125.

[22] 姜雪.虚拟社区信息分享行为的影响因素研究综述[J].图书馆学研究,2014,(10):18-24.

[23] 李朝辉,卜庆娟,曹冰.虚拟品牌社区顾客参与价值共创如何提升品牌关系?——品牌体验的中介作用[J].商业研究,2019,(6):9-17.

[24] 李金阳.社会交换理论视角下虚拟社区知识共享行为研究[J].情报科学,2013(4):119-123.

[25] 李雪欣,包文莉,夏天.虚拟品牌社区顾客动机对产品创新行为的影响[J].东北大学学报(社会科学版),2014,16(5):468-473.

[26] 李志宏,李敏霞,何济乐.虚拟社区成员知识共享意愿影响因素的实证研究[J].图书情报工作,2009,53(12):53-56.

[27] 廖俊云,黄敏学,彭捷.企业虚拟品牌社区参与对消费者社区承诺的影响研究[J].管理评论,2017,(10):73-83.

[28] 廖俊云,黄敏学,彭捷.虚拟品牌社区成员社会化策略及其影响[J].南开管理评论,2016,19(5):171-181.

[29] 廖俊云,林晓欣,卫海英.虚拟品牌社区价值如何影响消费者持续参与:品牌知识的调节作用[J].南开管理评论,2019,22(6):16-26.

[30] 刘德文,姚山季.顾客参与驱动新产品开发绩效的机制研究:自主创新能力视角[J].科技创新案例与研究,2015,(1):59-71.

[31] 刘海鑫,刘人境,李圭泉.社会资本、技术有效性与知识贡献的关系研究——基于企业虚拟社区的实证研究[J].管理评论,2014,26(12):10-19.

[32] 刘鹤,石瑛,金祥雷.课程思政建设的理性内涵与实施路径[J].中国大学教学,2019(3):59-62.

[33] 刘新,杨伟文.虚拟品牌社群认同对品牌忠诚的影响[J].管理评论,2012,24(7):102-104.

[34] 刘印房.基于协同学的"思政课程"向"课程思政"的转变路径[J].高教论坛,2019,(4):13-16.

[35] 楼天阳,褚荣伟,李仪凡,等.虚拟社区成员参与心理机制研究述评[J].外国经济与管理,2011,33(5):33-40.

[36] 马双,王永贵.虚拟品牌社区重在"维系情感"还是"解决问题"?——基于承诺的差异性影响的实证研究[J].经济管理,2015,(1):77-86.

[37] 马向阳,王宇龙,汪波,杨颂.虚拟品牌社区成员的感知、态度和参与行为研究[J].管理评论,2017,29(7):70-81.

[38] 彭晓东,申光龙.虚拟社区感对顾客参与价值共创的影响研究——基于虚拟品牌社区的实证研究[J].管理评论,2016,28(11):106-115.

[39] 齐砚奎.全课程育人背景下高校课程思政建设的理论思考[J].黑龙江高教研究,2020,38(1):124-127.

[40] 秦可欣,李海刚.众包社区用户的知识共享网络影响机理研究[J].上海管理科学,2020,42(6):69-75.

[41] 沙振权,蒋雨薇,温飞.虚拟品牌社区体验对社区成员品牌认同影响的实证研究[J].管理评论,2010,22(12):79-88.

[42] 沙振权,朱玲梅.虚拟品牌社区中知识分享对社区推广的影响研究——基于社会资本视角[J].营销科学学报,2015,11(4):77-90.

[43] 申光龙,彭晓东,秦鹏飞.虚拟品牌社区顾客间互动对顾客参与价值共创的影响研究——以体验价值为中介变量[J].管理学报,2016,13(12):1808-1816.

[44] 施娟,潘晔.虚拟品牌社区的研究维度及其营销管理[J].北华大学学报(社会科学版),2015,16(3):23-26

[45] 石丽艳.关于构建高校课程思政协同育人机制的思考[J].学校党建与思想教育,2018(10):41-43.

[46] 宋展昭,乐承毅,李雯欣.平台治理机制对用户知识贡献行为的影响——基于企业虚拟社区的实证研究[J].知识管理论坛,2020,5(6):383-397.

[47] 孙斌.粉丝文化及其传播研究[D].南京:南京理工大学硕士学位论文,2010.

[48] 孙乃娟,郭国庆.顾客承诺、自我提升与顾客公民行为:社会交换理论视角下的驱动机制与调节作用[J].管理评论,2016,28(12):187-197.

[49] 孙燕华.创新教学管理推动高校课程思政改革与探索[J].中国大学教学,2019(05):55-59.

[50] 田阳,王海忠,柳武妹,等.品牌承诺能抵御负面信息吗?——自我调节导向的调节作用[J].心理学报,2014,46(6):864-875.

[51] 王德胜,王建金.负面网络口碑对消费者品牌转换行为的影响机制研究——基于虚拟社区涉入的视角[J].中国软科学,2013,(11):112-122.

[52] 王菲.利用虚拟社区扩大市场、提高成员忠诚的案例研究[D].昆明:云南财经大学硕士学位论文,2016.

[53] 王海威,王伯承.论高校课程思政的核心要义与实践路径[J].学校党建与思想教育,2018(14):32-34.

[54] 王莉,任浩.虚拟创新社区中消费者互动和群体创造力——知识共享的中介作用研究[J].科学学研究,2013,31(5):702-710.

[55] 王茜."课程思政"融入研究生课程体系初探[J].研究生教育研究,2019,(4):64-68+75.

[56] 王松,丁霞,李芳.虚拟品牌社区成员社会化策略与用户品牌承诺[J].企业经济,2020,(5):78-86.

[57] 王秀丽.网络社区意见领袖影响机制研究——以社会化问答社区"知乎"为例[J].国际新闻界,2014,36(9):47-57.

[58] 王学俭,石岩.新时代课程思政的内涵、特点、难点及应对策略[J].新疆师范大学学报(哲学社会科学版),2020,41(2):50-58.

[59] 王永贵,马双.虚拟品牌社区顾客互动的驱动因素及对顾客满意影响的实证研究[J].管理学报,2013,10(9):1375-1383.

[60] 吴爱萍."协同"·"配合":高教课程思政社会建构研究[J].黑龙江高教研究,2020,38(2):153-156.

[61] 伍醒,顾建民."课程思政"理念的历史逻辑、制度诉求与行动路向[J].大学教育科学,2019,(3):54-60.

[62] 熊国钺,沈菁.交易型虚拟社区用户持续信任影响机制研究——网络口碑特性和虚拟社区感知的作用[J].经济与管理,2019,33(5):61-67.

[63] 熊英,万韬.虚拟社区知识共享研究述评[J].中国经贸导刊(中),2021(1):182-184.

[64] 熊元斌,吕丹.品牌依恋的形成机制与营销效应:一个整合性分析框架[J].华东经济管理,2015,29(10):139-145.

[65] 徐彪,李心丹,张珣.基于顾客承诺的IT业品牌忠诚形成机制研究[J].管理学报,2011,8(11):1675-1681.

[66] 徐光,张雪,李志刚,田也壮.基于虚拟社区感知与社区参与动机影响的社会资本与组织公民行为关系研究[J].管理评论,2016,28(7):213-225.

[67] 徐芒芒.虚拟品牌社区归属感对消费者品牌忠诚的影响研究[D].长沙:中南大学硕士学位论文,2012.

[68] 徐长江,于丽莹.虚拟社区公民行为在虚拟社区感与知识共享意图间的中介作用:自我效能感的调节机制[J].心理科学,2015,38(4):923-927.

[69] 杨晓荣,杜荣.IT驱动的虚拟社区知识共享对跨境电商服务质量的影响研究[J/OL].中国管理科学:1-11[2021-04-15].https://doi.org/10.16381/j.cnki.issn1003-207x.2019.1062.

[70] 姚慧丽,毛翔宇,金辉.考虑平台影响因素的虚拟社区知识共享演化博弈研究[J].运筹与管理,2020,29(12):82-88.

[71] 姚山季,刘德文.众包模式下个体参与意愿的影响因素研究——基于交易成本理论视角[J].企业经济,2017,(1):97-103.

[72] 姚山季,刘德文.众包模式下顾客参与、顾客互动和新产品价值[J].财经论丛,2016,(10):85-95.

[73] 易法敏,卢翠琴.感知服务质量与用户忠诚——基于关系型虚拟社区的研究[J].中国科技论坛,2013,(6):115-121.

[74] 于桂花."课程思政"教学实践路径探析[J].教育理论与实践,2020,40(15):27-29.

[75] 余文伟,朱虹,胡小丽,肖春曲.虚拟品牌社区中的品牌价值共创研究述评与展望[J].软科学,2020,34(7):55-59.

[76] 俞林,许敏.虚拟社区成员强化动机对品牌选择行为的作用机理[J].中国

流通经济,2020,34(5):62-72.

[77] 岳宇君,郦晓月. 出于效益还是约束? 社会化问答社区用户持续答题意愿研究[J]. 情报杂志,2021,40(3):175-181.

[78] 张才明. 虚拟社区隐性知识共享研究[J]. 情报科学,2020,38(9):36-41.

[79] 张驰,宋来. "课程思政"升级与深化的三维向度[J]. 思想教育研究,2020,(2):93-98.

[80] 张宏. 高校课程思政协同育人效应的困境、要素与路径[J]. 国家教育行政学院学报,2020,(10):31-36.

[81] 张华,张新惠,静行,王聪,邢洋,闫晓望. 课程思政背景下专业课教师与思政课教师和辅导员协同育人机制探索与实践[J]. 教育现代化,2019,(6):101-103.

[82] 张健. "三全育人"背景下构建研究生课程思政协同育人机制的路径探索——以《工程伦理》为例[J]. 公关世界,2020,(10):67-68.

[83] 张洁,廖貅武. 虚拟社区中顾客参与、知识共享与新产品开发绩效[J]. 管理评论,2020,32(04):117-131.

[84] 张金鑫,胡海. 基于消费者品牌认知下的在线负面评论[J]. 企业经济,2016,(7):29-34.

[85] 张克一,唐小飞,鲁平俊,王春国. 基于C2C与B2C虚拟品牌社区的企业知识创新比较研究[J]. 科研管理,2016,37(12):65-72.

[86] 张敏,唐国庆,张磊. 在线社交学习中用户知识贡献行为的影响因素研究——基于"利己"与"利他"的双重情境[J]. 情报杂志,2016,35(10):146-152.

[87] 张娜,彭倩,许晖. 顾客参与视角下的企业微创新实现机制研究——基于小米手机的案例[J]. 现代管理科学,2015,(10):94-96.

[88] 张嵩,丁怡琼,郑大庆. 社会化网络服务用户理想忠诚研究——基于沉浸理论和信任承诺理论[J]. 情报杂志,2013,(8):197-203.

[89] 张晓娟,连晗羽,周学春. 虚拟社区和用户参与知识贡献研究:就绪和努力的视角[J]. 浙江社会科学,2017,(9):89-97+158-159.

[90] 张晓娟,周学春. 社区治理策略、用户就绪和知识贡献研究:以百度百科虚拟社区为例[J]. 管理评论,2016,28(9):72-82.

[91] 赵景林,赵红. 虚拟品牌社区社会资本、品牌关系质量和消费者创新能力的关系研究[J]. 科学学与科学技术管理,2019,40(8):71-86.

[92] 赵捧未,马琳,秦春秀.虚拟社区研究综述[J].情报理论与实践,2013,36(7):119-123.

[93] 周军杰.社会化商务背景下的用户粘性:用户互动的间接影响及调节作用[J].管理评论,2015,27(7):127-136.

[94] 周军杰.虚拟社区内不同群体的知识贡献行为:一项对比研究[J].管理评论,2015,27(2):55-66+110.

[95] 周科,胡颖.虚拟品牌社区参与对用户沉浸体验的影响研究——兼论品牌意识的调节作用[J].商业经济研究,2020,(15):73-76.

[96] 周涛,陈可鑫,邓胜利.社群学习用户持续参与行为机理研究[J].现代情报,2019,39(1):43-50.

[97] 朱丽叶,袁登华,郝佳.虚拟品牌社区顾客参与品牌共创对品牌承诺的影响研究[J].管理学报,2018,15(2):262-271.

[98] 朱振中,李晓丹,梁美丽.虚拟社区感研究述评与展望[J].外国经济与管理,2014,36(4):36-46.

[99] 庄曦,王旭,刘百玉.滴滴司机移动社区中的关系结构及支持研究[J].新闻与传播研究,2019,26(6):36-58+127.

[100] Amine A, Sitz L. How does a virtual brand community emerge? Some implications for marketing research[Z]. Research Paper, University Paris, 2004.

[101] Abfalter D, Zaglia M E, Mueller J. Sense of Virtual Community: A Follow up on Its Measurement[J]. Computers in Human Behavior, 2012, 28(2): 400-404.

[102] Adams J S. Inequity in Social Exchange[J]. Advances in Experimental Social Psychology, 1965, 2(4): 267-299.

[103] Adjei M T, Noble S M, Noble C H. The Influence of C2C Communications in Online Brand Communities on Customer Purchase Behavior[J]. Journal of the Academy of Marketing Science, 2010, 38(5): 634-653.

[104] Algesheimer R, Dholakia U M, Herrmann A. The Social Influence of Brand Community: Evidence from European Car Clubs[J]. Journal of Marketing, 2005, 69(4): 19-34.

[105] Allen N J, Meyer J P. Organizational Commitment: Evidence of Career

Stage Effects? [J]. Journal of Business Research, 1993, 26(1): 49-61.

[106] Allen N J, Meyer J P. TheMeasurement and Antecedents of Affective, Continuance and Normative Commitment to the Organization[J]. Journal of Occupational and Organizational Psychology, 1990, 63(1): 1-18.

[107] Alnawas, I., Aburub, F. TheEffect of Benefits Generated from Interacting with Branded Mobile Apps on Consumer Satisfaction and Purchase Intentions. [J]. Journal of Retailing and Consumer Services, 2016, 31, 313-322.

[108] Anderson L, Mccabe D B. A Co-constructed World: Adolescent Self-Socialization on the Internet[J]. Journal of Public Policy & Marketing, 2012, 31(2): 240-253.

[109] Armstrong A, Hangel J. The real value of online communities[J]. Harvard Business Review, 1996, 74(3): 134-141.

[110] Baldus B J, Voorhees C, Calantone R. Online Brand Community Engagement: Scale Development and Validation[J]. Journal of Business Research. 2015, 68(5): 978-985.

[111] Barnes S J, Mattsson J, Hartley N. Assessing the Value of Real-life Brands in Virtual Worlds. [J]. Technological Forecasting and Social Change, 2015, 92(3): 12-24.

[112] Baron R M, Kenny D A. TheModerator-mediator Variable Distinction in Social Psychological Research: Conceptual, Strategic, and Statistical Considerations[J]. Journal of Personality & Social Psychology, 1986, 51(6): 1173-1182.

[113] Bateman P J, Gray P H, Butler B S. The Impact of Community Commitment on Participation in Online Communities[J]. Information Systems Research, 2011, 22(4): 841-854.

[114] Beenen G, Ling K, Wang X, et al. UsingSocial Psychology to Motivate Contributions to Online Communities [C]//ACM Conference on Computer Supported Cooperative Work. ACM, 2004.

[115] Bendapudi N, Leone R P. Psychological Implications of Customer Participation in Co-Production[J]. Journal of Marketing, 2013, 67(1):

14-28.

[116] Bente G, Rüggenberg S, Krämer N C, et al. Avatar-Mediated Networking: Increasing Social Presence and Interpersonal Trust in Net-Based Collaborations[J]. Human Communication Research, 2008, 34(2): 287-318.

[117] Bergami M, Bagozzi R P. Self-categorization, Affective Commitment and Group Self-esteem as Distinct Aspects of Social Identity in the Organization[J]. British Journal of Social Psychology, 2000, 4(4): 555-577.

[118] Bernoff J, Li C. Harnessing thePower of the oh-so-social Web[J]. IEEE Engineering Management Review, 2010, 38(3): 8-15.

[119] Bijmolt T H A, Leeflang P S H, Block F, et al. Analytics for Customer Engagement[J]. Journal of Service Research. 2010, 13(3): 341-356.

[120] Black I, Veloutsou C. WorkingConsumers: Co-creation of Brand Identity, Consumer Identity and Brand Community Identity[J]. Journal of Business Research, 2017, 70(1): 416-429.

[121] Blanchard A L, Markus M L. TheExperienced Sense of a Virtual Community: Characteristics and Processes[J]. Acm Sigmis Database, 2004, 35(1): 64-79.

[122] Blanchard A L. Developing aSense of Virtual Community Measure[J]. Cyberpsychology & Behavior the Impact of the Internet Multimedia & Virtual Reality on Behavior & Society, 2007, 10(6): 827-30.

[123] Blanchard A L. Testing aModel of Sense of Virtual Community[J]. Computers in Human Behavior, 2008, 24(5): 2107-2123.

[124] Blau P M. Exchange and Power in Social Life[M]. City Transaction Publishers, 1964.

[125] Blau P M. Exchange and power inSocial Life[M]. Routledge, 2017.

[126] Brodie R J, Ilic A, Juric B, et al. Consumer Engagement in a Virtual Brand Community: An Exploratory Analysis[J]. Journal of Business Research, 2013, 66(1): 105-114.

[127] Brodie R J, Ilic A, Juric B, Hollebeek L. Consumer Engagement in a Virtual Brand Community: An Exploratory Analysis[J]. Journal of

Business Research, 2013, 66 (1), 105-114

[128] Brown J R, Lusch R F, Nicholson C Y. Power andRelationship Commitment: Their Impact on Marketing Channel Member Performance [J]. Journal of Retailing, 1995, 71(4): 363-392.

[129] Burroughs S M, Eby L T. Psychological Sense of Community at Work: A Measurement System and Explanatory Framework[J]. Journal of Community Psychology, 1998, 26(6): 509-532.

[130] Cabrera A, Collins W C, Salgado J F. Determinants ofIndividual Engagement in Knowledge Sharing[J]. The International Journal of Human Resource Management, 2006, 17(2): 245-264.

[131] Cachia R, Compa?ó R, Da Costa, O. Grasping the Potential of Online Social Networks for Foresight[J]. Technological Forecasting and Social Change, 2007, 74 (8): 1179-1203.

[132] Cannière M H D, Pelsmacker P D, Geuens M. Relationship Quality and Purchase Intention and Behavior: The Moderating Impact of Relationship Strength[J]. Journal of Business and Psychology, 2010, 25 (1): 87-98.

[133] Carlson B D, Suter T A, Brown T J. Socialversus Psychological Brand Community: The Role of Psychological Sense of Brand Community[J]. Journal of Business Research, 2008, 61(4): 284-291.

[134] Casaló L V. Promoting Consumer's Participation in Virtual Brand Communities: A New Paradigm in Branding Strategy[J]. Journal of Marketing Communications, 2008, 14(1): 19-36.

[135] Casaló L, Guinalíu M, Flavián C. The Impact of Participation in Virtual Brand Communities on Consumer Trust and Loyalty: The Case of Free Software[J]. 2007, 31(6): 775-792.

[136] Chai S, Kim M. A socio-technicalApproach to Knowledge Contribution Behavior: An empirical Investigation of Social Networking Sites Users [J]. International Journal of Information Management, 2012, 32(2): 118-126.

[137] Chan T K, Zheng X, Cheung C M, Lee M K, Lee Z W. Antecedents and Consequences of Customer Engagement in Online Brand

Communities[J]. Journal of Marketing Analytics. 2014, 2 (2): 81 - 97.

[138] Chang H H, Chuang S S. SocialCapital and Individual Motivations on Knowledge Sharing: Participant Involvement as a Moderator [J]. Information & Management, 2011, 48(1): 9 - 18.

[139] Chen C S, Chang S F, Liu C H. Understanding Knowledge-Sharing Motivation, Incentive Mechanisms, and Satisfaction in Virtual Communities[J]. Social Behavior & Personality, 2012, 40(4): 639 - 648.

[140] Chen G, Yang S, Tang S. Sense of Virtual Community and Knowledge Contribution in a P3 Virtual Community[J]. Internet Research, 2013, 23(1): 4 - 26.

[141] Chen I Y L. TheFactors Influencing Members' Continuance Intentions in Professional Virtual Communities a Longitudinal Study[J]. Journal of Information Science, 2007, 33(4): 451 - 467.

[142] Chen R. MemberUse of Social Networking Sites an Empirical Examination[J]. Decision Support Systems, 2013, 54(3): 1219 - 1227.

[143] Cheng Z C, Guo T C. TheFormation of Social Identity and Self-identity Based on Knowledge Contribution in Virtual Communities: An Inductive Route Model[J]. Computers in Human Behavior, 2015, 43 (5): 229 - 241.

[144] Chin, W. W. The Partial Least Squares Approach to Structural Equation Modeling[C]. In Marcoulides, G. A. (Ed.), Modern Method for Business Research, Lawrence Erlbaum Associates, Mahwah, NJ, 1998: 295 - 336.

[145] Chiu C M, Hsu M H, Wang E T G. UnderstandingKnowledge Sharing in Virtual Communities: An Integration of Social Capital and Social Cognitive Theories[J]. Decision Support Systems, 2006, 42(3): 1872 - 1888.

[146] Cho H, Jahng J J. FactorsAffecting the Performance of Voluntary Participants in the Knowledge Sharing Virtual Community [J]. International Journal of Web Based Communities, 2014, 10(3): 339 - 356.

[147] Choi B, Alexander K, Kraut R E, et al. Socialization Tactics in Wikipedia and Their Effects[C]// ACM Conference on Computer Supported Cooperative Work. ACM, 2010: 107-116.

[148] Chou E Y, Lin C Y, Huang H C. Fairness andDevotion go Far: Integrating Online Justice and Value Co-creation in Virtual Communities[J]. International Journal of Information Management, 2016, 36(1): 60-72.

[149] Gregory C K, Meade A W, Thompson L F. UnderstandingInternet Recruitment Via Signaling Theory and the Elaboration Likelihood Model[J]. Computers in Human Behavior, 2013, (29): 1949-1959.

[150] Christopher A J. InternetCommunity Primer Overview and Business Opportunities[Z]. Working Paper.

[151] Churchill G A. A Paradigm for Development Better Measures of Marketing Construct[J]. Journal of Marketing Research, 1979, 16(1): 64-73.

[152] Cohen J. Statistical Power Analysis for the Behavioral Sciences[J]. Journal of the American Statistical Association, 1988, 34(2): 19-74.

[153] Cook B K S, Molm L D, Yamagishi T. ExchangeRelations and Exchange Networks: Recent Developments in Social Exchange Theory[C]// Programs: Studies in Theory Growth. 2010.

[154] Cook K S, Emerson R M, Gillmore M R, et al. TheDistribution of Power in Exchange Networks: Theory and Experimental Results[J]. American Journal of Sociology, 1983, 89(2): 275-305.

[155] Coulter R A, Price L L, Feick L. Rethinking the Origins of Involvement and Brand Commitment: Insights from Post-socialist Central Europe[J]. Journal of Consumer Research, 2003, 30(2): 151-169.

[156] Cova B, Pace S. BrandCommunity of Convenience Products: New Forms of Customer Empowerment: The Case "My Nutella The Community"[J]. European Journal of Marketing, 2006, 40(9/10): 1087-1105.

[157] Cropanzano R, Mitchell M S. Social Exchange Theory: An

Interdisciplinary Review[J]. Journal of Management, 2005, 31(6): 874-900.

[158] Dai H, Salam A F. An Integrative Framework of Service Convenience, Service Consumption Experience, and Relational Exchange in Electronic Mediated Environment (EME)[C]// International Conference on Information Systems, 2010: 35-73.

[159] Davis F D. PerceivedUsefulness, Perceived Ease of Use, and User Acceptance of Information technology[J]. MIS Quarterly, 1989, 13(3): 319-340.

[160] De Almeida S O, Scaraboto D, Pedro D S F J, et al. Seriously Engaged Consumers: Navigating Between Work and Play in Online Brand Communities[J]. Journal ofInteractive Marketing, 2018, 44(11): 29-42.

[161] De Valck K, Van Bruggen G H, Wierenga B. Virtual Communities: A Marketing Perspective[J]. Decision Support Systems, 2009, 47(3), 185-203.

[162] Dellarocas C. The digitization of word of mouth: Promise and challenges ofonline feedback mechanisms[J]. Management science, 2003, 49(10): 1407-1424.

[163] Deng Y S. DesigningSocial Presence in E-learning Environments: Testing the Effect of Interactivity on Children[J]. Interactive Learning Environments, 2006, 14(3): 251-264.

[164] Dennis C, Papagiannidis S, Alamanos E, et al. The Role of Brand Attachment and Its Antecedents in Brand Equity in Higher Education[M]//Creating Marketing Magic and Innovative Future Marketing Trends. Springer, Cham, 2017: 287-292.

[165] Dessart L, Veloutsou C, Morgan-Thomas A. Consumer Engagement in Online Brand Communities: a Social Media Perspective[J]. Journal of Product & Brand Management, 2015, 24(1): 28-42

[166] Dholakia U M, Bagozzi R P, Pearo L K. A Social Influence Model of Consumer Participation in Network and Small-group-based Virtual Communities[J]. International Journal of Research in Marketing, 2004,

21(3): 241-263.

[167] Dholakia U M, Blazevic V, Wiertz C, et al. Communal Service Delivery: HowCustomers Benefit from Participation in Firm-Hosted Virtual P3 Communities[J]. Journal of Service Research, 2009, 12(2): 208-226.

[168] Dholakia U M, Bagozzi R P, Pearo L K. A Social Influence Model of Consumer Participation in Network-and Small-group-based Virtual Communities[J]. International Journal of Research in Marketing, 2004, 21(3): 241-263

[169] Dolan R, Conduit J, Fahy J, Goodman S. Social Media Engagement Behaviour: A Uses and Gratifications Perspective [J]. Journal of Strategic Marketing, 2016, 24 (3/4): 261-277.

[170] Donaldson B, Toole T O. ClassifyingRelationship Structures: Relationship Strength in Industrial Markets[J]. Journal of Business & Industrial Marketing, 2000, 15(7): 491-506.

[171] Dunlop S M, Wakefield M, Kashima Y. Pathways to Persuasion: Cognitive and Experiential Responses to Health-Promoting Mass Media Messages[J]. Communication Research, 2010, 37(1): 133-164.

[172] Dwyer F R, Schurr P H, Oh S. Developing Buyer-Seller Relationships [J]. Journal of Marketing, 1987, 51(2): 11-27.

[173] Ellemers N, Kortekaas P, OuwerkerkJ W. Selfcategorisation, Commitment to the Group and Group Self-esteem as Related but Distinct Aspects of Social Identity[J]. European Journal of Social Psychology, 1999, 29(2/3): 371-389.

[174] Ellonen H K, Kosonen M, Henttonen K. TheDevelopment of a Sense of Virtual Community [J]. International Journal of Web Based Communities, 2007, 3(1): 114-130.

[175] Fisher A T, Sonn C C. Aspiration toCommunity: Community Responses to Rejection[J]. Journal of Community Psychology, 1999, 27(6): 715-725.

[176] Fiske S T, Taylor S E. Social cognition: From brains to culture[M]. Sage, 2013.

[177] Füller J, Matzler K, Hoppe M. Brand Community Members as a Source of Innovation[J]. Journal of Product Innovation Management, 2008, 25(6): 608-619

[178] Fullerton G. HowCommitment Both Enables and Undermines Marketing Relationships[J]. European Journal of Marketing, 2005, 39(11/12): 1372-1388.

[179] Gilbert E, Karahalios K, Sandvig C. TheNetwork in the Garden: an Empirical Analysis of Social Media in Rural Life[C]//Conference on Human Factors in Computing Systems, Florence, Italy, April 2008. DBLP: 1603-1612.

[180] Gilliland D I, Bello D C. TwoSides to Attitudinal Commitment: The Effect of Calculative and Loyalty Commitment on Enforcement Mechanisms in Distribution Channels[J]. Journal of the Academy of Marketing Science, 2002, 30(1): 24-43.

[181] Index G W. Social: The latest social media trends to know in 2018 (Flagship Report)[R]. London: Index, 2018.

[182] Goh K Y, Heng C S, Lin Z. Social Media Brand Community and Consumer Behavior: Quantifying the Relative Impact of User-and Marketer-Generated Content[J]. Information Systems Research, 2013, 24(1): 88-107.

[183] Granovetter M. The strength of weak ties: ANetwork Theory Revisited [J]. Sociological Theory, 1983, 1(6): 201-233.

[184] Gruner R L, Homburg C, Lukas B A. Firm-hosted Online Brand Communities and New Product Success[J]. Journal of the Academy of Marketing Science, 2014, 42(1): 29-48

[185] Gummerus J, Liljander V, Weman E, Pihlström M. CustomerEngagement in a Facebook Brand Community[J]. Management Research Review, 2012, 35(9): 857-877.

[186] Gundlach G T, Achrol R S, Mentzer J T. The Structure of Commitment in Exchange[J]. Journal of Marketing, 1995, 59(1): 78-92.

[187] Gupta S, Kim H W. Developing the Commitment to Virtual

Community: The Balanced Effects of Cognition and Affect[J]. Information Resources Management Journal, 2007, 20(1): 28 – 45.

[188] Hanna S. DigitalTools for Creative Hinges[M]. Distributed Intelligence in Design, Blackwell.

[189] Harrison-Walker L J. The Measurement of Word-of-Mouth Communication and an Investigation of Service Quality and Customer Commitmentas Potential Antecedents[J]. Journal of Service Research, 2001, 4(1): 60 – 75.

[190] Hars A, Ou S. Working for Free? Motivations of Participating in Open Source Projects[J]. International Journal of Electronic Commerce, 2001, 7(6): 25 – 39.

[191] Hashim K F, Tan F B. TheMediating Role of Trust and Commitment on Members' Continuous Knowledge Sharing Intention: A Commitment-trust Theory Perspective[J]. International Journal of Information Management, 2015, 35(2): 145 – 151.

[192] Hollebeek L, Chen T. ExploringPositively-versus Negatively-valenced Brand Engagement: a Conceptual Model[J]. Journal of Product & Brand Management, 2014, 23(1): 62 – 74

[193] Hollebeek L D, Glynn M S, Brodie R J. Consumer Brand Engagement in Social Media: Conceptualization, Scale Development and Validation [J]. Journal of Interactive Marketing, 2014, 28(2): 149 – 165

[194] Hollebeek L D, Juric B, Tang W. Virtual Brand Community Engagement Practices: A Refined Typology and Model[J]. Journal of Services Marketing, 2017, 31(3): 204 – 217.

[195] Hollebeek L D, Macky K. Digital Content Marketing's Role in Fostering Consumer Engagement, Trust, and Value: Framework, Fundamental Propositions, and Implications[J]. Journal of Interactive Marketing, 2019, 45(2): 27 – 41.

[196] Hollebeek L D, Malthouse E C, Block M P. Sounds of Music: Exploring Consumers' Musical Engagement[J]. Journal of Consumer Marketing, 2016, 33(6): 417 – 427.

[197] Hollebeek L D, Solem B A A. TheConsumer Engagement/Return on

Social Media Engagement Interface: Development of a Conceptual Model [M]. Contemporary Issues in Social Media Marketing. Routledge, 2017: 132-148.

[198] Hollebeek L D, Srivastava R K, Chen T. SD Logic-informed Customer Engagement: Integrative Framework, Revised Fundamental Propositions, and Application to CRM[J]. Journal of the Academy of Marketing Science, 2019, 47(1): 161-185.

[199] Homans G C. TheHumanities and the Social Sciences[J]. American Behavioral Scientist, 1961, 4(8): 3-6.

[200] Hook M, Baxter S, Kulczynski A. Antecedents andConsequences of Participation in Brand Communities: A Literature Review[J]. Journal of Brand Management, 2018, 25(4): 277-292.

[201] Hsu C L, Lin C C. Acceptance ofBlog Usage: The Roles of Technology Acceptance, Social Influence and Knowledge Sharing Motivation[J]. Information & Management, 2008, 45(1): 65-74.

[202] Huang Q, Davison R M, Gu J. Impact ofPersonal and Cultural Factors on Knowledge Sharing in China [J]. Asia Pacific Journal of Management, 2008, 25(3): 451-471.

[203] Huang C T, Chen P T. Do Reward Programs Truly Build Loyalty for Lodging Industry? [J]. International Journal of Hospitality Management, 2010, 29 (1): 128-135

[204] Hung S, Durcikova A, Lai H, et al. The Influence of Intrinsic and Extrinsic Motivation on Individuals' Knowledge Sharing Behavior[J]. International Journal of Human-Computer Studies, 2011, 69(6): 415-427.

[205] Islam J, Rahman Z. TheImpact of Online Brand Community Characteristics on Customer Engagement: An Application of Stimulus-Organism-Response Paradigm[J]. Telematics and Informatics, 2017, 34(4): 96-109.

[206] Islam J, Rahman Z, Hollebeek L D. The Role of Consumer Engagement in Recovering Online Service Failures: An Application of Service-dominant Logic[M]. Handbook of Research on Customer Engagement.

Edward Elgar Publishing, 2019: 456 – 469.

[207] Jang H Y, Olfman L, Ko I, et al. The Influence of On-Line Brand Community Characteristics on Community Commitment and Brand Loyalty[J]. International Journal of Electronic Commerce, 2008, 12(3): 57 – 80.

[208] Jeppesen L B, Frederiksen L. Why Do Users Contribute to Firm-Hosted User Communities? The Case of Computer-Controlled Music Instruments[J]. Organization Science, 2006, 17(1): 45 – 63.

[209] Jin X L, Lee M O, Cheung C K. Predicting continuance in Online Communities: Model Development and Empirical Test[J]. Behaviour & Information Technology, 2010, 29(4): 383 – 394.

[210] Keng C, Ting H, Chen Y. Effects of Virtual-experience Combinations on Consumer-related "Sense of Virtual Community"[J]. Internet Research, 2011, 21(4): 408 – 434.

[211] Keng C J, Pao C H, Ting H Y, et al. Impact of Machine and Interpersonal Virtual Experience Combinations on Sense of Virtual ommunity: The Moderating Roles of opimum Stimulation Level and Motives for Reading Customer Articulations[J]. Journal of Electronic Commerce Research, 2015, 16(1): 34 – 55.

[212] Kim W G, Chang L, Hiemstra S J. Effects of An Online Virtual Community on Customer Loyalty and Travel Product Purchases[J]. Tourism Management, 2004, 25(3): 343 – 355.

[213] Koh J, Kim Y. Sense of Virtual Community: A Conceptual Framework and Empirical Validation[J]. International Journal of Electronic Commerce, 2003, 8(2): 75 – 94.

[214] Kollock P, Smith M A. Managing the Virtual Commons: Cooperation and Conflict in Computer Communities [M]. Herring, S (Ed.), Computer-Mediated Communication: Linguistic, Social and Cross Cultural Perspectives. John Benjamins, Amsterdam, 1996: 109 – 128.

[215] Kozinets R V. TheField Behind the Screen: Using Netnography for Marketing Research in Online Communities[J]. Journal of Marketing Research, 2002, 39(1): 61 – 72.

[216] Kozinets R V. E-tribalized Marketing? The Strategic Implications of Virtual Communities of Consumption [J]. European Management Journal, 1999, 17 (3): 252-264.

[217] Kumar V, Bhaskaran V, Mirchandani R, Shah M. Practice Prize Winner-creating a Measurable Social Media Marketing Strategy: Increasing the Value and ROI of Intangibles and Tangibles for Hokey Pokey[J]. Marketing Science, 2013, 32 (2): 194-212.

[218] Kuo Y F, Feng L H. RelationshipsAmong Community Interaction Characteristics, Perceived Benefits, Community Commitment, and Oppositional Brand Loyalty in Online Brand Communities [J]. International Journal of Information Management, 2013, 33(6): 948-962.

[219] Lam S K, Ahearne M, Hu Y, Schillewaert N. Resistance to Brand Switching when a Radically New Brand is Introduced: A Social Identity Theory Perspective[J]. Journal of Marketing, 2010, 74(6): 128-146

[220] Laroche M, Habibi M R, Richard M O, Sankaranarayanan R. The Effects of Social Media Based Brand Communities on Brand Community Markers, Value Creation Practices, Brand Trust and Brand Loyalty[J]. Computers in Human Behavior, 2012, 28 (5): 1755-1767.

[221] Leclercq T, Poncin I. The Riseof Gamification in Crowdfunding: Cooperative Strategies in a Reward-based Crowdfunding [C]//26th Retailing Advances Research Consumer Services (RARCS) Conference, 2019.

[222] Lee E J, Jang J W. Profiling Good Samaritans in Online Knowledge Forums: Effects of Affiliative Tendency, Self-esteem, and Public Individuation on Knowledge Sharing [J]. Computers in Human Behavior, 2010, 26(6): 1336-1344.

[223] Lee F S L, Vogel D, Limayem M. VirtualCommunity Informatics: A Review and Research agenda [J]. Jitta Journal of Information Technology Theory & Application, 2003, 5(1): 47-61.

[224] Lee S M. TheRelationships Between Higher Order Thinking Skills, Cognitive Density, and Social Presence in Online Learning[J]. Internet

& Higher Education, 2014, 21(2): 41-52.

[225] Lee D, Hosanagar K, Nair H S. Advertising Content and Consumer Engagement on Social Media: Evidence from Facebook[J]. Management Science, 2018, 64(11): 5105-5131.

[226] Li Y, Liu Y, Liu H. Coopetition, Distributor's Entrepreneurial Orientation and Manufacturer's Knowledge Acquisition: Evidence from China[J]. Journal of Operations Management, 2010, 29(9): 128-142.

[227] Liao J, Huang M, Xiao B. PromotingContinual Member Participation in Firm-hosted Online Brand Communities: An Organizational Socialization Approach[J]. Journal of Business Research, 2016, 71(2): 92-101.

[228] Lyu W J. The Role of Sense of Community in Online Brand Social Networking Sites [D]: [Doctoral Dissertation]. University of Tennessee, Knoxville, 2012.

[229] Ma M, Agarwal R. Through a Glass Darkly: Information Technology Design, Identity Verification, and Knowledge Contribution in Online Communities[J]. Information Systems Research, 2007, 18(1): 42-67.

[230] Ma W W K, Chan A. KnowledgeSharing and Social Media: Altruism, Perceived Online Attachment Motivation, and Perceived Online Relationship Commitment[J]. Computers in Human Behavior, 2014, 39(10): 51-58.

[231] Mahr D, Lievens A. VirtualLead User Communities: Drivers of Knowledge Creation for Innovation[J]. Research Policy, 2012, 41(1): 167-177.

[232] Marchi G, Giachetti C, De Gennaro P. ExtendingLead-user Theory to Online Brand Communities: the Case of the Community Ducati[J]. Technovation, 2011, 31(8): 350-361.

[233] Marjanovic O. Supporting the "soft" Side of Business Process Reengineering[J]. Business Process Management Journal, 2000, 6(1): 43-55.

[234] Mcevily B, Zaheer A. Trust as an Organizing Principle [J]. Organization Science, 2003, 14(1): 91-103.

[235] Mcmillan D W, Chavis D M. Sense ofCommunity: A Definition and

Theory[J]. Journal of Community Psychology, 1986, 14(1): 6-23.

[236] Mcmillan D W. Sense of community [J]. Journal of Community Psychology, 1996, 24(4): 315-325.

[237] Meyer J P, Allen N, Smith C A. Commitment to Organizations and Occupations: Extension and Test of a Three-Component Conceptualization[J]. Journal of Applied Psychology, 1993, 78(4): 538-551.

[238] Meyer J P, Paunonen S V, Gellatly I R, et al. Organizational Commitment and Job Performance: It's the Nature of the Commitment that Counts[J]. Journal of Applied Psychology, 1989, 74(1): 152-156.

[239] Morgan R M, Hunt S D. The Commitment-Trust Theory of Relationship Marketing[J]. Journal of Marketing, 1994, 58(3): 20-38.

[240] Mount M, Martinez M G. Social Media: A Tool for Open Innovation [J]. California Management Review, 2014, 56(4): 124-143.

[241] Mowday R T, Steers R M, Porter L W. TheMeasurement of Organizational Commitment[J]. Journal of Vocational Behavior, 1979, 14(2): 224-247.

[242] Muniz A M, O'Guinn T C. Brand Community[J]. Journal of Consumer Research, 2001, 27(4): 412-32.

[243] Nahapiet J, Ghoshal S. Social Capital, Intellectual Capital, and the Organizational Advantage[J]. Academy of Management Review, 1998, 23(2): 242-266.

[244] Naidoo V, Hollebeek L D. Higher Education Brand Alliances: Investigating Consumers' dual-degree Purchase Intentions[J]. Journal of Business Research, 2016, 69(8): 3113-3121.

[245] Nambisan S, Nambisan P. How to Profit from a Better Virtual Customer Environment. MIT Sloan[J]. Management Review. 2008, 49 (3): 53-61.

[246] Newbrough J R. Toward community: AThird Position[J]. American Journal of Community Psychology, 1995, 23(1): 9-37.

[247] Nunnally J C, Bernstein I H. Psychometric Theory[M]. New York: McGraw-Hill, Inc, 1994.

[248] Nunnally J C. Psychometric Theory, Second Edition [M]. New York: McGraw-Hill, 1978.

[249] OteroE L, Gallego P A M, Pratt R M E. Click-and-Mortar SMEs: Attracting Customers to Your Website[J]. Business Horizons, 2014, 57(6): 729-736.

[250] Parmentier G. How toInnovate with a Brand Community[J]. Journal of Engineering and Technology Management, 2015, 37(3): 78-89.

[251] Preacher K J, Hayes A F. SPSS and SASProcedures for Estimating Indirect Effects in Simple Mediation Models[J]. Behavior Research Methods, 2004, 36(4): 717-731.

[252] Raïes K, Mühlbacher H, Gavard-Perret M L. Consumption Community Commitment: Newbies' and Longstanding Members' Brand Engagement and Loyalty [J]. Journal of Business Research, 2015, 68(12): 2634-2644.

[253] Rather R A, Hollebeek L D, Islam J U. Tourism-basedCustomer Engagement: The Construct, Antecedents, and Consequences[J]. The Service Industries Journal, 2019, 39(7/8): 519-540.

[254] Renard D. Online Promotional Games: Impact of Flow Experience on Word-of-Mouth and Personal Information Sharing [J]. International Business Research, 2013, 6(9): 93-100.

[255] Rheingold H. The Virtual Community: Homesteading on the Electronic Frontier[M]. HarperTrade, 2000.

[256] Roberts L D, Smith L M, Pollock C M. MOOingTill the Cows Come Home: The Search for Sense of Community in Virtual Environments [A]. Sonn C C(Ed.). Psychological Sense of Community: Research, Applications, and Implications [C]. New York: Kluwer Academic/ Plenum, 2002.

[257] Schneider P A. The Future of Competition: Co-Creating Unique Value with Customers[J]. Journal of Product & Brand Management, 2005, 18(5): 155-157.

[258] Schulten M B, Schaefer F. AffectiveCommitment and Customer Loyalty in Crowdsourcing: Antecedents, Interdependencies, and Practical Implications [J]. International Review of Retail Distribution & Consumer Research, 2015, 25(5): 1-13.

[259] Shang R A, Chen Y C, Liao H J. The Value of Participation in Virtual Consumer Communities on Brand Loyalty[J]. Internet Research, 2006, 16(4): 398-418.

[260] Sharma N, Wilkinson I, Young L C. The Nature and Role of Different Types of Commitment in Inter-firm Relationship Cooperation [J]. Journal of Business & Industrial Marketing, 2015, 30(1): 45-59.

[261] Sharratt M, Usoro A. UnderstandingKnowledge-sharing in Online Communities of Practice [J]. Electronic Journal of Knowledge Management, 2003, 1(2): 187-196.

[262] Shen K N, Yu A Y, Khalifa M. KnowledgeContribution in Virtual Communities: Accounting for Multiple Dimensions of Social Presence Through Social Identity [J]. Behaviour & Information Technology, 2010, 29(4): 337-348.

[263] Shin D H, Shin Y J. Consumers' Trust in Virtual Mall Shopping: The Role of Social Presence and Perceived Security[J]. International Journal of Human-Computer Interaction, 2011, 27(5): 450-475.

[264] Short J, Williams E, Christie B. The Social Psychology of Telecommunications[M]. London: John Wiley&Sons, Ltd, 1976.

[265] Sicilia M, Palazón M. Brand Communities on the Internet: a Case Study of CocaCola's Spanish Virtual Community [J]. Corporate Communications: An International Journal, 2008, 13: 255-270.

[266] Sproull L, Faraj S. Atheism, Sex and Databases: the Net as a Social Technology [J]. Keller, B. K. J. (Ed.), Public Access to the Internet. MIT Press, Cambridge, 1995: 62-81.

[267] Steers R M. Individual Differences in Participative Decision-Making[J]. Human Relations, 1977, 30(9): 837-847.

[268] Szulanski G. The Process of Knowledge Transfer: A Diachronic Analysis of Stickiness[J]. Organizational Behavior & Human Decision

Processes, 2000, 82(1): 9 - 27.

[269] Tapscott D, Williams A D. Ideagora, a Marketplace for Minds[J/OL]. Business Week, https://www.bloomberg.com/news/articles/2007 - 02 - 15/ideagora-a-marketplace-for-mindsbusinessweek-business-news-stock-market-and-financial-advice.

[270] Thompson S A, Sinha R K. Brand Communities and New Product Adoption: The Influence and Limits of Oppositional Loyalty[J]. Journal of Marketing, 2008, 72(6): 65 - 80.

[271] Tiwana A, Bush A A. Continuance inExpertise-sharing Networks: a Social Perspective[J]. IEEE Transactions on Engineering Management, 2005, 52(1): 85 - 101.

[272] Tonteri L, Kosonen M, Ellonen H K, et al. Antecedents of an Experienced Sense of Virtual Community[J]. Computers in Human Behavior, 2011, 27(6): 2215 - 2223.

[273] Trusov M, Bucklin R E, Pauwels K. Effects of Word-of-mouth Versus Traditional Marketing: Findings From an Internet Social Networking Site[J]. Journal of Marketing, 2009, 73(5): 90 - 102.

[274] Tsai M, Cheng N, Chen K. UnderstandingOnline Group Buying Intention: the Roles of Sense of Virtual Community and Technology Acceptance Factors[J]. Total Quality Management & Business Excellence, 2011, 22(10): 1091 - 1104.

[275] Tsai Y H, Joe S W, Lin C P, et al. Modeling the Relationship Between IT-mediated Social Capital and Social Support: Key Mediating Mechanisms of Sense of Group[J]. Technological Forecasting & Social Change, 2012, 79(9): 1592 - 1604.

[276] Tsai W H S, Men L R. Motivations and Antecedents of Consumer Engagement With Brand Pages on Social Networking Sites[J]. Journal of Interactive Advertising, 2013, 13(2): 76 - 87.

[277] Urban G L. Customer Advocacy: A New Era in Marketing?[J]. Journal of Public Policy & Marketing, 2005, 24(155): 155 - 159.

[278] Usoro A, Sharratt M W, Tsui E, et al. TrustAs an Antecedent to Knowledge Sharing in Virtual Communities of Practice[J]. Knowledge

Management Research & Practice, 2007, 5(3): 199-212.

[279] Uzzi B. Social Structure and Competition in Interfirm Networks: The Paradox of Embeddedness[J]. Administrative Science Quarterly, 1997, 42(2): 35-67.

[280] Valck K D, Bruggen G H V, Wierenga B. VirtualCommunities: A Marketing Perspective[J]. Decision Support Systems, 2009, 47(3): 185-203.

[281] Vivek S D, Beatty S E, Morgan R M. Customer Engagement: Exploring Customer Relationships Beyond Purchase[J]. Journal of Marketing Theory and Practice, 2012, 20(2): 122-146.

[282] Wang K, Tai C F. The Influence of Social Presence on Continual Participation in Online Communities: The Relational View Based on Social Identity Theory[C]// International Joint Conference on Service Sciences. IEEE, 2011: 110-115.

[283] Wang S T, Chen S L. FormingRelationship Commitments to Online Communities: The Role of Social Motivations[J]. Computers in Human Behavior, 2012, 28(2): 570-575.

[284] Wang Y C, Fesenmaier D R. TowardsUnderstanding Members'general Participation in and Active Contribution to an Online Travel Community [J]. Tourism Management, 2004, 25(6): 709-722.

[285] Wang Y, Ma S, Li D. CustomerParticipation in Virtual Brand Communities: The self-construal Perspective [J]. Information & Management, 2015, 52(5): 577-587.

[286] Wasko M M L, Faraj S. WhyShould I Share? Examining Social Capital and Knowledge Contribution in Electronic Networks of Practice[J]. MIS Quarterly, 2005, 29(1): 35-57.

[287] Wasko M M, Faraj S. Why Should I Share? Examining Social Capital And Knowledge Contribution in Electronic Networks of Practice[J]. MIS Quarterly, 2005, 29(1): 35-57.

[288] Welbourne J L, Blanchard A L, Wadsworth M B. Motivations inVirtual Health Communities and Their Relationship to Community, Connectedness and Stress[J]. Computers in Human Behavior, 2013, 29

(1): 129-139.

[289] Wenger E. Communities of Practice: Learning, Meaning and Identity [J]. Cambridge University Press, 1998(6): 185-194.

[290] Wengraf T. Qualitative Research Interviewing-Biographic Narrative and Semi-structured Methods[M]. London: SAGE Publication, 2001.

[291] Wiertz C, Ruyter K D. Beyond the Call of Duty: Why Customers, Contribute to Firm-hosted Commercial Online Communities [J]. Organization Studies, 2007, 28(3): 347-376.

[292] Wirtz J, Den Ambtman A, Bloemer J, Horváth C, Ramaseshan B, Van De Klundert J, Kandampully[J]. Journal of Service Management, 2013, 24(3): 223-244.

[293] Wu S C, Fang W. The Effect of Consumer-to-consumer Interactions on Idea Generation in Virtual Brand Community Relationships[J]. Technovation, 2010, 30(11): 570-581.

[294] Xiang R, Neville J, Rogati M. ModelingRelationship Strength in Online Social Networks[C]// International Conference on World Wide Web, Raleigh, North Carolina, USA, April. DBLP, 2010: 981-990.

[295] Xu H. Research on Tele-immersion: Collaborative-Learning Environment with SharingKnowledge-based [J]. Computer & Information Science, 2010, 3(4): 257-263.

[296] Yan Y, Davison R M, Mo C. EmployeeCreativity Formation: The Roles of Knowledge Seeking, Knowledge Contributing and Flow Experience in Web 2.0 Virtual Communities[J]. Computers in Human Behavior, 2013, 29(5): 1923-1932.

[297] Yang X, Li G, Huang S S. PerceivedOnline Community Support, Member Relations, and Commitment: Differences Between Posters and Lurkers[J]. Information & Management, 2016, 54(5): 154-165.

[298] Yli-Renko H, Autio E, Sapienza H J. Social Capital, Knowledge Acquisition, and Knowledge Exploitation in Young Technology-based Firms[J]. Strategic Management Journal, 2001, 22(6-7): 587-613.

[299] Zhao L, Lu Y, Wang B, et al. Cultivating theSense of Belonging and Motivating User Participation in Virtual Communities: A Social Capital

Perspective [J]. International Journal of Information Management, 2012, 32(6): 574-588.

[300] Zhao X, Lynch J G, Chen Q. Reconsidering Baron and Kenny: Myths and Truths about Mediation Analysis [J]. Journal of Consumer Research, 2010, 37(2): 197-206.

[301] Zhou T, Li H, Liu Y. TheEffect of Flow Experience on Mobile SNS Users' Loyalty[J]. Industrial Management & Data Systems, 2010, 110(6): 930-946.

[302] Zhou Z, Zhang Q, Su C, et al. How doBrand Communities Generate Brand Relationships? Intermediate Mechanisms[J]. Journal of Business Research, 2012, 65(7): 890-895.

[303] Zwass V. Co-creation: Toward a Taxonomy and an Integrated Research Perspective[J]. International Journal of Electronic Commerce, 2010, 15(1): 11-48.